中国司法改革实证研究丛书

致力于中国司法制度、刑事诉讼制度和纠纷解决的
实证研究作品

国家"九八五工程"四川大学社会矛盾与社会管理研究创新基地资助
四川省社会科学重点研究基地纠纷解决与司法改革研究中心支持

中国司法改革实证研究丛书

左卫民/丛书主编

刑事司法鉴定程序的正当性

THE DUE PROCESS OF FORENSIC APPRAISALS
IN CRIMINAL PROCEEDINGS

陈邦达/著

图书在版编目(CIP)数据

刑事司法鉴定程序的正当性/陈邦达著. —北京:北京大学出版社, 2015.1
(中国司法改革实证研究丛书)
ISBN 978-7-301-25216-1

Ⅰ.①刑… Ⅱ.①陈… Ⅲ.①刑法—司法鉴定—研究—中国 ②刑事诉讼法—司法鉴定—研究—中国 Ⅳ.①D924.04 ②D925.204

中国版本图书馆 CIP 数据核字(2014)第 286841 号

书　　　名	刑事司法鉴定程序的正当性
著作责任者	陈邦达　著
责 任 编 辑	苏燕英
标 准 书 号	ISBN 978-7-301-25216-1
出 版 发 行	北京大学出版社
地　　　址	北京市海淀区成府路 205 号　100871
网　　　址	http://www.pup.cn　http://www.yandayuanzhao.com
电子信箱	yandayuanzhao@163.com
新浪微博	@北京大学出版社　@北大出版社燕大元照法律图书
电　　　话	邮购部 62752015　发行部 62750672　编辑部 62117788
印 刷 者	三河市北燕印装有限公司
经 销 者	新华书店
	965 毫米×1300 毫米　16 开本　18.25 印张　246 千字
	2015 年 1 月第 1 版　2015 年 1 月第 1 次印刷
定　　　价	46.00 元

未经许可,不得以任何方式复制或抄袭本书之部分或全部内容。
版权所有,侵权必究
举报电话: 010-62752024　电子信箱: fd@pup.pku.edu.cn
图书如有印装质量问题,请与出版部联系,电话: 010-62756370

"中国司法改革实证研究丛书"序

2014年10月20日至23日召开的中共十八届四中全会,无疑将在当代中国法治建设的进程史上留下划时代的一笔。继党的十八届三中全会提出进一步深化司法体制改革的新措施后,党的十八届四中全会通过的中共中央《关于全面推进依法治国若干重大问题的决定》,又提出了关于司法改革的重大举措,这对中国司法建设与改革而言显然具有积极意义。

长期以来,笔者及笔者带领的学术团队包括所指导的博士研究生,一直致力于司法制度、刑事诉讼制度和纠纷解决的实证研究,力图真切地把握中国司法与诉讼制度的运行现状,深度剖析其利弊得失,抓住切实存在的重要问题,探究其成因,并在此基础上提出有针对性和可操作性的改革建言。通过不断地展开实证研究,我们取得了关于司法与诉讼制度若干方面的一些研究成果。考虑到当前司法改革的重要性,也考虑到实证研究的重要性,笔者将我们团队近期有关司法制度的研究成果收辑成册,以中国司法改革实证研究为主题,与北京大学出版社联系并系列出版。笔者的看法是,中国司法研究固然早成显学,但司法改革的正确推进尤其是长期有效推行,仍然有待于科学、细致及深入的实证研究。有鉴于此,笔者将自己及所带领团队关于司法的实证研究成果奉献给大家,希望抛砖引玉,引起更多学界同仁关注并展开司法实证研究,同时也为当下和未来的司法改革提供些许参考。

  需要指出的是,对于法学研究者而言,实证研究乃是一门新兴的研究方法,无论是笔者抑或笔者所带领的团队成员,都有一个学习与掌握的过程。本系列作品中,有些实证研究方法运用得比较多,有的则比较少;有些运用得比较好,有些则有所欠缺,但鉴于这些作品大都或多或少地运用实证方法,比如使用数据展开分析等,因此笔者仍然以实证研究为主题收辑在一起。其中不当之处,敬请读者诸君批评。

左卫民
2014 年 12 月 3 日于四川大学研究生院

代　序

　　盛夏六月,川大北门的池塘荷花吐艳,蜻蜓振翅。每逢荷花绽放时与学生告别,老师常感不舍。2013年,我带的博士生陈邦达就是其中一位。自结下师生之缘以来,我一直看着这个学生成长。他诚恳、勤奋、执著,读博期间出色地完成了学业和我指导下的科研任务。这部书稿是他完成的第一部专著,体现了他对司法鉴定相关问题研究的深入思考和独到见解,凝聚着他的心血。

　　司法鉴定制度是我国司法制度的重要组成部分,也是近年来我国刑事司法改革与证据制度变革中的一个突出问题。许多案件的关键事实正是通过鉴定意见查明真相的。一方面,司法鉴定发挥着重要的科学证据作用,成为追诉犯罪明察秋毫的"利器";另一方面,有瑕疵的鉴定意见也往往导致事实认定的偏差,成为冤假错案的"帮凶"。正因如此,近年来司法鉴定的公信力遭受了某种质疑。按照达马斯卡教授的观点,证据法的未来将是"事实认定科学化的问题",中国未来的司法鉴定如何权衡利弊并发挥应有的作用?如何健全和完善刑事司法鉴定制度,提升司法鉴定程序的正当性?值得我们认真研究。在这样的背景下,邦达选择了刑事司法鉴定程序的正当性作为研究对象,紧密结合当前的司法鉴定制度改革的疑难热点问题进行深入研究,思考侦查中如何在运用司法鉴定时兼顾打击犯罪与保障人权,提出完善审判中鉴定意见质证与采信相关程序的建议。其研究成果对于刑事诉讼理论研究与实务工作均有积极贡献。

需要指出,在该书稿的完成过程中,我们迎来了《中华人民共和国刑事诉讼法》第二次修正,这部法典对司法鉴定制度相关的内容也作出了一些规定,例如,立法还原了"鉴定意见"在诉讼证据中的本质属性,进一步健全了鉴定人出庭作证制度,建立了"有专门知识的人"参与刑事诉讼制度。但这些规定,在新修正的刑事诉讼法贯彻实施中遇到了一些困惑。例如,如何防止鉴定人出庭作证流于形式、"有专门知识的人"在诉讼中的地位如何界定、DNA数据库的法律规制问题如何完善?本专著还结合新修正刑事诉讼法对司法鉴定问题进行了分析,提出了有现实性和前瞻性的见解,有利于今后立法的进一步完善。

长期以来,我一直倡导我带领的研究团队运用实证研究、交叉学科研究等方法对刑事诉讼及司法制度进行深入思考。邦达也积极运用实证分析方法对司法鉴定制度进行了多维思考。当然,囿于实证研究手段的局限,文章的个别实证分析仍有待深入,有关司法鉴定程序的运行机制还有待更全面、更细致的考察。

总之,我希望学生能够如出川的美酒,甘醇清香,也希望邦达在今后的科研教学道路上能够砥砺前行,开拓进取!

是为序。

左卫民

2015年1月6日于成都

前　言

司法鉴定在刑事诉讼中发挥着越来越重要的证明作用。然而,我国刑事诉讼法中与司法鉴定相关的规范尚不够健全、完善,导致司法鉴定积极作用的发挥受到一定影响。突出表现为鉴定启动程序存在非议,侦查中运用鉴定手段在打击犯罪的准确性、人权保障程度等方面尚不尽如人意,审判中鉴定意见的质证与采信存有困惑,其后果直接导致鉴定意见的正当性遭受质疑。

本书围绕着如何提高刑事司法鉴定程序的正当性这一核心命题,主要运用实证和比较的研究方法,借助刑事诉讼法学、刑事侦查学、司法鉴定学、证据法学等基本理论,展开具体研究。研究的目的在于反映我国刑事司法鉴定的运作状况及存在的问题,借鉴法治国家及地区相关制度的经验,最终为我国刑事鉴定制度的完善提出建言。

除导论以外,本书共分四章。

第一章主要研究如何增强我国刑事司法鉴定启动程序的正当性。该章在考察新中国成立以来刑事诉讼法有关鉴定启动制度的沿革、变迁之后,归纳概括我国鉴定启动权的特征及性质,指出我国刑事鉴定启动程序保留职权主义的特征,存在着多头鉴定、重复鉴定、鉴定启动权控辩不平等、司法机关鉴定启动裁量权约束不足等弊端。通过比较域外代表性国家或地区在鉴定启动主体、鉴定启动裁量权限制等方面的规制,得出初步的结论。认为我国鉴定权的配置改造应当在遵循立足本国刑事诉讼基本特征的前提下,借鉴与融合两大法系的有益经验。在此基础上提出具体的立法建议。

第二章主要针对我国刑事侦查中运用司法鉴定如何准确打击犯罪,从而强化侦查中运用鉴定的正当性展开分析,该章侧重于侦查中司法鉴定运用的实证分析。该章先从现象入手,指出司法鉴定在侦查中积极发挥证明案件事实作用的同时,也引发错误认定案件事实的风险。通过实证考察发现:近年来侦查中运用司法鉴定的比例有所提升,但刑事错案的背后揭示鉴定样本的收集过程在规范化、程序化方面做得还不够。鉴定意见随着案卷进入后续诉讼程序,并对案件事实的认定起到关键性的证明作用。侦查中的司法鉴定存在运用尚不充分、样本的收集保管不够规范、司法人员迷信鉴定意见等问题。指出问题的进路在于进一步提高侦查中的鉴定技术含量,规范鉴定样本的收集程序,转变对鉴定意见迷信的观念。

第三章侧重分析侦查中运用司法鉴定如何实现人权保障的价值取向,进而增强侦查中运用鉴定在人权保障方面的正当性。依次分析了强制采样、鉴定留置及DNA数据库的法律规制三个问题。

强制采样程序。我国1996年《刑事诉讼法》只规定了"人身检查"制度,然而违背当事人意愿提取人身检材的现象在实践中却普遍存在。实证考察发现:立法的相对滞后造成强制采样的权力运作不当,执法人员对采样的适用程序和做法不一。通过比较借鉴我国台湾地区及美国刑事诉讼中的相关制度在分类、程序与做法、发动要件等方面的差异,发现我国强制采样处分的分类笼统、启动条件宽泛、审批环节阙如,强制采样所获之鉴定意见却普遍被采纳。我国强制采样之完善必须实现"发现真实"和"人权保障"的价值平衡,实现强制采样行为的必要控制,实现当事人"鉴定客体化"向"鉴定主体化"的地位转变。2012年修订后的《刑事诉讼法》增加强制采集生物样本制度,今后必须规范构建生物样本的采集程序。

鉴定留置程序。《刑事诉讼法》规定"对犯罪嫌疑人作精神病鉴定的期间不计入办案期限"。实证考察发现,精神病鉴定的时间因案而异,短的只需要数日,长的可达半年。不计入办案期限的做法实际上延长了被告人人身自由受限制的时间,也影响案件侦查、审查起诉和审判活动的顺利进行。考察德国"为观察而移送被指控人制度"及我国台湾地区的"鉴定留置"制度,发现其鉴定留置程序制度之目的、适用范围、决定程序及救济程序等方面均有较为完善的规制。反思我国立法现状,指出鉴定留置是一种具有羁押性的措施,主张必须从短期、长期两个层面推动该制度的构建和完善。

DNA鉴定数据库的法律规制。DNA鉴定技术在诉讼中发挥着显著的证明作用。我国自建立DNA数据库以来,各地数据库之规模、应用逐步扩大,取得一定的实践成效。然而,数据库的运作也存在诸多法律困惑:如何完善立法规范?如何平衡DNA样本采集与程序正当的冲突?如何兼顾DNA信息保存与隐私权保护的目标?如何权衡数据库推广与司法资源有限的矛盾?DNA数据库的制度完善需理性选择立法模式,整合各地区既有的规范。应在《刑事诉讼法》"人身检查"规定的基础上,细化DNA采样程序;综合考虑案件性质、犯罪危害程度和有利于犯罪分子改造等因素明确入库范围;健全信息保密和救济机制,对DNA数据库的用途、信息保存和销毁期限、违法使用DNA信息的制裁措施加以规范;此外,还应强化质量控制与监督机制。

第四章主要是对司法鉴定意见质证与采信相关环节的正当性研究。该章共分四节展开论证。

第一节结合2012年《刑事诉讼法》对案卷移送制度的改革,探究我国鉴定意见开示的问题。鉴定意见开示是强化鉴定意见质证的先行机制。鉴定意见开示也是证据开示程序的特殊类型,它能让控辩双方对鉴定意见有更为充分的认识,进而强化庭审质证效果、落实鉴定人回避制度、减少重复鉴定。考察我国《刑事诉讼法》关于案卷移送制度的规定,认为我国刑事诉讼中证据开示制度的缺失,造成对鉴定意见庭前交换的忽视,鉴定意见的开示确有必要。在比较考察美国、日本及我国台湾地区有关鉴定意见开示具体做法的基础上,从构建我国鉴定意见开示程序的主体、方式、内容和时间四个方面提出具体的构想。

第二节对鉴定人出庭质证问题展开实证分析。近年来,刑事诉讼中诸多冤假错案暴露出有瑕疵的鉴定意见造成法官对案件事实认定错误的问题,使鉴定人不出庭现象备受指责,各方要求鉴定人出庭的呼声不绝于耳。然而研究表明,鉴定人出庭作证必须以案件具备其出庭必要性为前提,在鉴定意见质证机制尚未完善之前,如若忽视质证效果而一味强调鉴定人出庭,无异于叶公好龙。深刻洞察制约鉴定人出庭之因素,理性评估出庭作证之效果,客观认识鉴定意见质证功能虚化之成因,才能有助于对鉴定意见的审查判断,科学构建鉴定人出庭作证机制。

第三节对"专门知识的人"参与刑事庭审就鉴定意见提出意见的机制展开研究。2012年《刑事诉讼法》确立了"专门知识的人"参与刑事诉讼的制度,该项制度对提高鉴定意见质证的对抗性、弥补法官鉴定知识的不足、防止有瑕疵的鉴定意见成为定案事实的依据、促使鉴定人出庭作证制度落到实处等方面具有积极的意义。但作为一项未经试点检验即推向司法实践的新制度,它在专家的诉讼地位、权责、立场、资格以及专家出庭的决定程序、证言效力、救济程序等方面存在亟待明确、完善的问题。本书在分析的基础上指出,"专门知识的人"是一种新的诉讼参与人,可在一定限度内赋予专家获得鉴定样本、临检鉴定的权利,规范其职业道德义务,确保专家客观、有效地提出意见。其选任资格可由各省高级人民法院牵头成立"专家库",由法官根据控辩要求从中聘请。专家出庭产生的费用由司法经费买单以确保其立场中立。专家提出的意见不属于证据。其救济程序有待今后条件成熟之后再加以规范。

第四节重点解决法官如何采信鉴定意见的问题。"鉴定意见如何采信"的难题长期挑战着传统的证明方式。该章先考察了美国的科技证据采信制度,进而归纳出美国科技证据采信规则嬗变背后呈现的三大特征,即重视对科技证据的"科学性"把关、通过判例不断调整可采性标准、以程序规制弥合法官采信科技证据的知识鸿沟。对我国鉴定意见采信的现状考察发现,可采性标准的立法尚不完备,存在依据鉴定机构等级评估鉴定意见的误区,法官对鉴定意见的采信存有难点而说理少,司法人员迷信鉴定意见,鉴定意见质证的庭审对抗性不足等问题。鉴定意见采信的完善必须从强化审查鉴定主体、检样提取程序、鉴定原理等环节多管齐下。

最后是结论,梳理各章论证分析的主旨,提炼概括研究的结论。

目　录

导论 ·· 001
 一、选题的目的与意义 ··· 001
 二、中国司法鉴定体制改革之鸟瞰 ····························· 009
  （一）统一管理体制的探索阶段（2000—2005） ········ 010
  （二）统一管理体制的深化阶段（2005—2014） ········ 013
  （三）改革的经验总结与评述 ································ 022
  （四）小结 ·· 024
 三、刑事司法鉴定文献研究综述 ································ 027
 四、研究的方法 ··· 030
 五、总体的框架和主要内容 ······································ 032

第一章　提高司法鉴定启动程序的正当性 ················ 038
 第一节　问题的提出 ··· 038
 第二节　我国鉴定启动制度的变迁与现状 ··················· 039
  一、我国历次刑事诉讼法中鉴定启动制度的变迁 ·········· 039
  二、我国刑事鉴定启动程序的特点 ··························· 041
  三、我国鉴定启动权的性质 ···································· 043
 第三节　我国鉴定启动程序的弊端 ····························· 044
  一、导致多头鉴定、重复鉴定 ································· 044

二、鉴定启动权控辩不平衡 ………………………………… 045
　　三、对司法机关鉴定启动裁量权的约束不足 …………… 048
第四节　域外鉴定启动程序的比较考察 ……………………… 050
　　一、大陆法系国家的鉴定启动程序 ……………………… 050
　　二、英美法系国家的鉴定启动程序 ……………………… 054
　　三、制度比较的结论 ……………………………………… 055
第五节　对策与建言 …………………………………………… 056
　　一、学界的主要观点 ……………………………………… 056
　　二、提高鉴定启动程序正当性的几点把握 ……………… 057
　　三、提高鉴定启动程序正当性的具体建议 ……………… 062

第二章　强化侦查中运用鉴定打击犯罪的正当性 ………… 065
第一节　问题的提出 …………………………………………… 065
第二节　侦查中的司法鉴定的运用 …………………………… 066
　　一、侦查中使用的比例 …………………………………… 066
　　二、鉴定检样如何收集 …………………………………… 068
　　三、鉴定意见如何进入案卷 ……………………………… 069
　　四、鉴定意见被法庭采纳的情况 ………………………… 070
　　五、鉴定意见发挥的作用 ………………………………… 071
第三节　司法鉴定在侦查中运用存在的问题 ………………… 075
　　一、鉴定技术运用尚不充分 ……………………………… 075
　　二、鉴定样本的收集保管不规范 ………………………… 077
　　三、迷信司法鉴定的误区 ………………………………… 078
第四节　对策与建言 …………………………………………… 079
　　一、进一步提高侦查中的鉴定技术含量 ………………… 079
　　二、规范鉴定样本的收集程序 …………………………… 079
　　三、转变对鉴定意见迷信的观念 ………………………… 080

第三章　增强侦查中运用鉴定保障人权的正当性 ………… 081
第一节　强制采样程序 ………………………………………… 081
　　一、问题的提出 …………………………………………… 081

二、我国强制采样的实践考察 ……………………………… 084
  三、制度的比较借鉴 ……………………………………… 090
  四、强制采样的理性思考 ………………………………… 097
  五、结论 …………………………………………………… 107
 第二节 鉴定留置程序 ………………………………………… 108
  一、问题的提出：从邓玉娇案件谈起 …………………… 108
  二、我国精神病鉴定程序的立法与实践现状 …………… 110
  三、精神病鉴定程序的比较考察 ………………………… 117
  四、精神病鉴定程序的理性思考 ………………………… 124
  五、结论 …………………………………………………… 129
 第三节 DNA 鉴定数据库的法律规制 ……………………… 130
  一、问题的提出 …………………………………………… 130
  二、我国 DNA 鉴定数据库的实践 ……………………… 131
  三、DNA 鉴定数据库的困境 …………………………… 136
  四、DNA 鉴定数据库的进路 …………………………… 144
  五、结论 …………………………………………………… 153

第四章 提升司法鉴定意见质证与采信的正当性 ……………… 154
 第一节 鉴定意见的开示程序 ………………………………… 154
  一、问题的提出 …………………………………………… 154
  二、我国鉴定意见开示发展及存在的问题 ……………… 159
  三、鉴定意见开示的制度比较 …………………………… 163
  四、我国鉴定意见开示程序的建立 ……………………… 171
 第二节 鉴定人出庭作证程序 ………………………………… 179
  一、问题的提出 …………………………………………… 179
  二、鉴定人出庭率及出庭效果的分析 …………………… 181
  三、结论 …………………………………………………… 196
 第三节 有专门知识的人出庭质证 …………………………… 197
  一、问题的提出 …………………………………………… 197

二、解读"有专门知识的人" ……………………………… 198
　　三、专家参与刑事诉讼的功能和价值 …………………… 202
　　四、专家参与刑事诉讼亟须解决的问题 ………………… 206
　　五、结论 …………………………………………………… 221
　第四节　鉴定意见的采信规则 ………………………………… 222
　　一、问题的提出 …………………………………………… 222
　　二、美国科学证据采信规则的嬗变和现状 ……………… 223
　　三、美国科学证据采信规则的启示 ……………………… 230
　　四、我国科学证据采信的现状 …………………………… 235
　　五、我国科学证据采信的前瞻性思考 …………………… 241

结语 ………………………………………………………………… 248
　一、如何提高鉴定启动程序的正当性 ………………………… 249
　二、如何提高侦查中运用司法鉴定的正当性 ………………… 250
　三、如何提高鉴定意见质证与采信的正当性 ………………… 254

参考文献 …………………………………………………………… 257

致谢 ………………………………………………………………… 274

导 论

一、选题的目的与意义

司法鉴定在刑事诉讼中发挥着积极、重要的证明作用,它弥补了传统侦查手段的不足,将犯罪活动中遗留下来的蛛丝马迹,在专家解读分析之下成为指控犯罪的关键证据;它转变了侦查依赖口供的办案思路,面对犯罪分子凭借"零口供"负隅顽抗,鉴定技术让哑巴证据所蕴藏的案件事实信息得以全面揭露,既提高了破案能力,又能防止刑讯逼供、促进司法文明;它还揭穿了虚假的口供、证人证言、被害人陈述等言词证据在证明案件事实环节的谎言,使得许多以往依靠常规证据认定事实的错案得以沉冤昭雪。可见,司法鉴定对提高侦查能力,强化打击犯罪、保障人权等具有十分重要的意义。诚如达玛斯卡所言:"随着两种真实——人类通过感官认识到的真实与借助(为探索感官所不能及的世界而发明的)辅助性手段而揭示的真实——之间的鸿沟不断增大,人类的感官活动对事实调查的重要性也在不断减弱。"[①]

虽然司法鉴定在刑事诉讼中具有以上这些不可替代的优势,但是近年来,一方面,随着科学技术的发展,刑事诉讼中运用司法鉴定手段

---

① 〔美〕米尔吉安·R.达马斯卡:《比较法视野中的证据制度》,吴宏耀、魏晓娜等译,中国人民公安大学出版社2006年版,第224页。

查明案件事实的做法越来越普遍,这种科学鉴定手段的推广使用,对我国原有的刑事诉讼制度及司法鉴定制度提出了新的挑战和更为严峻的考验;另一方面,随着我国民主法治和权利保障意识的提高,公众对司法活动乃至司法鉴定活动的正当性提出了更多、更高的要求,而网络等新兴媒体的发展,又加剧了刑事大案要案、冤假错案的曝光度,引起民众对刑事案件中有关司法鉴定问题的关注。在这种背景下,我国司法实践中更为触动社会公众敏感神经的,却是司法鉴定的负面影响,它们严重削弱了司法鉴定的权威性和正当性,也引起了社会民众对司法鉴定乃至司法活动的不信任。从以下几个案例可见一斑:

湖南女青年死因鉴定案[①]:

该案发生在2003年,死者为一名青年女教师黄某,被发现赤裸着死于学校宿舍内,与死者临死前同居的男友姜某成为本案的重大嫌疑人。公安局的法医鉴定意见认为:黄某系"患风湿性心脏病、冠状动脉粥样硬化性心脏病,在未得到及时有效的抢救情况下,导致急性心功能衰竭和急性肺水肿而猝死"。死者家属对此份鉴定结论强烈不满。随后,该市公安局委托省公安厅刑侦局法医进行第二次鉴定。结论为:"黄某系因肺梗死引起急性心力衰竭与呼吸衰竭而死亡。"同年6月,湖北省公安厅邀请公安部物证鉴定中心法医专家进行第三次鉴定,结果仍认定死者系因肺梗死致急性呼吸循环衰竭而死亡,并指出黄某有一定程度的心脏病变,在情绪激动等条件下可引起心血管系统的变化(如血栓形成)而导致死亡,其体表外伤在这一过程中可以成为间接诱发因素。上述鉴定均认为,黄某死亡的原因为疾病死亡,排除了他杀的可能。同年7月,死者的家属提供了记录外伤的照片和资料,委托南京医科大学法医司法鉴定所对前三份鉴定报告进行文证审查,鉴定结论认为黄某属非正常死亡。于是,黄某家属对侦查机关委

---

① 有关该案件的报道参见吴少军、李永良:《黄某裸死案鉴定之谜》,载法律教育网(http://www.chinalawedu.com/news/21601/21714/21620/2006/9/zh3520171514960023090-0.htm),访问日期:2013年1月31日;另可参见李玉华、杨军生:《司法鉴定的诉讼化》,中国人民公安大学出版社2006年版,第133—142页。

托的鉴定更加怀疑。由于文证审查只能分析鉴定意见的病理依据存在瑕疵,但无法证明黄某的死因,死者家属又委托中山大学法医进行第五次鉴定。最终认为死者因风湿性心脏病、冠状动脉粥样硬化性心脏病、肺梗死致死的鉴定结论缺乏依据。2004年3月,一审法院同意死者家属重新鉴定的申请,委托司法部司法鉴定中心对尸体进行鉴定。由于发现部分脏器已被销毁,鉴定机构中止了鉴定。2004年6月,最高人民法院司法鉴定中心接受一审法院委托,组织国内数位知名法医专家奔赴湖南鉴定,最终认为"被鉴定人黄某在潜在病理改变的基础上,因被告人采用较特殊方式进行的性活动促发死亡"的鉴定结论。

案情发展至此,黄某死因鉴定经历了6次鉴定,而有关部门对鉴定标本的管理混乱令人难以接受,存放于医院的心脏标本竟然被医院销毁,造成被害人家属对司法机关强烈的不满,对司法鉴定产生强烈的不信任!问题的根源在于我国司法鉴定立法对当事人权利的漠视,在于当事人对司法鉴定启动权和鉴定主体选择权的缺失,在于当事人在司法鉴定过程的参与权和知情权被忽视。

杜培武案[①]:

杜培武案发生于1998年4月22日。警方从停放于人行道上的一辆面包车内发现了被枪杀死亡的一男一女,死者身上的财物均已被洗劫一空。经查,死者为两名警察,男的是石林彝族自治县公安局副局长,女的为昆明市公安局通讯处民警。昆明警方成立"4·22"专案组进行侦查。经过初步侦查,警方发现女性死者的丈夫、昆明市公安局戒毒所民警杜培武嫌疑重大。专案组讯问了杜培武,并对其采取了警

---

① 有关杜培武案件的内容,可参见云南省高级人民法院(2000)云高刑再字第9号刑事判决书,载顾永忠主编:《中国疑难刑事名案程序与证据问题研究》,北京大学出版社2008年版,第2—44页。

犬嗅闻、心理测试等鉴定方法进行检测①,结果43次警犬嗅闻中有41次认定杜培武有重大作案嫌疑,每次测谎试验都显示杜培武在撒谎,警察将犯罪嫌疑对象牢牢锁定在杜培武身上,并对其实施刑讯逼供,直到杜某作出有罪供述。案件起诉到法院后,昆明市中级人民法院经过两次开庭,以故意杀人罪判处杜培武死刑立即执行,剥夺政治权利终身。宣判后,杜培武表示不服提起上诉,云南省高级人民法院审理案件后,认为该案的事实存在一些问题和疑点,为谨慎起见,判处杜培武死刑缓期两年执行。直到2000年6月14日,警方破获了杨天勇劫车杀人团伙案时,意外发现了本案的真凶,杜培武冤案终于水落石出,但是杜培武已经身陷囹圄两年。司法鉴定意见再一次蒙上冤假错案"帮凶"的耻辱。

问题的根源在于我国刑事侦查中对鉴定手段的运用存在粗枝大叶的人为因素,在于鉴定意见书面审查的做法,使有瑕疵的鉴定意见得以"登堂入室",成为法官认定案件事实的依据,在于鉴定意见庭审质证机制的不健全,以及法官采信鉴定意见机制的不完善。

邓玉娇案②:

该案发生在2009年5月10日,湖北省巴东县野三关镇政府3名工作人员在宾馆消费时,涉嫌对当时在那里当服务员的邓玉娇进行骚扰挑衅,要求邓玉娇提供"异性洗浴"服务,遭拒绝后双方发生争执,邓玉娇随手拿出水果刀刺向其中两人,导致一人喉部、胸部被刺伤,经抢救无效死亡。邓玉娇立即报警。次日,公安机关以邓玉娇涉嫌触犯故意杀人罪对她进行拘捕。邓玉娇刺杀官员的行为是否为正当防卫,还

---

① 在杜培武案件发生的年代,我国相关的法律和司法解释还没有对测谎检测能否作为鉴定结论使用作出规定,但在该案中,测谎报告却对侦查取证工作产生了较大的影响。直到1999年四川省人民检察院就多道心理测试能否作为证据使用的问题请示最高人民检察院,最高人民检察院才在批复中指出:"多道心理测试鉴定结论与刑事诉讼法规定的鉴定结论不同,不属于刑事诉讼法规定的证据种类,因此人民检察院办案只能用于帮助审查、判断证据,不能作为证据使用。"

② 有关邓玉娇案件的报道,可参见黄秀丽:《与邓玉娇案相关:巴东37天》,载《南方周末》2009年6月18日;沈彬:《不能让邓玉娇一直被"鉴定"下去》,载《新京报》2009年5月20日。

是防卫过当,是否应当承担刑事责任?顿时成为社会公众关注的焦点。据巴东县公安局随后发布的案件信息通报,5月11日,邓玉娇因涉嫌故意杀人被公安机关刑事拘留。依照《刑事诉讼法》的规定,公安机关应当在拘留后的3日以内,提请人民检察院审查批准逮捕,在特殊情况下,可以延长1日至4日。亦即依照规定,邓玉娇案并不属于"流窜作案、多次作案、结伙作案的重大嫌疑分子"的情形,公安机关必须在5月18日之前报请检察院审查批捕。由此看来,邓玉娇案可能存在"超期羁押"的情况。但公安局给出的解释是——当邓玉娇被拘捕时,警察在她的包内发现一些治疗抑郁症的药物,怀疑她有精神病,所以需要送往医疗鉴定机构进行鉴定。依照《刑事诉讼法》的规定,对犯罪嫌疑人作精神病鉴定期间不计入办案期限,所以邓玉娇确实不存在"超期羁押"的问题。随后,邓玉娇于5月12日下午被公安局送到湖北省恩施州优抚医院留院"观察",当时医院方面采取了"约束性保护"的措施——邓玉娇的手腕、踝和膝等部位均用布条约束后固定在病床上,其活动能力和活动范围均受限制。据媒体报道,直到5月16日,医院方面还称侦查部门尚未完善委托医院进行精神病司法鉴定的相关手续,同时为使最终的鉴定结果更客观公正、更有说服力,医院并没有正式对邓玉娇的病症展开鉴定,而是申请将鉴定改由上级医院或在异地的医院进行。依照《司法鉴定程序通则》的规定,鉴定机构只有得到明确的委托,才能受理鉴定。所以,邓玉娇人身自由受到的限制处于法律规制之外的真空地带。这种久拖不决的鉴定过程,非但不会淡化社会舆论的聚焦,反而促使社会各界反响愈加强烈,全国妇联也开始发布信息表示密切关注此案。

  邓玉娇鉴定备受争议的问题,根源在于我国精神病鉴定留置制度的阙如,在于精神病鉴定期间和衔接程序规范的不尽合理,在于侦查人员对犯罪嫌疑人启动精神病鉴定手段的不当运用。

  诸如此类造成社会公众对我国刑事司法鉴定正当性强烈不满的案件,还包括陕西邱兴华案件中精神病鉴定启动、瓮安事件的导火索——贵州女孩李树芬死因鉴定、云南孙万刚案件中的血型鉴定、河北李久明案件中的毛发鉴定、辽宁的张庆伟杀人冤案、河南王俊超强奸冤案、湖北的吴鹤声杀人错案，等等。这些案件都暴露出我国刑事司法鉴定的法律规制存在着不尽如人意的缺憾。具体而言，主要存在以下几个方面的问题：一是职权主义之下司法机关垄断鉴定启动程序备受争议，突出地表现在精神病鉴定启动程序的问题上。二是侦查中运用鉴定手段打击犯罪存在不够充分、不够规范、不够精确的问题。一方面，尖端鉴定技术在刑事侦查中的运用尚未普遍推广，"科技强警"的目标依然任重道远；另一方面，在侦查阶段收集鉴定样本、运用鉴定意见的过程中就存在纰漏，这种差错一错到底，并在庭审阶段影响法官对案件事实形成正确的心证。三是侦查阶段的鉴定程序在兼顾打击犯罪和保障人权方面与程序正当的特质存在一定的差距。本书针对以下三个问题，就如何提高侦查中运用鉴定手段在保障人权方面的正当性问题进行分析：强制采样程序有待规范、犯罪嫌疑人精神病鉴定过程产生的人身自由限制问题有待规制、在全国公安系统推行的DNA数据库的法律规制有待研究。四是鉴定意见的书面审查之风盛行，鉴定意见庭前开示不受重视，鉴定人出庭作证的功能虚化，学界对鉴定人出庭作证的呼吁犹如"叶公好龙"，鉴定意见的庭审"质证"，实际上成为"纸证"，法官对如何采信鉴定意见存在"捉襟见肘"的尴尬。

　　这些问题对司法工作者提出了告诫：如何运用司法鉴定手段才是谨慎稳妥？也引起法律研究者对我国鉴定制度的反思：如何提高刑事司法鉴定的正当性？由于司法鉴定活动兼具科学性与法律性的双重基本属性，决定了要提高司法鉴定的权威性和正当性、要发挥其积极的诉讼证明作用，一方面需要提高鉴定科学技术的精确性和可靠性，另一方面更需要完善、健全我国刑事诉讼中司法鉴定的相关制度。本书的写作旨在对我国刑事司法鉴定正当性展开系统、深入的研究，对完善我国刑事鉴定相关制度提供初步的立法建言。此项研究具有以下几个方面的意义：

1. 有助于细致把握我国刑事司法鉴定运行机制的实证现状和存在的问题

苏力教授曾经说过:"鞋子合适不合适脚趾头最知道。"①对刑事司法鉴定制度的研究,不能仅仅立足于现有的诉讼程序制度进行坐而论道的分析,必须深入到基层司法机关办案人员和鉴定机构中对鉴定人展开实证研究,才能客观把握司法鉴定制度运行的现状,并在实证调研的基础上对现象进行客观描述,对问题背后的成因进行准确的分析。例如,"强制采样"在我国1996年《刑事诉讼法》中并无明确规定,立法只规定了"人身检查"制度,然而笔者的实证研究却发现:司法实践中违背当事人意愿提取生物样本的现象普遍存在,而且立法的相对滞后造成强制采样的权力运作失当,执法人员对采样的适用程序和做法不一。又如,理论与实务界主张鉴定人出庭作证的呼声不绝于耳,2012年8月30日公布的《刑事诉讼法修正案(草案)》也规定了鉴定人强制出庭的条款。② 然而,笔者通过对鉴定人出庭问题的实证分析,认为鉴定人出庭作证必须以案件具备其出庭必要性为前提,在鉴定意见质证机制尚未完善之前,如若忽视质证效果而一味强调鉴定人出庭,不但会造成短期内鉴定人出庭需求量的恶性剧增,还会挫败鉴定人接受委托鉴定的积极性。因此,本项研究能够有助于读者客观、准确地把握我国刑事司法鉴定制度的运行机制,从而为完善鉴定制度提出对策性建议提供一定的实证依据。

2. 有助于进一步完善刑事诉讼中司法鉴定程序的科学构建

我国《刑事诉讼法》对司法鉴定程序的规定,主要集中在第二章

---

① 苏力:《送法下乡——中国基层司法制度研究》,北京大学出版社2011年版,第99页。
② 2011年8月30日公布的《刑事诉讼法修正案(草案)》中,第68条规定了经法院通知,鉴定人拒不出庭的,法院可以强制其到庭的内容。参与立法的专家考虑到鉴定人不像证人那样具有不可替代性,采取强制到庭的方式会影响鉴定人接受委托鉴定的积极性,最终删除了该项规定。参见《刑诉法修正案草案二审 删去鉴定人强制出庭规定》,载新华网(http://news.xinhuanet.com/legal/2011-12/26/c_122484372.htm),访问日期:2013年2月5日。

"侦查"中的"鉴定"一节,法典的其他条款和司法解释也有零星的规定,全国人大常委会《关于司法鉴定管理问题的决定》(以下简称《决定》)和司法部《司法鉴定程序通则》也对相关程序作出了规定。但刑事司法鉴定程序存在以下几个问题:

(1) 整体上缺乏系统性。《刑事诉讼法》对鉴定程序的规定不够全面,《决定》侧重于对鉴定机构管理的规范,《司法鉴定程序通则》则偏向于对鉴定实施过程的规范。

(2) 有些程序体现出浓厚的行政化管理色彩,以程序法的角度观之,它们并不符合程序公正的基本要求。例如,鉴定启动程序仍然保留着职权主义模式下的司法机关独揽鉴定启动权的旧规,2012年《刑事诉讼法修正案》对备受争议的鉴定启动问题并没有作出回应,可谓本次修法遗留的一件憾事。

(3) 个别程序的设置,忽视了对当事人人身自由权利的保障,与法治的要求存在差距。例如,《刑事诉讼法》规定对犯罪嫌疑人、被告人作精神病鉴定的时间不计入办案期限,实践中精神病鉴定的时间最长的可达半年之久,鉴定过程中对被鉴定者人身自由的限制并不需要经过一个"司法化"或"准司法化"的审批程序。

笔者通过立足于我国的实践考察,结合他山之石,对上述问题产生的根源进行分析,对域外制度移植的可行性及容易引发的问题进行全方位、多层次的思考。因此,本项研究对完善我国刑事司法鉴定程序的科学构建不无裨益。

3. 能够紧密联系2012年修正的《刑事诉讼法》实施后司法实践中产生的新问题,为立法和司法活动提供理论贡献

本项研究的进行过程恰值2012年我国《刑事诉讼法》进行修改,新法在司法鉴定问题上,对鉴定人出庭作证、"有专门知识的人"参与刑事诉讼以及生物样本采集等制度作出多处新的规定,将近年来学界、实务界的一些建言加以采纳,个别制度还是创新的举措。笔者也紧密结合新法对司法鉴定问题的修改,调整本书的研究思路和写作重心,对新法规定的问题进行了实证研究。例如,对"有专门知识的人"

参加刑事诉讼的问题,这项制度对提高鉴定意见的庭审质证能力、弥补法官鉴定专业知识的不足、促进鉴定人出庭作证配套制度的完善等方面都有积极意义。但作为一项创新的举措,我们如何看待专家在诉讼中的地位?如何促使专家中立、客观地发表意见?如何看待专家的选任资格和证言效力?该制度的决定程序、救济程序如何健全?这些问题仍然有待新法实施之后加以实证分析。有鉴于此,本书对《刑事诉讼法》修改内容中有关司法鉴定的问题,例如"有专门知识的人"参与刑事诉讼、鉴定人出庭作证、生物样本采集制度等新的问题进行了前瞻性分析。因此,本项研究将有助于读者理解此次《刑事诉讼法》有关鉴定制度修改的背景,把握鉴定制度改革的新问题,并且为理论研究和实务工作者继续关注我国司法鉴定制度的问题起到抛砖引玉的作用。当然,由于新修正的《刑事诉讼法》实施至今才满1周年,而本书已接近杀青阶段,因此对有关问题的实证分析只能通过有限的调研手段进行。

二、中国司法鉴定体制改革之鸟瞰

司法鉴定体制改革是我国司法改革的沧海一粟,也是我国诉讼制度变革与审判方式改革的一个缩影,这场发轫于国务院机构政府职能转变和司法体制完善的改革已历时十余年,纵观我国司法鉴定制度改革的历程[①],这项改革与我国司法改革密不可分,同诉讼证据制度的变革相伴随。2005年,全国人大常委会《关于司法鉴定管理问题的决定》的颁布,在我国司法鉴定制度发展历程中具有重要的里程碑意义。若以此为分水岭,十余年中国司法鉴定制度改革的历程可分两个阶段:第一阶段为2000年至2005年,是我国司法鉴定统一管理体制的探索阶段;第二阶段为2005年至今,是我国司法鉴定围绕着《决定》贯彻实施的发展

---

① 2000年8月14日司法部颁布了《司法鉴定机构登记管理办法》(司法部令第62号),该规范是我国第一部系统规定司法鉴定管理的文件,标志着我国司法鉴定制度取得突破性进展。因此,笔者将这一文件颁布的时间作为司法鉴定制度改革十余年来探索的起算点。

阶段。如今改革已推至十字路口,亟须回顾既往,前瞻未来。梳理十余年司法鉴定制度改革,以期对我国刑事司法鉴定制度有一番宏观的认识。

(一) 统一管理体制的探索阶段(2000—2005)

1. 改革的背景

我国司法鉴定体制的改革,可溯至1993年国家财政部给中央政法委的一份报告,报告的内容是,针对鉴定技术设备的重复投入问题而提出改变司法鉴定分散管理体制的呼吁。此后1998年国务院"三定方案"①中,明确赋予司法部指导全国"面向社会服务的司法鉴定的行业主管机关"的任务。开展司法鉴定管理体制改革和立法的呼声源于社会中存在的各类鉴定问题——由于公安、检察、法院、司法行政部门的鉴定机构各自为政,多头管理,鉴定队伍参差不齐。这种管理混乱的局面造成重复鉴定、多头鉴定、虚假鉴定等诸多弊病,使司法鉴定的公信力遭受质疑。2000年司法部颁布了《司法鉴定机构登记管理办法》和《司法鉴定人管理办法》对司法鉴定服务的组织进行了登记管理,这两部较早系统性规范司法鉴定活动的部门规章为司法鉴定体制改革提供了依据和方向。2004年中央21号文件转发的《关于司法体制改革和工作机制改革初步意见》中,明确提出了改革司法鉴定体制,建立统一司法鉴定管理体制的目标和要求,使改革的图景得以清晰展现。② 2005年2月28日,全国人大常委会通过《关于司法鉴定管理问题的决定》,标志着我国统一司法鉴定管理体制的法律制度初步建立。

2. 改革的关键词

司法鉴定体制改革的目标为建立统一的司法鉴定管理体制。2004

---

① "三定方案"是指1998年国务院机构改革中,为了建立适应社会主义市场经济体制的有中国特色行政管理体制而制定的改革方案,"三定"即:定职能、定机构、定编制。参见罗干:《关于国务院机构改革方案的说明》,载《人民日报》1998年3月6日,第2版。

② 参见司法部部长吴爱英同志在全国司法鉴定管理工作会议上的讲话:《统一思想,明确任务,推进司法鉴定管理工作的顺利发展》,载《中国司法鉴定》2005年第5期,第3—6页。

年中央21号文件转发的《关于司法体制改革和工作机制改革初步意见》中,明确提出了改革司法鉴定体制"建立统一的司法鉴定管理体制"的目标,其后的全国人大常委会的《决定》,进一步明确了建立统一司法鉴定管理体制的基本框架和基本内容,确立了侦查职能、起诉职能、审判职能和鉴定管理职能相互分离的原则。在统一管理体制的宏观目标指引下,中国司法鉴定体制改革确立了公正、效率、统一的具体目标。

在追求公正方面,即司法鉴定人的鉴定活动应围绕公平、正义的价值目标,实现司法鉴定活动的程序正义和实体正义。它要求鉴定人保持中立地位,平等地对待鉴定委托各方;鉴定活动体现公平、公开、公正的程序理念;鉴定过程接受社会监督,防止虚假腐败,维护司法公正;鉴定结果追求真理,力求客观准确。在提高效率方面,这一时期司法鉴定中存在着公安、检察、法院和司法行政机关均从特定环节对鉴定机构和鉴定人进行类似管理的现象,"多头管理"造成了司法鉴定政出多门、重复监管、各自为政等弊端。各部门的鉴定机构设置规模、技术装备、鉴定标准存在冲突,导致鉴定效率低下。因此,改革试图从改变多头管理、重复鉴定、多头鉴定等途径着手,进而提高司法鉴定效率。在统一管理方面,改革开放初期,由于计划经济体制的羁绊和管理经验的不成熟,我国始终没有建立起全国统一的司法鉴定管理体制,导致司法鉴定活动缺乏统一的行业规范、行业标准和行业要求,鉴定机构多头设置、管理混乱的矛盾突出。因此,逐步建立司法鉴定实行按领域、分类型的统一管理体制,加强司法鉴定管理水平,成为鉴定管理体制改革的原初目标。

3. 该时期的鉴定制度改革的成果

2002年12月,九届全国人大常委会第三十一次会议审议了《关于司法鉴定管理问题的决定(草案)》,成为司法鉴定制度改革开局之举,理论界、实务界围绕着建立司法鉴定统一管理体制、鉴定人制度和司法鉴定改革制度等问题,推动了司法鉴定制度的研究发展。

(1) 明确鉴定机构设置的基本思路

在2000年前后,我国鉴定机构在设置上存在着几个较为突出的问题：一是司法鉴定机构重复设置。公安、检察、法院、司法行政部门都建立有隶属的鉴定机构。此外还有教育卫生系统、财政管理系统等28类涉及司法鉴定的专门机构。① 设置、运行、资质条件等皆无统一规范,造成鉴定资源重复投入、力量涣散、运作不一。二是司法鉴定机构运行机制混乱。不同系统的司法鉴定机构对业务范围界限不明确,鉴定机构权责不清,各类鉴定机构性质界定不明。例如,公安机关内设的鉴定机构在鉴定体制和侦查体制上不加区分,容易造成鉴定职能与侦查职能混淆。三是司法鉴定的范围、对象和标准不统一。各系统的司法鉴定活动参照的标准不一致,给鉴定结论的审查判断带来困难。针对这些问题,相关立法应运出台,2000年8月14日,《司法鉴定机构登记管理办法》作为第一部较为系统地规范司法鉴定机构管理的规定正式颁布,司法行政机关陆续建立了司法鉴定机构制度,进一步细化了司法鉴定机构登记管理制度;明确省、自治区、直辖市以上人民政府司法行政机关是司法鉴定机构的登记管理机关的同时,确定了国务院司法行政机关和省级司法行政部门各自的登记权限。此外,还对司法鉴定机构的登记、年度检验等制度进行了规定。

（2）明确了鉴定人的资格和地位

这一时期对鉴定人制度的立法完善主要聚焦于鉴定人准入制度、法律地位、权利义务等方面。2000年前后,我国对鉴定人的鉴定资格还没有制定专门的法律规定,再加上各系统的鉴定机构采取不同的准入管理方式,司法鉴定人队伍参差不齐。在诸多改革思路中,主张借鉴两大法系代表性国家的鉴定人、专家证人的准入条件和立法模式,建立统一的鉴定人资格和登记注册制度的观点成为主流。② 要提高鉴定人队伍的素质,必须把好鉴定人准入关,可以建立起类似司法职业

---

① 参见杜志淳、沈敏:《试论我国司法鉴定机构制度》(上),载《中国司法鉴定》2001年第2期,第1—4页;另参见秦剑:《司法鉴定管理立法势在必行》,载《中国司法鉴定》2003年第4期,第3页。

② 参见张玉镶:《司法鉴定人制度若干问题的法律思考》,载《中国司法鉴定》2002年第4期,第3—8页。

资格考试的鉴定人资格考试制度,由国家主管部门颁发鉴定人执业资格证书,所有取得司法鉴定人执业资格证书的人都必须经过司法行政备案登记,此外,完善鉴定人考核评估机制和培训教育机制,亦为确保鉴定人资质条件的必要之举。

关于鉴定人的法律地位和资格,我国早期鉴定机构的设置和鉴定人员组成均具有较为浓厚的行政化色彩,在公安机关、检察机关和法院内设鉴定机构中,鉴定人甚至还具有官员身份,这种鉴定人的法律地位同客观中立的鉴定职能存在相悖之嫌,实践中法院往往青睐于内部设立的鉴定机构以及长期接受法院委托鉴定的机构出具的鉴定意见,容易造成法庭对鉴定结论的审查判断缺乏必要的质疑态度。与我国这种制度相反的是,英美法系国家庭审主要是通过控辩质问,由法官或陪审团判断所谓的"专家"是否具备专业资格条件[①],法官对专家意见始终保持怀疑的态度。大陆法系国家的鉴定人制度则类似我国的庭前登记管理制度。在对两大法系国家鉴定人制度经验的借鉴中,我国确立了司法鉴定人资格条件的备案登记制度,该制度的设立,解决了鉴定人资格庭前审查的问题,在一定程度上减少了鉴定队伍良莠不齐的现象。

(二) 统一管理体制的深化阶段(2005—2014)

在这一时期,我国司法鉴定制度主要是伴随着全国人大常委会《关于司法鉴定管理问题的决定》的贯彻实施,不断深入发展,不断总结反思的阶段,司法鉴定制度在相关立法部门关注与决策、理论界学者鼓与呼、实务部门人士探索与创新的基础上,取得了较快、较好的发展。

1. 司法鉴定学科建设

司法鉴定学作为一门独立学科的形成,是在司法鉴定实践和理论

---

① 美国《联邦证据规则》(Federal Rule of Evidence)第702条为法官判断专家证人是否具备资格条件提供了指引和依据,在司法实践中,法官判断专家证人是否具备资格,主要通过对所谓"专家"的知识、技能、经验、培训或者教育等方面来识别两类基本的专家证人,一是通过正规教育获得专业知识的人,这些人包括医生、律师、经济学家、工程师等;二是通过工作经历获得专业知识的人,这些人包括工人、矿工、卡车司机、设计人员以及其他职业获得专业知识的人。

发展到一定程度后形成发展起来的。作为一门法学和自然科学结合而形成的交叉学科，该学科早期被列入侦查学的附属学科。在这一时期逐步发展为相对独立的应用学科，摆脱了无专门法律规范的边缘学科，跻身法学的分支学科。然而，如何构建自己特有的体系，仍然处于不断完善的阶段。例如，司法鉴定法学的基本范畴、基本构成要素以及程序规则、实体性技术规则等问题仍需探索，以健全其学科结构体系。① 近年来，司法鉴定课程相继在国内一些高等院校和科研机构开设，最初司法鉴定专业设立在诉讼法学专业或者侦查学专业名下，处于附属学科的地位，缺乏相应的法律规范予以保障。《决定》的颁布，加快了司法鉴定学被纳入法学教育领域的新兴学科的步伐。司法鉴定专业也成为教育部法学科研与教材方面的二级学科，全国司法鉴定专业的硕士点、博士点逐步设立。② 这一时期的司法鉴定著作亦相当丰富③，学术研究呈现出前所未有的浓厚氛围。

---

① 在学科体系问题上，张玉镶教授认为，司法鉴定学作为法学学科的一个组成部分，其研究对象不仅仅是司法鉴定本身的活动规律，更重要的是在诉讼中借助专门知识进行证据调查的活动规律，他还提出了司法鉴定学的总论和分论体系建构。参见张玉镶：《对司法鉴定学几个概念的再思考》，载《中外法学》1997 年第 3 期，第 90—93 页。邹明理教授认为，由于鉴定制度是在诉讼活动中存在的鉴定活动的行为准则和规范的统称，因此该学科应当包括鉴定组织制度、人事制度、程序制度、管理制度、方法制度等方面。参见邹明理主编：《我国现行司法鉴定制度研究/法学研究文集》，法律出版社 2001 年版。

② 如西南政法大学较早设立司法鉴定专业。华东政法大学司法鉴定专业从诉讼法学专业分离出来，成立司法鉴定硕士点，并于 2008 年率先设立全国第一个司法鉴定专业博士点。在司法鉴定人教育培训方面，司法部司法鉴定科学技术研究所作为司法部司法鉴定人继续教育的重要基地，积极开展司法鉴定人培训和继续教育的工作，举办了法医、物证、毒物化学等类型的培训班，为实现鉴定人业务技能培训、法律知识普及、职业道德教育等目标起到了引领作用。

③ 代表性的著作有张军主编：《中国司法鉴定制度改革与完善研究》、孙业群：《司法鉴定制度改革研究》、郭华：《鉴定结论论》；教材方面有何家弘教授主编：《司法鉴定导论》、邹明理教授主编：《司法鉴定教程》、杜志淳教授主编：《中国司法鉴定制度研究》等；博士论文方面有章礼明博士：《论刑事鉴定权》、郭金霞博士：《鉴定结论适用中的问题与对策研究?》、季美君博士：《专家证据制度比较研究》等。国内一些有关司法鉴定的学术刊物也相继创办，如《中国司法鉴定》《证据学论坛》《证据科学》《司法鉴定立法研究》等刊物和书籍的创办，为司法鉴定制度研究提供了学术交流平台。

2. 鉴定制度改革的主要内容

(1) 鉴定人资格"法定主义"的确立

鉴定人资格解决具备什么条件的个人或机构可以对专门性问题进行鉴别、判断,并提供鉴定结论的问题。我国立法上采鉴定人资格"法定主义"。① 法定主义管理模式的优点在于统一规范鉴定机构和鉴定人的执业条件和鉴定行为,从准入门槛上对鉴定人必须具备的条件进行限制,防止鉴定人职业队伍水平参差不齐,保障鉴定公正。从比较法视野分析,权衡大陆法系国家的鉴定人资格"法定主义"与英美国家的专家证人资格"无固定资格原则"的利弊,鉴定人资格法定主义适合中国的司法环境,特别在司法公信力不高和诉讼职权主义色彩较浓的背景下,对鉴定机构过多的主观选择会增加当事人对鉴定人和鉴定机构的不满。而对法定鉴定范围以外的事项,可实行法定主义为主,任意主义为辅,对鉴定人具有资格的优先选任,对鉴定人名册之外的,则临时指定非注册的专业人士进行鉴定。

(2) 鉴定启动权配置的演变

刑事诉讼中司法鉴定权的配置问题,在鉴定制度中居于基础和核心地位。依据徐静村教授的观点,我国司法鉴定权配置模式经历了两个重要的转变阶段②:

第一阶段,可追溯到我国1996年《刑事诉讼法》修改前,基本上实行大陆法系国家的"单边鉴定"③启动模式,其特点在于鉴定权由不同

---

① 全国人大常委会《关于司法鉴定管理问题的决定》第2条规定:"国家对从事下列司法鉴定业务的鉴定人和鉴定机构实行登记管理制度:(一)法医类鉴定;(二)物证类鉴定;(三)声像资料类鉴定;(四)根据诉讼需要由国务院司法行政部门商最高人民法院、最高人民检察院确定的其他应当对鉴定人和鉴定机构实行登记管理的鉴定事项。"

② 徐静村教授以1979年《刑事诉讼法》制定之前为时间起点,将我国司法鉴定权配置模式的发展过程划分为三个阶段。参见徐静村:《论刑事诉讼中鉴定权配置模式的选择》,载《中国司法鉴定》2006年第5期。本书参考徐教授划分的依据,结合十年司法鉴定制度研究,划分为两个阶段。

③ 所谓"单边鉴定",是指是否决定鉴定的权力掌握在司法官员手中的鉴定启动权配置模式,它与职权主义诉讼模式相适应,基本特征表现为:鉴定人由司法机关委托;鉴定事项由司法官员根据案件审查决定;鉴定事项和范围由司法机关确定。

的司法官员在不同的诉讼阶段行使,当事人只享有鉴定申请的权利,决定权牢牢掌握在司法官员手中,鉴定人的选任由司法官员进行。鉴定结论通常被认为是真实有效的证据,在诉讼中很少被法官质疑和否定。1979年《刑事诉讼法》规定,当事人可以申请重新鉴定,但是否重新鉴定由法院决定,并由法院指定或聘请鉴定机构和鉴定人进行鉴定,当事人无直接启动鉴定的权利,在性质上还是"单边鉴定"的类型。

第二阶段,从1996年《刑事诉讼法》修改起算至今。《刑事诉讼法》对鉴定权配置作出改变,即在原来"单边鉴定"的基础上,又进行了有限制的"双边鉴定"①改革。在这一阶段的司法鉴定权配置表现为:当事人如果认为侦查机关的鉴定结论存在问题,可以提出重新鉴定的申请,是否决定重新鉴定,由司法机关决定。它在保留"单边鉴定"的基础上,吸收了"双边鉴定"的合理成分。在我国目前的刑事诉讼中,司法鉴定启动制度的特点主要表现为:

① 侦查机关享有鉴定启动权。为了查明案件事实,解决某些专门性问题,侦查机关可以指派、聘请专门知识的人进行鉴定。

② 辩护方不享有鉴定请求权,仅享有补充鉴定或重新鉴定的请求权。

③ 法官可以自行启动鉴定。

在制度改革的思潮中,学者普遍从公平正义的诉讼理念出发,认为应赋予控辩双方、原被告双方平等的鉴定启动权。②

---

① 所谓"双边鉴定"是指英美法系国家实行的鉴定权配置模式,它与当事人主义模式相适应,鉴定启动权由控辩双方享有,其基本特征表现为:鉴定专家由当事人选任;鉴定的事项由当事人选定;鉴定事项和鉴定材料均控制在控辩双方手中。

② 学者们普遍认为,司法鉴定启动权配置应当体现对当事人主体地位的尊重,赋予控辩双方平等的启动权。参见陈光中:《鉴定机构的中立性和制度改革》,载《中国司法鉴定》2002年第1期;另参见谭世贵、陈晓彤:《优化司法鉴定启动权的构想——以刑事诉讼为视角》,载《中国司法鉴定》2009年第5期。实践中,2006年陕西邱兴华案件的发生,精神病鉴定启动问题再次成为学者关注的焦点。在案件审理过程中,精神病专家、法学专家纷纷呼吁对邱兴华启动精神病鉴定,认为对于邱兴华是否有精神病,普通人无法判断,必须交由鉴定人来判断。参见柴会群:《他不知道自己做了什么?》,载《南方周末》2006年11月30日总第1190期。

(3) 国外科学证据审查的借鉴与完善

学者们对国外专家证言进行比较,对鉴定结论/专家证言的可采性研究取得一些成果。① 尤其是美国有关专家证言可采性经典案例的评介,对我国鉴定意见审查判断提供了有益的借鉴。如 *Frye v. United States*②、*Daubert v. Merrell Dow Pharmaceuticals*③ 等案件相继确立了弗赖伊规则、多伯特规则等审查判断专家证言的方法。其中弗赖伊规则形成了"普遍接受"标准(General Acceptance),按该标准,确定一个科学原理是否获得普遍接受需要两个步骤:① 确定该科学原理所属领域及相关的科学领域;② 确认该原理是否被普遍接受与认可。多伯特规则形成了"综合判断"标准(General Observation),其内容为:① 该科学理论是否可被证实;② 有无正式发表并被同行审查;③ 误差率是多少;④ 是否被相关科学领域所普遍接受。

随着对国外科学证据制度的比较借鉴,鉴定意见审查判断研究更为全面。但由于两大法系国家在法庭构造、庭审的时间安排以及程序控制在法官和当事人之间不同的分配,证据科学的可采性规则如何弥合法律人认识与科学认知之间的鸿沟,从认识论的角度看,尚有待深入。

科学证据审查判断离不开庭前展示制度的配套改革,证据展示能确定控辩争议焦点,防止庭审中"证据突袭",增强庭审对抗性,提高庭审效率。实践中由于没有特别针对鉴定结论进行庭前展示④,造成多次开庭、重复鉴定的现象时有发生,也降低了诉讼效率,增加了多次鉴

---

① 有关介绍美国专家证言的文章,可参见何家弘、刘昊阳:《完善司法鉴定制度是科学证据时代的呼唤》,载《中国司法鉴定》2001年第1期;〔美〕肯尼斯·R.福斯特、彼得·W.休伯:《对科学证据的认定——科学知识与联邦法院》,王增森译,法律出版社2001年版,该书对美国专家证言审查判断的经典案例进行了介绍。参见高忠智:《美国证据法新解:相关性证据及其排除规则》,法律出版社2005年版。该书系统介绍了意见证据的审查判断。

② *Frye v. United States*, 293 F. 1013 (D. C. Cir. 1923).

③ *Daubert v. Merrell Dow Pharmaceuticals*, 509 U. S. 579 (1993).

④ 在证据庭前展示方面,兰州市中院曾经对部分案件进行证据庭前展示的改革,对包括鉴定结论在内的证据进行庭前交换,改革证明可以取得积极效果。参见张艺鸣:《兰州中院尝试审判制度改革 庭前证据展示创先河》,载《鑫报》2007年9月12日。但据笔者了解,司法实践中司法鉴定庭前展示的运作情况并不乐观,许多鉴定结论在庭前都是保密的。

定的成本。庭前对鉴定意见展示对建立以法庭质证为中心的鉴定结论审查制度是必要的。其构建思路是,在侦查和起诉阶段,侦查机关将鉴定的事项和结果告知犯罪嫌疑人和被害人,以便当事人对鉴定结论有异议的,在后续程序中申请重新鉴定;在审判阶段,法官应当在庭审前组织控辩双方对鉴定结论予以出示,对控辩双方没有争议的做好记录,对控辩双方存在争议的,应当确定鉴定争议的具体事项,以备庭审通过鉴定人出庭接受质证,甚至启动重新鉴定程序。

(4)鉴定人出庭问题

我国1996年《刑事诉讼法》对鉴定人必须出庭作证只作了简单的规定,现实中鉴定人不出庭的现象很普遍,鉴定人在出具鉴定结论之后如释重负,但按照证据审查判断的要求,鉴定结论出具之后,鉴定人的任务才刚开始。《刑事诉讼法》对鉴定意见必须经过法庭质证才能作为定案依据没有作出强制性的规定[1],进一步造成鉴定人不出庭的结果。《决定》第11条规定:"在诉讼中,当事人对鉴定结论有异议的,经人民法院依法通知,鉴定人应当出庭作证。"这一原则,体现了鉴定人出庭作证的必要性,但法律没有对鉴定人可以不出庭的情况进行补充,宽泛的规定造成鉴定人可以不出庭的随意性很大。

鉴定人不出庭使鉴定意见的权威性大大削弱:一方面,鉴定意见仅仅以书面的形式进入法官的视野,影响了法官对鉴定意见审查判断的效果。另一方面,一旦司法鉴定有误,法官在案件事实认定上将存在"多米诺骨牌"的风险。[2] 此外,鉴定人不出庭,必然最终影响法官

---

[1] 1996年《刑事诉讼法》第156条第1款规定:"公诉人、当事人和辩护人、诉讼代理人经审判长许可,可以对证人、鉴定人发问",但对于鉴定人没有出庭的鉴定结论,第157条规定,"对未到庭的鉴定人的鉴定结论等应当庭宣读,审判人员应当听取公诉人、当事人和辩护人、诉讼代理人的意见"。

[2] 在刑事庭审中,法院通过"调查讯问式"进行法庭调查,侦查案卷成为法官进行事实复审的直接依据,单方面的阅卷成为法院事实裁判的基础,案卷在使用上贯通于侦查、起诉、审判阶段,并对裁判结果具有"决定力"。参见左卫民:《中国刑事诉讼运行机制实证研究(二)——以审前程序为重心》,法律出版社2009年版,第191—195页。笔者认为,刑事司法鉴定在运行机制中,同样存在着停留于书面审查判断的问题,造成鉴定意见是否存有瑕疵的判断存在隐患。

对鉴定结论的正确判断。目前加强鉴定人出庭的权益保障,保护鉴定人出庭的积极性,甚至对鉴定人课以出庭义务等成为理论界的呼声。实际上,并非所有案件鉴定人都必须出庭,须兼顾公正与效率的价值目标,确立"出庭作证为原则,不出庭为例外"的原则。常见的鉴定人可以不出庭的情形包括:

① 双方当事人对司法鉴定结论无异议的;
② 鉴定人因年迈体弱或者行动不便无法出庭的;
③ 鉴定人因路途遥远、交通不便无法出庭的;
④ 鉴定人因自然灾害等不可抗力无法出庭的;
⑤ 两名以上鉴定人,有一名鉴定人出庭而其他鉴定人委托的;
⑥ 经法庭许可的其他情形。

(5) 重复鉴定的顽疾与诊断

司法实践中出现重复鉴定的问题备受关注。当时发生的湖南黄某死因鉴定,尸体经过五六次鉴定,所得结论各异,这一现象也引起了学者关注,重复鉴定一度成为热点问题。这一问题的成因主要有:

① 司法鉴定机构多元化设置,现有统一管理机制尚未形成强有力的手段。虽然《决定》规定,人民法院和司法行政机关不得设立司法鉴定机构,但是在公安机关、检察机关仍可以设立鉴定机构,但不对社会服务;高等院校和科研机构仍可以设立鉴定机构。分系统、多层次的"多元化"鉴定机构格局仍然存在。同时,司法行政机关只能就登记、名册编制和公告等事项行使有限的管理权,缺乏有效的统一管理机制,造成多头鉴定、重复鉴定的现象屡见不鲜。

② 大部分专业的鉴定技术标准不统一。由于大多数司法鉴定各专业中对鉴定技术标准和规范仍然空白,不同鉴定机构在司法鉴定过程中适用不同的标准进行鉴定,使得同一案件中常常出现多份不同鉴定结论。

③ 重新鉴定申请的条件不够明确。刑事诉讼中对当事人申请提

出补充鉴定或者重新鉴定的条件没有明确规定。①

④ 在鉴定结论质证方面,缺乏行之有效的质证辩论。控辩双方针对鉴定结论的质证、辩论对抗性不足,造成法官面对多份不一致的鉴定结论无所适从;此外,对鉴定次数缺乏必要的限制。

3. 司法鉴定管理的变革

《决定》颁布以来,我国司法鉴定管理逐步转变过去的"条块分割、部门割据"的局面,人民法院和司法行政部门不再设立鉴定机构,侦查机关设立的鉴定机构不得面向社会服务。《司法鉴定机构登记管理办法》明确了司法行政部门对司法鉴定机构的管理权。从当前司法鉴定管理发展的阶段看,在较长时期内仍处于行政管理为主,行业协会管理为辅的过程。完善司法行政管理和行业管理"两结合"的管理制度,是保障司法鉴定结论的质量,提高其权威性的重要一环。笔者认为,完善这个制度必须解决三个问题:

(1) 司法行政管理逐步强化。司法行政机关对司法鉴定管理的制度,是国家对司法鉴定机构和司法鉴定人以及其执业活动进行管理、监督和指导的制度。这是国家对司法鉴定机构和鉴定人行使行政管理权能的体现,其目的在于规范司法鉴定活动,保证司法鉴定活动依法、独立、客观、公正地进行,促进司法公正和诉讼效率的实现。立法授权司法行政机关对鉴定人和鉴定机构的准入登记、实施程序、技术标准、技术操作规范进行统一管理。通过管理活动,优化司法鉴定资源配置。在我国,政府在推进国家各项制度改革中起着主导作用,由司法行政机关对社会司法鉴定机构和鉴定人实行行政管理是符合国情的。司法行政机关要强化对社会司法鉴定机构和司法鉴定人的管理,除了要严格把好司法鉴定机构和司法鉴定人的"准入关",做好

---

① 在这方面,最高人民法院《关于民事诉讼证据的若干规定》对重新鉴定的情形进行区分的立法值得借鉴。此外,还有学者归纳了重新鉴定的情形主要包括:鉴定结论缺乏科学根据的、鉴定结论与其他已经查证属实的证据有矛盾不能排除的、鉴定程序违反法律规定的、鉴定人徇私枉法的、鉴定机构或鉴定人不具备相应资质的、检材虚假或者不完整的,等等。参见樊崇义、郭金霞:《司法鉴定实施过程诉讼化》,载《中国司法鉴定》2008年第5期。

司法鉴定机构、鉴定人标准登记,编册公告工作外,还应当强化管理职责,应当解决"管什么,如何管"的问题。

(2)司法鉴定人协会逐步健全。司法鉴定人协会是司法鉴定人自律的行业协会,行业协会对司法鉴定机构和鉴定人进行管理是"业内人士管理",为其他部门所无法替代。各级司法鉴定人协会都要制定切实可行的章程,严格依章程开展活动。较早成立的司法鉴定人协会,可以根据实际情况,对协会章程中不相适应的内容作必要修改,推动协会工作水平的提高。"协会"应当有效保证司法鉴定人严格遵守职业道德和执业纪律。在任何情况下,不做不真实的鉴定,不出具虚假的鉴定结论。同时要防止采集的数据、资料失实;防止毁损、隐匿、涂改鉴定材料的情形发生;防止应回避而不回避以及其他违反司法鉴定法规的情况出现。"协会"要积极开展与专业技术相关的活动,不断提高专业技术水平。进行鉴定项目的标准研究,是"协会"的核心重要课题。对已经制定的国家标准,要关注是否过时,是否要改进;对行业标准,要推动成熟的行业标准转为国家标准。对于那些还没有统一标准的项目,"协会"要立项,组织力量研究,创造条件,制定行业标准。只有确立统一的科学标准,才能判断鉴定结论的权威性。

(3)鉴定人协会作用逐步发挥。司法鉴定协会以其队伍的专业优势发挥着行政管理所无法替代的作用。根据各地方鉴定人协会发展的情况分析,各地协会成立以来,在开展鉴定人继续教育培训和专业学术会议工作方面卓有成效,有的地方制定了司法鉴定人职业道德准则用以指导和规范鉴定机构的职业操守,此外还有地方协会组织重大疑难案件的司法鉴定工作、协助司法行政机关制定管理工作的规范性文件并组织实施,并负责对本行业司法鉴定机构的执业进行监督等。这些活动都有助于提高鉴定人的业务素质,保证鉴定结论质量,从而提高司法鉴定管理能力。

4. 鉴定机构之新兴力量

《决定》实施以来,我国民营司法鉴定机构如雨后春笋般发展迅速,满足了老百姓在诉讼中寻求司法鉴定服务的需要,成为司法鉴定队伍的一支新生力量。民营司法鉴定机构设立的鉴定种类之多,机构数量之大,都足见其发展之蓬勃,但由于市场优胜劣汰的竞争日益激烈,很多民营司法鉴定机构在吸引人才、加强管理、设备建设、能力验证等方面还处于不断探索的阶段。

高校司法鉴定机构也是一支异军突起的力量。在《决定》颁行之前,司法鉴定业务主要是由公、检、法所设立的鉴定机构垄断,社会鉴定机构只能起到有限补充的作用,随着高校司法鉴定学科的建立和学科人才培养的发展,高校司法鉴定机构成为司法鉴定队伍的星星之火,从司法部批准的已经面向社会公告的鉴定机构看,高校司法鉴定机构占有重要的比重。高校司法鉴定机构在发挥人才与设备优势、社会公信力优势、国家教委制定的统一规范化管理优势等方面,具有得天独厚的优势。《决定》出台后,高校司法鉴定机构数量逐步攀升[①],这类鉴定机构在发挥利用教学资源优势、转化运用前沿科研成果、保持鉴定主体中立性等方面作用突出,成绩斐然,在鉴定机构队伍中脱颖而出。目前,高校司法鉴定机构在鉴定服务和教学科研任务的冲突、新兴门类鉴定机构数量不足等方面仍存在亟须完善之处。

(三) 改革的经验总结与评述

1. 宏观指引的渐进改革

透析中国司法鉴定制度变革的根本动因,可以看到,这一改革是在我国市场经济体制转变和司法体制改革的背景下整体推进的。从最初国家财政部给中央政法委的鉴定体制改革报告分析,它反映出计划经济体制所遗留的管理制度无法适应鉴定主体多元化管理的矛盾。这一改革也是在审判方式变革、司法体制改革的环境下逐步展开的。从鉴定立法议案的提出,到明确鉴定统一管理体制的价值目标及鉴定

[①] 据统计,2008 年全国教育部门设立的鉴定机构共 123 家,占全国司法鉴定机构总数的 5.9%。参见李禹:《2008 年度全国法医类、物证类、声像资料类司法鉴定情况统计分析》,载《中国司法鉴定》2009 年第 4 期。

程序的科学构建,反映了实践中突出存在的多头管理、重复鉴定、自审自鉴等违背公平正义或有损司法权威的弊病。统一管理体制改革采取自上而下的渐进式思路,符合中国司法权力的运作规律,按照马克斯·韦伯的科层制理论①,科层制的理想模式表现为官员的职业化、严格的等级秩序和决策的技术标准,鉴定统一管理体制的建立,对提高鉴定管理质量、规范鉴定人资格、统一鉴定标准都具有积极的意义,符合中国科层制结构的基本要求,也容易为外部制度所接受。所以,鉴定制度变革迈出的每一小步,都是在改革宏观目标指引下针对具体问题迈出理性构建的一大步。

2. 制度移植的张力:"渐进式"或"革命性"的抉择

随着人类感官认识与借助科学证据认识之间的鸿沟加大,可以断言,科学证据在未来司法中运用的前景广阔。鉴定制度的科学构建离不开域外借鉴。新中国成立以来,我国鉴定制度在很大程度上受苏联立法的影响,随着两大法系诉讼模式所被标签的"职权主义"和"当事人主义"表征融会贯通,我们对域外借鉴的思路也不断修正,从鉴定管理体制,到鉴定证据制度,再到鉴定诉讼程序,学者大多经过对域外立法及司法现状的考察,并对传统法律文化和国情进行多维思考,对我国鉴定改革提出独特见解,使真理的普适性与中国具体现实的特殊性紧密结合,推动鉴定改革。当然,笔者认为,司法鉴定制度的现代化不等同于鉴定制度的西方化,两大法系司法权力运作的差异性决定了鉴定制度的改革路径不能简单取法西方模式,何况,当今英美专家证人制度已受到诸如"耗费巨大""引发鉴定大战"等诟病,鉴定制度的移植必须辩证借鉴。美国学者达马斯卡也认为,让科学发明一套尽量减少出错可能的技术手段,是一种"不可能实现"的想法,更为可能的是

---

① 马克斯·韦伯认为,科层制的主要特征表现为:组织内部互相分工,成员权责明确;采取严格的等级结构,上级官员指挥下级官员;组织成员需具备专业技术资格;管理人员是公职人员而非所有者;组织内部有严格的纪律;组织内部成员的关系仅仅是工作关系。参见〔德〕马克斯·韦伯:《经济与社会》(第二卷),林荣远译,商务印书馆1997年版,第278—324页。

"越来越多的证据规则规定,对某类事实必须根据科学技术知识加以认定"。达马斯卡还认为,"两大法系之间的证据制度移植将会在受体制度内产生严重张力"。① 在这一点上,英美法系对证明技术的变革呈现"渐进式"的发展,而大陆法系则更多采取"突变式"的跳跃。我国由于在诉讼模式上与英美法存在不同,就决定了对鉴定制度的移植必须充分考虑司法环境的种种因素。

3. 立法巩固的取向:"权力本位"与"权利本位"的取舍

伴随这场司法鉴定制度的变革,我国相继颁布了《司法鉴定机构登记管理办法》《司法鉴定人登记管理办法》《关于司法鉴定管理问题的决定》《司法鉴定程序通则》等法律、法规,每一次立法活动都将改革的阶段性研究成果转化为立法成果加以巩固,对司法鉴定活动进行指导规范。每一次立法成果又进而接受司法实践的检验而不断完善,最终推动整个司法鉴定法律制度的完善。但是,在鉴定立法中却存在着权力本位的思维定势,对部门利益相关的事项往往存在"策外策"的现象,其后果是损害了改革预期目标的实现,使立法初衷与实践效果出现落差与错位。笔者认为,立法必须着眼于司法鉴定学科和制度长远发展的价值目标取向,实现从部门"权力本位"到当事人"权利本位"的观念转变,使立法的过程充分体现民主参与性,淡化其部门利益之争的权衡色彩,立法不应当成为部门利益权衡的产物,而应站在有利于学科发展,制度变革的高度展开。

(四) 小结

司法鉴定制度改革是一个长期的发展过程,目前鉴定制度取得的

---

① 达马斯卡认为,当中世纪的神秘证明方式消解后,欧洲大陆和英格兰对之反应是不相同的。欧洲大陆的反应是"革命性"地制定证据收集制度,而英格兰采取"渐变"的方式,代之以陪审团裁决体现民意裁判。达马斯卡认为,科学证据同样会对两大法系的证明制度产生影响。同时,由于不同法系制度环境的差异,刑事诉讼领域某些事实认定制度的移植总是存在着诸多问题。参见〔美〕米尔安吉·R. 达马斯卡:《比较法视野中的证据制度》,吴宏耀、魏晓娜等译,中国人民公安大学出版社 2006 年版,第 229—230 页。

成果,只是一个阶段性的成绩,《决定》颁布实施近10年来,司法鉴定管理和运作总体形势是合乎理性的,但是司法实践中反映的个别问题仍然存在①,亟须我们研究司法鉴定制度的完善。

1. 鉴定立法的方向

由于《决定》的制定主要针对司法鉴定管理方面的问题,而且实施以来,反映出与改革预期目标尚有一定的差距,表现为:一方面,对鉴定的标准问题、鉴定实施程序、鉴定人权利义务规范、与鉴定有关的诉讼证据制度等方面的问题,还需要进一步作出系统具体的规范;另一方面,《决定》的规范中存在一些悬而未决的问题,如"三大类"之外的鉴定业务由国务院司法行政部门商"两高"确定的做法至今还没有付诸实践,造成"三大类"之外的管理存在真空。实践中出现对司法会计、建筑工程、知识产权等"三大类"之外的鉴定机构到法院系统登记,进入法院系统制定的鉴定机构名册的怪现象,也暴露出当事人对"三大类"之外的鉴定应由哪个部门鉴定、出了问题向谁投诉的种种困惑。2007年,司法部在《决定》的基础上颁布了《司法鉴定程序通则》,对司法鉴定实施程序作出了具体规定。2012年《刑事诉讼法》也对刑事司法鉴定问题作出了一些修改,将"鉴定结论"改为"鉴定意见"②,进一步规定了鉴定人的出庭问题,确立"专家"参与刑事诉讼制度,等等。在司法解释方面,2010年最高人民法院等司法机关联合制定的《关于办理刑事案件排除非法证据若干问题的规定》和《办理死刑案件审查判断证据若干问题的规定》对鉴定意见的审查判断作出了相对细致的

---

① 如"其他类"司法鉴定管理混乱,鉴定人名册混乱,司法鉴定机构缺乏必要的投入和财政保障等问题。参见霍宪丹:《中国司法鉴定体制改革的实践探索与系统思考》,载《法学》2010年第3期。

② 对此,陈光中先生认为,"鉴定意见"提法的确立,主要是鉴于刑事司法实践中存在鉴定权侵犯司法权,司法人员盲目迷信"鉴定结论",将鉴定结论视为"科学的判决"的现象,产生这一现象的原因是,长期以来我们对鉴定活动的本质属性存在认识偏差,混淆了鉴定意见与事实裁判之间的关系。因此,2012年修正的《刑事诉讼法》将"鉴定结论"改为"鉴定意见",还原鉴定活动的本质属性,明确了司法和鉴定活动的相互关系。参见陈光中、吕泽华:《我国刑事司法鉴定制度的新发展与新展望》,载《中国司法鉴定》2012年第2期,第2页。

规定。2012年,最高人民法院制定的《关于适用〈中华人民共和国刑事诉讼法〉的解释》对鉴定人、有专门知识的人出庭的相关问题作了详细的规定。可见,我国司法鉴定相关的立法正在不断完善。

2. 统一管理目标仍需推进

虽然我们已确立司法鉴定统一管理体制的改革目标,但实践中,制约统一管理体制实现的因素仍然存在。例如如何转变长期以来分散管理、部门割据的观念,如何制定统一的司法鉴定技术规范,使司法鉴定程序规范、技术标准规范、技术操作规范、鉴定机构质量认证认可制度规范等纳入到统一管理体制之下,如何协调侦查机关内设鉴定机构的管理权配置,这些问题需要我们进一步排除障碍。伴随着社会鉴定机构的大量出现,各级司法行政部门也对司法鉴定管理体制积极展开探索,大部分省市已成立司法鉴定人协会①,在规范管理、业务指导、促进交流等方面卓有成效。方兴未艾的"两结合"管理模式是对我国司法鉴定传统管理模式改革的有益尝试,然而这一制度的自身发展,仍存在着诸如管理范围不明、管理方式不一、管理职能不清等问题,仍需我们在实践中摸索,从理论上总结,以规范司法鉴定活动,保证司法鉴定服务诉讼公正的目标实现。

3. 鉴定制度理论研究仍需呼吁

司法鉴定学科兼具科学性和法律性的双重属性,鉴定制度的理论研究能丰富这一交叉学科在司法制度、诉讼制度、证据法学等方面的发展,为司法鉴定活动依法、独立、客观、公正地进行提供理论贡献。目前,鉴定制度理论研究已逐步发展,但诸如怎样构建科学合理的司法鉴定启动权配置模式?怎样建立科学证据的审查判断规则?这些问题仍然是完善司法鉴定制度亟待解决的新课题。

---

① 根据统计数据,截至2009年,全国各省、市司法厅(局)已先后成立省级鉴定协会16家,地(市)级机构86家,鉴定人协会在规范管理、业务指导和促进经验交流等方面发挥着重要作用。

三、刑事司法鉴定文献研究综述

对刑事司法鉴定问题的研究,目前主要理论研究成果表现为以下几个方面:

国内有不少学者关注刑事诉讼中司法鉴定问题,并取得了一些优秀的研究成果。例如,郭华教授在《鉴定结论论》一书中,对鉴定启动程序以及鉴定结论的生成、质证、认证、救济程序展开了系统性的研究①;汪建成教授在《中国刑事司法鉴定制度实证调研报告》一文中,通过对我国刑事司法鉴定制度进行实证研究,指出现行鉴定制度存在着权力配置不平衡、资源分配不合理、配套措施不到位的问题②;陈卫东教授、程雷教授的《司法精神病鉴定基本问题研究》一文对刑事案件中精神病鉴定实施情况进行实证调研,提出鉴定管理、鉴定启动、鉴定意见审查判断等方面的对策③;杜志淳教授的《司法鉴定法立法研究》一书提出旨在保障鉴定资源的合理配置、鉴定质量和公信力提高、明确鉴定法律责任的立法建议稿④;章礼明教授在《论刑事鉴定权》一书中,运用"结构—功能"主义理论对刑事诉讼系统中的鉴定权配置问题进行深入研究,并从诉讼权利的进路对"重复鉴定"顽疾提出一些解释和对策⑤;郭金霞教授在《鉴定结论适用中的问题与对策研究》一书中,对鉴定结论适用程序的基础性问题以及鉴定结论审查认定的理论、立法与实践存在的问题作了系统的分析⑥;黄维智检察官在《鉴定证据制度研究》一书中对鉴定结论的基础理论、证据效力、鉴定程序等

---

① 参见郭华:《鉴定结论论》,中国人民公安大学出版社2007年版。
② 参见汪建成:《中国刑事司法鉴定制度实证调研报告》,载《中外法学》2010年第2期。
③ 参见陈卫东、程雷:《司法精神病鉴定基本问题研究》,载《法学研究》2012年第1期。
④ 参见杜志淳等:《司法鉴定法立法研究》,法律出版社2011年版。
⑤ 参见章礼明:《论刑事鉴定权》,中国检察出版社2008年版。
⑥ 参见郭金霞:《鉴定结论适用中的问题与对策研究》,中国政法大学出版社2009年版。

问题作了全面分析①;周湘雄博士在《英美专家证人制度研究》一书中,对英美法系的专家证人制度进行了系统的研究,将其与大陆法系国家以及我国的鉴定人制度进行比较,提出了适合我国国情的鉴定制度改造思路②;陈学权博士在《科技证据论——以刑事诉讼为视角》一书中,以刑事诉讼的视野就科技证据的一些基础理论、立法和实践运用问题进行了系统研究③;季美君博士在《专家证据制度比较研究》一书中,采用比较法学的研究方法,对英美法系的专家证据制度以及大陆法系的鉴定制度、我国的司法鉴定制度进行了横向比较,针对我国司法鉴定制度存在的问题提出了改革的基本思路④;吕泽华博士在《DNA 鉴定技术在刑事司法中的运用与规制》一书中,结合 DNA 鉴定技术的专业知识,提出了构建 DNA 鉴定技术司法运用的法律规范和制度的主张⑤;我国台湾学者朱富美博士在《科学鉴定与刑事侦查》一书中,对以人身为主,涵盖活体检查、死因鉴定与尸体解剖、DNA 鉴定、指纹鉴定与笔迹鉴定等科学鉴定在刑事侦查中的证据价值展开研究。⑥ 上述这些研究成果,对我国司法鉴定制度、鉴定证据、鉴定技术的运用进行了较为系统、深入和全面的研究。

在国外,对司法鉴定制度研究较为发达的国家主要有美国、德国、日本等国家,一些学者在这方面已取得较为显著的成果。例如,美国学者戴维教授(David L. Faigman)在《现代科技证据》(*Modern Scientific Evidence:the Law and Science of Expert Testimony*)一书中,依据司法鉴定的不同分类,对科技证据的原理、鉴定操作、采信等问题进行了具体研

---

① 参见黄维智:《鉴定证据制度研究》,中国检察出版社 2006 年版。
② 参见周湘雄:《英美专家证人制度研究》,中国检察出版社 2006 年版。
③ 参见陈学权:《科技证据论——以刑事诉讼为视角》,中国政法大学出版社 2007 年版。
④ 参见季美君:《专家证据制度比较研究》,北京大学出版社 2008 年版。
⑤ 参见吕泽华:《DNA 鉴定技术在刑事司法中的运用与规制》,中国人民公安大学出版社 2011 年版。
⑥ 参见朱富美:《科学鉴定与刑事侦查》,中国民主法制出版社 2006 年版。

究。① 美国学者肯尼斯·R.福斯特及彼得·W.休伯在《对科学证据的认定——科学知识与联邦法院》一书中，对美国联邦法院如何采信科技证据展开研究。② 日本学者松尾浩也在其著作《日本刑事诉讼法》中，也有专章针对强制采样、测谎等鉴定方法相关的程序问题的探讨。③ 上述成果较为具体、系统地介绍了国外有关司法鉴定的制度，为我们进行域外制度比较提供了较为翔实的文献资料，对我国鉴定制度的完善具有一定的借鉴意义。

既有的立法实践和理论研究，为完善我国刑事鉴定制度提供了依据，但仍然存在不少问题值得深入探讨。尽管取得了一些研究成果，但总体而言，我国既有对刑事司法鉴定的研究仍然比较薄弱，存在的主要缺陷包括：

1. 在研究方法方面，以实证研究方法对我国刑事司法鉴定运行机制进行具体描述和分析的研究成果还比较薄弱。我国刑事诉讼学界对司法鉴定的研究多注重介绍、分析、推导相关的立法条文和原则理论，对司法鉴定作制度规范的研究，在司法鉴定研究领域中引入实证研究的方法，对实践中刑事鉴定运作的状况进行考察的成果较为欠缺。近年来，我国一些学者倡导并运用实证研究方法对刑事诉讼法学乃至其他领域的法学进行研究，帮助我们了解中国刑事诉讼乃至其他部门法运行实践的现状，向我们提供了从中发现问题、把握问题、解释问题，并在此基础上提出切实可行的改革路径的可能。④ 然而，在司法鉴定制度研究领域，采用实证研究方法进行分析的研究成果还较为欠缺。既有的研究，有从比较法学角度介绍域外制度，但缺乏立足中国

---

① David L. Faigman, David H. Kaye, Michael J. Saks, Joseph Sanders, *Modern Scientific Evidence: The Law and Science of Expert Testimony*.
② 参见〔美〕肯尼斯·R.福斯特、彼得·W.休伯：《对科学证据的认定——科学知识与联邦法院》，王增森译，法律出版社2001年版。
③ 参见〔日〕松尾浩也：《日本刑事诉讼法》（上卷新版），丁相顺译，中国人民大学出版社2005年版。
④ 参见左卫民等：《中国刑事诉讼运行机制实证研究（二）——以审前程序为重心》，法律出版社2009年版，第6页。

现实问题的具体考量,如何将域外的制度为我国立法、司法所借鉴仍然值得进一步探索。相关的研究成果只是注重介绍、比较域外法治国家或地区的相关专家证人制度、鉴定人制度,虽然对我国的司法鉴定制度有一定的借鉴意义,但毕竟缺乏必要的实证素材支撑,削弱了论证分析、提出对策的可靠性。

2. 研究角度方面,从刑事程序法学、证据法学角度进行的法规范研究和从刑事侦查学、司法鉴定学角度进行的司法鉴定技术研究之间存在着严重的脱节现象

由于司法鉴定兼具法律性和科学性的双重属性,司法鉴定研究横跨鉴定技术科学和诉讼司法制度两个领域,造成立法者、研究者因难以驾驭知识结构迥异的两门学科,从而增加研究的难度。我国刑事诉讼法学者对刑事鉴定程序的研究,往往有意无意地回避了鉴定的技术性问题,例如对鉴定意见的采信难以确立切实可行的标准、对精神病鉴定的启动程序及鉴定期间的问题均难以作出客观准确的把握。而我国的侦查技术专家、鉴定技术人员对刑事司法鉴定问题的关注,往往局限于鉴定技术、鉴定实验、鉴定标准等自然科学领域,正所谓"闻道有先后,术业有专攻",缺乏深厚法学学养的技术型研究人才难以从人权保障、程序正义的角度,对我国刑事司法鉴定制度的完善提出系统性、深层性的见解,其积累的实践经验以及对鉴定活动的切身感受,鲜有叙之以文的方式为立法者所倾听和采纳。因此,刑事司法鉴定这种需要研究主体运用交叉学科的方法、摆脱自身知识结构的羁绊展开系统性、深入性探索的研究对象,在一定程度上加剧了法规范研究和鉴定技术研究之间的脱节。

四、研究的方法

基于研究的目的,本项研究主要采用实证研究和比较法学研究两种方法:

1. 实证研究方法

实证研究方法,是一种通过对研究对象进行观察、实验和调查,从而获取客观材料,并基于此进行描述、分析、解释、证实或预测,归纳出事物本质属性或发展规律的社会学研究方法。① 近年来,实证研究方法在我国法学研究中发挥了积极的作用,在刑事诉讼制度研究中,要客观、全面地把握司法实践的状况,对问题的现象、成因及进路进行准确、理性的分析,我们必须巧妙地运用实证研究的方法,诚如左卫民教授所言:"从刑事诉讼制度规范化的角度而言,要想让法律真正发展起来,我们应该直面实践——对实证进行客观研究,应对实践——在立法上有所反应,规范实践——将其纳入法律范围并加以控制。"② 有鉴于此,本书对我国刑事诉讼中司法鉴定问题的分析,主要采取立足我国司法实践的做法,在研究方法上采用实证研究的手段。费孝通先生曾经指出:"为了对人们的生活进行深入细致的研究,研究人员有必要把自己的调查限定在一个小的社会单位内进行。"③ 遵循这一经验,笔者在撰写之初,根据遴选具有一定代表性的基层单位,兼顾便于展开调研工作的原则,确定了若干调研对象,通过调研问卷、专人访谈、个案分析等方法,对有关司法现状进行客观描述,并在此基础上对现象背后的成因进行解释。例如,在研究强制采样的问题上,笔者选取了上海市三个基层公安分局刑侦队作为调研对象,通过对相关侦查人员进行抽样调查,了解到我国司法实践中强制采样的审批程序、适用类型、强制采样结果的运用之现状。力图使本书的结论建立在实证分析的基础上。这种研究方法,有助于读者具体把握我国司法运作的现状。

2. 比较法学研究方法

比较法学研究,是指一方面以法律为其对象,另一方面以比较为

---

① 参见〔美〕沃野:《论实证主义及其方法论的变化和发展》,载《学术研究》1998年第7期。
② 左卫民:《范式转型与中国刑事诉讼制度改革:基于实证研究的探讨》,载左卫民:《刑事诉讼的中国图景》,三联书店2010年版,第263页。
③ 费孝通:《江村经济》,上海世纪出版集团、上海人民出版社2007年版,第17页。

其内容的一种思维活动。① 新中国成立以后,我国的司法鉴定制度是在借鉴苏联鉴定制度的基础上建立起来的,历经1996年、2012年两次《刑事诉讼法》修改,鉴定制度在保留大陆法系国家职权主义模式基本特征的同时,也吸纳了英美法系国家当事人主义的合理成分。本书在处理比较法研究的问题上,主要采取"点对点"的比较方式,这主要是鉴于本书研究问题的出发点和落脚点均立足于中国国情,遴选的若干刑事司法鉴定问题均为我国刑事诉讼中较为突出、亟须解决的,所以,其中有一些问题在域外缺乏对应的制度,既无办法也无必要采取系统全面比较的方法。在对比较对象的选取问题上,笔者主要借鉴了大陆法系的德国、日本、我国台湾地区和英美法系的美国、英国为比较考察对象。之所以这样选择,主要考虑的因素有:

(1) 这些国家或地区在各自所属的法系中具有一定的代表性,与刑事诉讼模式相适应的司法鉴定制度也具有研究的代表性。

(2) 这些国家或地区的刑事司法鉴定制度发展水平相对较为成熟、完善,可以为我国刑事司法鉴定制度的完善提供有益的借鉴。

(3) 以上国家或地区的相关文献资料,容易为笔者所获及、掌握。在制度比较过程中,笔者力求突破两大法系在成文法和判例法方面的差异,从中剖析它们在不同的国家或地区和司法权力多种面孔背后的共通法理,为我国鉴定制度的科学构建提供借鉴和经验。研究的笔端不止于对这些国家或地区"纸面上的法"进行静态分析,而且将司法实践中"行动上的法"纳入研究视野进行动态考察。在制度比较的结论部分,对完善我国鉴定制度时应该如何看待域外制度的借鉴、扬弃提出自己的见解。

五、总体的框架和主要内容

本书围绕如何提高刑事司法鉴定程序的正当性这一核心命题,选

---

① 参见〔德〕K. 茨威格特、H. 克茨:《比较法总论》,潘汉典、米健、高鸿钧、贺卫方译,法律出版社2003年版,第3页。

取刑事诉讼中亟待关注的司法鉴定相关问题为研究对象,主要运用实证和比较法学的研究方法,借助刑事诉讼法学、刑事侦查学、司法鉴定学、证据法学、法经济学的基本理论,从制度规范和实践操作层面对提高司法鉴定启动程序的正当性、增强侦查中运用司法鉴定准确打击犯罪的正当性、强化侦查中运用司法鉴定手段在保障人权方面的正当性,以及提升审判中鉴定意见质证与采信的正当性等系列问题展开分析与论证。其研究目的主要在于具体、接近于原生状态地反映司法鉴定在我国刑事诉讼中的运作状况及可能存在的问题,对我国大陆境外法治国家或地区的相关刑事司法鉴定制度进行评介和梳理、对比和借鉴,并最终回答如何通过制度完善提高我国刑事司法鉴定的正当性这一重要的理论和实践议题。因此,这本专著的结构安排为以下几个部分:导论、正文与结论。

  导论部分是本书的破题部分。本书以司法实践中发生的湖南女青年死因鉴定、杜培武杀妻冤案、邓玉娇案件等多个备受社会公众关注的案例为楔子,引出我国刑事司法鉴定权威性和正当性存在危机的问题,指出鉴定技术的推广运用和公民权利保障意识的提高,对刑事司法鉴定制度提出严峻的考验,指出刑事司法鉴定启动程序的正当性、侦查中运用鉴定手段的正当性,以及法庭审判中鉴定意见质证与采信相关环节的正当性亟待全面提升的中心内容。紧接着阐述了本项研究具有的研究意义。此外,导论部分还对本书的研究方法、总体框架结构作了简要交代。

  正文部分按照如何提高刑事司法鉴定的正当性为主线,并综合考量司法鉴定在诉讼中的实际流程和亟待解决问题的逻辑关系安排篇章顺序。正文共有四章。

  第一章主要分析了如何提高我国刑事司法鉴定启动程序的正当性问题。该章在考察新中国建立以来《刑事诉讼法》中鉴定启动制度的沿革、变迁概况的基础上,归纳概括出我国鉴定启动权的特点和性质,指出我国刑事司法鉴定启动程序保留着职权主义的特征,存在着导致多头鉴定、重复鉴定、鉴定启动权控辩不平等、司法机关鉴定启动裁量权约束不足等弊端。通过比较两大法系的代表性国家或地区在鉴定启动主体、鉴定启动权限制等方面的差异,得出比较的结论:不同国家或地区的鉴定启动制度与该国或地区的诉讼模式相适应,并且在司法官员控制鉴定启动权的大陆法系国家或地区,立法注重对司法官员鉴定启动裁量权的限制。我国鉴定权配置改造应当在遵循立足本国刑事诉讼基本特征的前提下,借鉴与融合两大法系合理成分。最后,该章在此基础上提出了具体的立法完善建议。

第二章针对我国刑事侦查阶段如何运用司法鉴定准确打击犯罪,增强其正当性展开分析,本章侧重于侦查中司法鉴定运用的实证分析。文章先从现象入手,指出司法鉴定在侦查中对案件事实的证明发挥积极作用的同时,也会引发错误认定案件事实的风险。通过实证考察发现,近年来,侦查中运用司法鉴定的比例有所提升,但刑事错案的背后揭示鉴定样本的收集过程在规范化、程序化方面做得还不够。鉴定意见随着案卷进入后续诉讼程序,并对案件事实的认定起到了关键性的证明作用。侦查中的司法鉴定存在运用尚不充分、样本的收集保管不够规范、司法人员迷信鉴定意见等问题。在本章最后指出,问题的进路在于进一步提高侦查中的鉴定技术含量,规范鉴定样本的收集程序,转变对鉴定意见迷信的观念。

第三章侧重分析侦查中运用鉴定手段如何实现人权保障的价值取向,体现程序正当性,依次分析了强制采样、鉴定留置和 DNA 数据库的法律规制问题。

1. 强制采样程序

1996 年《刑事诉讼法》只规定了"人身检查"制度,然而违背当事人意愿提取人身检材的现象在实践中却普遍存在。实证考察发现:立法的相对滞后,造成强制采样的权力运作不当,执法人员对采样的适用程序和做法不一现象。通过比较借鉴我国台湾地区及美国刑事诉讼中的相关制度在分类、程序与做法、发动要件等方面的差异,发现我国强制采样处分的分类笼统、启动条件宽泛、审批环节阙如,强制采样所获之鉴定意见却普遍被采纳。我国强制采样之完善必须实现"发现真实"和"人权保障"的价值平衡,实现强制采样行为的必要控制,实现当事人"鉴定客体化"向"鉴定主体化"的地位转变。

2. 鉴定留置程序

现行《刑事诉讼法》规定:"对犯罪嫌疑人作精神病鉴定的期间不计入办案期限",实证考察发现,精神病鉴定的时间因案而异,短的只需数日,长的可达半年。不计入办案期限的做法,在实践中影响被告人人身自由受限制的时间,也影响案件侦查、审查起诉和审判活动的顺利进行。考察德国"为观察而移送被指控人制度"及我国台湾的"鉴定留置"制度,发现其鉴定留置程序制度之目的、适用范围、决定程序及救济程序等方面均有较为完善的规制。反思我国的现行立法,认为鉴定留置是一种具有羁押性质的措施,并从短期、长期两个层面对该制度的构建和完善提出了改革的初步构想。

3. DNA 鉴定数据库的法律规制

DNA 鉴定技术在诉讼中发挥着显著的证明作用。我国自建立法庭科学 DNA 数据库以来,各地数据库之规模、应用逐步扩大,取得了一定的实践成效。然而,数据库的运作也存在法律困惑:如何完善立法规范?如何平衡 DNA 样本采集与正当程序的冲突?如何兼顾 DNA 信息保存与隐私权保护的目标?如何权衡数据库推广与司法资源有限的矛盾?DNA 鉴定数据库的制度完善需理性选择立法模式,整合各地区既有的规范。应在《刑事诉讼法》第 130 条"人身检查"规定的基础上,细化 DNA 采样程序;综合考虑案件性质、犯罪危害程度和有利于犯罪分子改造等因素明确入库范围;健全信息保密和救济机制,对 DNA 鉴定数据库的用途、信息保存和销毁期限、违法使用 DNA 信息的制裁措施加以规范;此外,还应强化质量控制与监督机制。

第四章重点考察如何提升审判阶段司法鉴定质证与采信相关问题的正当性。本章分以下四个部分展开思考:

1. 结合 2012 年修订的《刑事诉讼法》有关案卷移送制度的改革,反思我国鉴定意见开示的问题

鉴定意见开示是提高鉴定意见质证效果的前提,鉴定意见开示也

是证据开示程序的特殊类型,它能让控辩双方对鉴定意见有更加充分的认识,进而强化其庭审质证的效果、落实鉴定人回避制度、减少重新鉴定的滥用。考察我国《刑事诉讼法》关于案卷移送制度的规定,认为我国刑事诉讼中证据开示制度的缺失,造成对鉴定意见庭前交换的忽视,鉴定意见的开示确有必要。在比较考察美国、日本及我国台湾有关鉴定意见开示具体做法的基础上,从构建我国鉴定意见开示程序的主体、方式、内容和时间四个方面提出具体的构想。

2. 对鉴定人出庭质证问题展开实证分析

近年来,刑事诉讼中诸多冤假错案暴露出有瑕疵的鉴定意见,造成法官对案件事实认定错误的问题,使鉴定人不出庭现象备受指摘,各方要求鉴定人出庭的呼声不绝于耳。然而,研究表明,鉴定人出庭作证必须以案件具备其出庭必要性为前提,在鉴定意见质证机制尚未完善之前,如若忽视质证效果而一味强调鉴定人出庭,无异于叶公好龙。深刻洞察制约鉴定人出庭之因素,理性评估出庭作证之效果,客观认识鉴定意见质证功能虚化之成因,才能有助于鉴定意见审查判断,科学构建鉴定人出庭作证的机制。

3. 对2012年修订的《刑事诉讼法》确立的"有专门知识的人"参与刑事庭审就鉴定意见发表意见的机制展开分析

2012年新修订《刑事诉讼法》,确立了"有专门知识的人"参与刑事诉讼的制度,该项制度对提高鉴定意见质证的对抗性、弥补法官鉴定知识的不足、防止有瑕疵的鉴定意见成为定案事实的依据、促使鉴定人出庭作证制度落到实处等方面都具有积极的意义。但作为一项未经试点检验即推向司法实践的新制度,它在专家的诉讼地位、权责、立场、资格以及专家出庭的决定程序、证言效力、救济程序等方面存在亟待明确、完善的问题。本书在分析的基础上指出"有专门知识的人"是一种新的诉讼参与人,可在一定限度内赋予专家获得鉴定样本、临检鉴定的权利,规范其职业道德义务,确保专家客观、有效地提出意见。其选任资格可由各省高级人民法院牵头成立"专家库",由法官根据控辩要求从中聘请。专家出庭产生的费用由司法经费买单,以确保其立场中立。专家提出的意见不属于证据。其救济程序有待今后条件成熟之后再加以规范。

4. 重点解决法官如何采信鉴定意见的问题

"鉴定意见如何采信"的难题,长期挑战传统的证明方式。本书先考察了美国的科学证据采信制度,进而归纳美国科学证据采信规则嬗变的背后呈现出的三大特征,即重视对科学证据的"科学性"把关、通过判例不断调整可采性标准、以程序规制弥合法官采信科学证据的知识鸿沟。对我国鉴定意见采信的现状考察发现,可采性标准的立法尚不完备,存在依据鉴定机构等级评估鉴定意见的误区,法官对鉴定意见的采信说理少、司法人员迷信鉴定意见、鉴定意见质证的庭审对抗性不足等问题。鉴定意见采信的完善必须从强化审查鉴定主体、检样提取程序、鉴定原理等环节多管齐下。

最后,梳理各章论证分析的主旨,提炼概括研究的结论。

第一章　提高司法鉴定启动程序的正当性

第一节　问题的提出

近年来,我国司法实践中发生了一些与司法鉴定启动程序密切相关、备受争议的案件,例如 2006 年陕西的邱兴华案件中,在审理过程中,尽管被告人的家属几次提出对邱兴华进行精神病鉴定的申请,却始终没有得到司法机关的同意。该案的司法鉴定启动问题引起法学界对我国鉴定启动制度的反思。又如 2008 年贵州瓮安事件的导火线——在李树芬死因鉴定问题上,由于死者家属对溺水女孩李树芬的死因鉴定结果不满,对公安机关委托的鉴定产生强烈的不信任,导致一宗普通刑事案件愈演愈烈,最终酝酿成令人震撼的群体性事件;此外还有湖北的高莺莺案件、哈尔滨警察打死男青年案件的鉴定问题等,诸如此类的案件从不同角度折射出我国当下刑事司法鉴定启动程序存在着不尽如人意的问题,并因此大大削弱了司法鉴定的权威性与正当性。

所谓司法鉴定启动程序,即诉讼过程中由哪些诉讼主体决定是否聘请、指派或委托鉴定机构,对案件中涉及的专门性问题进行鉴别、判断的程序。司法鉴定的启动制度主要涉及司法鉴定活动的申请权、决定权、选任权和救济权等内容。① 我国1996年《刑事诉讼法》的修改，整体吸收了当事人主义的合理元素，但在鉴定启动问题上，仍然保持着旧法职权主义的色彩。这一问题在2012年《刑事诉讼法》修改中并未得以改变，无疑成为修法的一件憾事。刑事司法鉴定启动程序一再触及公众敏感的神经。因此，提高刑事司法鉴定启动程序的正当性尤为重要。

第二节 我国鉴定启动制度的变迁与现状

一、我国历次刑事诉讼法中鉴定启动制度的变迁

在1979年《刑事诉讼法》制定之前，我国刑事诉讼处于"无法可依"的状态②，虽然50年代曾有刑事诉讼条例的草拟，最高人民法院也对14个大中城市高、中级人民法院刑事审理程序进行了收集、整理并作了总结。但整体上仍然没有形成共同的刑事诉讼程序。该时期的刑事鉴定启动程序主要实行大陆法系国家或地区"单边鉴定"的配置模式，鉴定权由公安机关和人民法院共同行使，公安机关主要支配刑事技术方面的鉴定，法院侧重于法医方面的鉴定。诉讼中很少存在当事人申请重新鉴定的问题，这是由于当时的主流观念认为公检法作为无产阶级专政机关，他们所进行的司法鉴定其可靠性是毋庸置疑的。③

1979年《刑事诉讼法》的颁布实施，结束了刑事诉讼无法可依的状态，该法第88条规定："为了查明案情，需要解决案件中某些专门性

---

① 参见樊崇义、郭华：《论刑事鉴定启动权制度》，载《中国司法鉴定》2010年第1期。

② 对此，虽然存在争议。例如有学者撰文反驳"人民政府没有法律"的观念。参见李光灿、王水：《批判人民法律工作中的旧法观点》，载武延平、刘根菊：《刑事诉讼法学参考资料汇编》（中册），北京大学出版社2005年版，第749页。但在该时期的我国各级法院还没有形成共同的诉讼程序。参见左卫民：《中国道路与全球价值——刑事诉讼制度三十年》，载《法学》2009年第4期，第81页。

③ 参见徐静村：《论刑事诉讼中鉴定权配置模式的选择》，载《中国司法鉴定》2006年第5期。

问题的时候,应当指派、聘请有专门知识的人进行鉴定。"第90条规定:"用作证据的鉴定结论应当告知被告人。如果被告人提出申请,可以补充鉴定或者重新鉴定。"从该法规定的内容分析,这一时期"鉴定结论不容置疑"的观念,在立法层面得以一定的改观。当事人可以申请重新鉴定,但是否重新鉴定必须由法院决定,并由法院指派或聘请鉴定机构、鉴定人进行,当事人并无直接启动鉴定的权利。之所以只能向法院提出,是基于侦查保密性的考虑,当事人在侦查、审查起诉阶段,无法查阅有关鉴定结论等案卷材料,只有在审判阶段才能看到这些内容。作为新中国的第一部《刑事诉讼法》,该法借鉴了苏联的鉴定启动权"单边主义"配置模式的基本特征,即司法机关有权决定启动鉴定,被告人仅享有补充鉴定、重新鉴定的申请权。被害人并不享有任何启动鉴定、申请补充鉴定或重新鉴定的权利。

1996年《刑事诉讼法》第119条规定:"为了查明案情,需要解决案件中某些专门性问题的时候,应当指派、聘请有专门知识的人进行鉴定。"在侦查阶段,公安机关必须将作为证据的鉴定结论告知犯罪嫌疑人和被害人。犯罪嫌疑人和被害人如果对鉴定结论不满,可以向侦查机关提出补充鉴定、重新鉴定的申请。在审判阶段,人民法院为了调查、核实证据,可以进行勘验、鉴定。在庭审过程中,当事人及其辩护人、诉讼代理人有权申请重新鉴定或者勘验。概括地说,1996年《刑事诉讼法》对鉴定启动作出了一些改变:一是当事人可以向公安机关、检察院和法院提出重新鉴定、补充鉴定的申请。这是因为1996年《刑事诉讼法》已经将当事人获知鉴定结论内容的时间提前至侦查阶段。二是公检法机关的内设鉴定机构均享有鉴定实施权,这种状态直到2005年全国人大常委会《关于司法鉴定管理问题的决定》颁布才得以改变。《决定》取消了法院内设鉴定机构,规定了侦查、检察机关内设鉴定机构不得接受社会委托的鉴定。三是侦查机关告知鉴定结论的对象范围由犯罪嫌疑人、被告人扩大至被害人,进而保护了被害人对初次鉴定不服提出救济的权利。2012年《刑事诉讼法》对1996年《刑事诉讼法》所确立的鉴定启动制度没有作出改变,依然保留了旧法鉴定启动权模式的基本特征。

由此可见,我国司法鉴定权配置模式经历了两个重要的转变阶段:

第一阶段,可追溯至我国1979年《刑事诉讼法》颁布之前,基本上实行大陆法系国家或地区的"单边鉴定"[①]启动模式,其特点表现为:鉴定启动权由公检法三机关在不同诉讼阶段行使,鉴定人的选任由司法机关决定。鉴定结论通常被认为是真实可靠的证据,在诉讼中很少被法官质疑和否定。1979年《刑事诉讼法》规定,当事人可以申请重新鉴定,但对是否重新鉴定的问题由法院决定,并由法院指定或聘请鉴定机构和鉴定人进行鉴定,当事人无直接启动鉴定的权利,在性质上还是属于"单边鉴定"类型。

第二阶段,从1996年《刑事诉讼法》实施至今。刑事诉讼法对鉴定权配置也作出了改变,即在原来"单边鉴定"的基础上,又设置了有限的"双边鉴定"授权条款。[②] 这一阶段的司法鉴定启动程序表现为:当事人如果认为侦查机关的鉴定结论存在疑问,可以提出重新鉴定的申请,是否重新鉴定由司法机关决定。据此可知,它在保留"单边鉴定"的基础上,吸收了"双边鉴定"的合理成分。

二、我国刑事鉴定启动程序的特点

根据上述刑事诉讼法对司法鉴定启动制度的规定,我们可以概括我国刑事司法鉴定启动程序具有以下几大特点:

1. 侦查机关享有鉴定启动权及实施权

我国公安机关、检察机关和法院享有启动司法鉴定的权力,三机关在办案过程中遇到的专门性问题,都有权决定指派或聘请有专门知

---

① 所谓"单边鉴定",是指决定是否鉴定的权力掌握在司法官员手中的鉴定启动权配置模式,它与职权主义诉讼模式相适应,基本特征表现为:鉴定人由司法机关委托;鉴定的事项由司法官员根据案件审查的情况决定;鉴定事项和范围由司法机关确定。

② 所谓"双边鉴定",是指英美法系国家实行的鉴定权配置模式,它与当事人主义模式相适应,鉴定启动权由控辩双方享有,其基本特征表现为:鉴定专家由当事人选任;鉴定的事项由当事人选定;鉴定事项和鉴定材料均控制在控辩双方手中。

识的人进行鉴定。在2005年之前,三机关内设鉴定机构还均享有鉴定实施权。随着司法实践中暴露出重复鉴定问题的严重性,尤其是湖南黄某死因经过了多次鉴定,出现多份不同意见的鉴定结果,造成法官对案件定性存在困惑,被害人家属对此结果不满。该案件情况经媒体报道之后,造成了消极的社会影响,也引起法学专家及有关部门对"重复鉴定"问题的检视。"自侦自鉴""自审自鉴"等违背公平理念的现象也为社会公众所诟病。在这种背景下,2005年,全国人大常委会《关于司法鉴定管理问题的决定》出台,该《决定》取消了法院的内设鉴定机构,但鉴于侦查办案的及时性、紧迫性的需要,在保留公安、检察机关的内设鉴定机构的同时,对其业务范围进行限制,即"不得接受社会委托鉴定"。由此可见,目前我国侦查机关不仅享有鉴定启动权,其内设鉴定机构还享有鉴定实施权,这是为了满足侦查工作的紧迫性、及时性和高效性的需求。

2. 审判机关可以自行启动鉴定

2005年《决定》颁布之后,法院原有的内设鉴定机构已从法院系统脱离,"自审自鉴"的问题也得到了改变。在审判过程中,遇到专门性问题的情况下,人民法院可以自行决定启动司法鉴定,并决定委托哪个鉴定机构进行鉴定。必须看到,我国这种法院行使鉴定启动权的模式,与俄罗斯的鉴定启动权配置模式具有相似之处,而与德国、法国等大陆法系国家法官享有鉴定启动权的做法存在一定差异。在法国、德国,即使在侦查、审查起诉阶段,法官对鉴定启动也享有绝对的决定权。法官可依据案件的需要决定是否启动鉴定。我国刑事诉讼中审判中心主义的结构尚未建立,与此相适应,我国法院启动鉴定的权力并没有贯穿到刑事诉讼的侦查、审查起诉阶段,而仅仅在审判阶段,法院才有权决定是否启动司法鉴定。

3. 当事人仅享有重新鉴定、补充鉴定的申请权

依照1979年《刑事诉讼法》的规定,侦查机关必须将用作证据的鉴定结论告知犯罪嫌疑人,而被害人却不在告知对象范围之列,这一规定忽视了被害人对鉴定意见存在疑问的情况下如何提出异议的权

利救济问题。因此，1996年《刑事诉讼法》的修改将被害人也纳入了侦查机关告知鉴定结论的对象范围，体现了对犯罪嫌疑人、被害人等当事人主体地位的尊重。据此，当事人在侦查中有权获知用作证据的鉴定意见，对鉴定意见不服的，可以提出补充鉴定、重新鉴定的申请。可见，当事人并不享有初次鉴定的启动权，而是在司法机关启动鉴定的基础上，针对初次鉴定结果不服提出再次鉴定、补充鉴定的申请，并且这种"申请"并不具有"形成权"的特征，即并不必然引起鉴定程序启动，还必须经过司法机关的批准才能奏效。

三、我国鉴定启动权的性质

各国鉴定制度的立法差异主要受制于该国的诉讼制度、证据制度、乃至司法制度等因素的影响，在英美法系国家采取对抗式诉讼中，控辩双方都享有聘请专家证人的权利；而职权主义的大陆法系国家，鉴定启动权则被掌握在司法机关手中。在英美法系国家，鉴定启动权的性质体现为举证权，因为它实质上是将法庭科学运用于诉讼证明活动，是服务于事实认定的新手段，不应当视为类似于技术侦查措施等侦查机关所独揽的侦查手段，当事人启动鉴定程序是他们请求司法机关协助自己完成举证的行为。

但在我国超职权主义的刑事诉讼模式中，虽然我国《刑事诉讼法》将"鉴定意见"作为法定证据种类之一，司法鉴定作为证明手段在诉讼证明中发挥了重要作用。然而，必须看到这种证明手段的运用并不如书证、物证、证人证言等其他证据那样允许控辩双方平等利用。立法和实践恰恰表明：我国司法鉴定启动权具有"准司法"的性质，而不具有当事人平等享有的"举证权"性质。可佐证这一论断的依据主要有：

（1）从《刑事诉讼法》的篇章结构分析，司法鉴定作为侦查程序一章中的组成部分，足以见得在立法者看来，司法鉴定被视为一种侦查手段，侦查机关理当享有鉴定启动决定权。

（2）在2005年全国人大常委会《关于司法鉴定管理问题的决定》颁布实施之前，我国公安、检察、法院内部均设有鉴定机构，其鉴定人均具有"司法人员"的身份；而《决定》颁布实施之后，法院取消了内设的鉴定机构，但公安、检察内设鉴定机构仍然保留，其鉴定人"司法人员"身份的色彩依然如故。

（3）在鉴定权启动的问题上，司法机关享有启动鉴定程序的权力，当事人只享有申请补充鉴定、重新鉴定的权利，并且必须得到司法机关的同意才能启动。因此在程序上，司法鉴定启动权配置表现出许多不同于证据制度的特征。

第三节 我国鉴定启动程序的弊端

一、导致多头鉴定、重复鉴定

由于在鉴定启动主体上存在着公安、检察、法院等不同主体，公检法三家流水作业式的鉴定，各家的鉴定结果可谓"自鉴自用"，既浪费了鉴定资源，也给重复鉴定埋下了隐患。公检法三机关可以在各自负责的诉讼阶段中决定启动鉴定，譬如检察院在审查起诉中对侦查阶段的鉴定存在异议，可以再行鉴定；在审判阶段，法官还可以决定补充鉴定、重新鉴定。加之目前统一的司法鉴定管理体制尚未健全，公安、检察与司法行政部门存在一场争夺鉴定机构管理权的"厮杀"，侦查机关系统内部的鉴定机构可以绕过司法行政部门的备案登记管理工作，而由该系统内部通过备案登记取得鉴定主体资格。侦查机关内设鉴定机构与司法行政部门备案登记管理的鉴定机构存在各自为政的现象，造成司法鉴定中多头鉴定的现象长期存在。除此之外，当前鉴定机构的能力和水平参差不齐，侦查机关、检察机关对自己内设鉴定机构出具的鉴定意见，基于系统内部的同僚情结，天然地带有更为信任的倾向，当事人如果对该鉴定意见不服，会在后期的诉讼过程中对前期鉴定意见提出否定，向司法机关申请重新鉴定，而如果这种一而再、再而三的申请得到司法机关的批准，最终将导致重复鉴定现象，降低诉讼效率。

二、鉴定启动权控辩不平衡

长期以来,受"重实体、轻程序"观念的影响,我国刑事诉讼中的鉴定启动权配置方面存在控辩不平衡的现象。这种不平衡突出表现为两个方面:一是鉴定启动决定权的不平等;二是鉴定主体选择权的不平等。其后果容易造成当事人对鉴定意见的不信任。

(一) 鉴定启动决定权的不平等

侦查机关基于侦查权的行使,在侦查过程中可以收集犯罪现场遗留下来的鉴定材料,提取犯罪嫌疑人的血液、唾液和尿样等生物样本,而且有权启动司法鉴定程序。同时,侦查机关内部设立有鉴定机构,这就为侦查机关启动并实施鉴定程序提供了更为便捷的条件。立法虽然规定侦查机关应当将用作证据的鉴定意见告知犯罪嫌疑人,但在实践中,公安机关往往只是将对犯罪嫌疑人不利的鉴定意见告知当事人,而对犯罪嫌疑人有利的鉴定意见,通常并不告知他们。

而犯罪嫌疑人、被告人启动鉴定的状况怎样呢?他们不享有启动初次鉴定的权利,仅享有补充鉴定、重新鉴定的申请权。即使提出重新鉴定、补充鉴定的申请,还必须经过司法机关的同意才能奏效。如果犯罪嫌疑人、被告人想通过自己委托鉴定机构收集有利于自己的证据,可行性很小。理由如下:

(1) 犯罪嫌疑人、被告人的人身自由往往受到限制,他们难以委托鉴定。

(2) 即使人身自由未受到限制的犯罪嫌疑人、被告人,或者人身自由虽受到限制但其家属、辩护人代为委托司法鉴定的,按照目前的立法,他们也难以获得鉴定样本进而委托鉴定。因为犯罪嫌疑人、被告人不能从侦查机关那里获得鉴定样本,正如有学者指出的:"如果你是一个杀人案件的辩护律师,你能不能,甚至说敢不敢到公安局刑侦部门提出要求,让他们把现场所获血样分一点给你,让你拿去鉴定。实际上,到目前为止,中国的任何一个辩护律师都不会打这个主意,因为任何一个公安机关都不会考虑这个要求。"①这样,犯罪嫌疑人、被告人难以收集有利于自己的鉴定意见。

(3)即使犯罪嫌疑人、被告人无须从侦查机关那里取得鉴定样本,自己委托鉴定机构(例如,在涉及精神疾病鉴定的案件中,当事人的家属委托鉴定机构对被告人进行鉴定),但根据《刑事诉讼法》的规定,这样的鉴定意见不是经过司法机关委托的,不具有证据资格。这种控辩不平衡的后果,必然造成司法鉴定意见无法成为控辩双方平等利用的科技证据,鉴定启动程序的公正性、鉴定意见的权威性都会在一定程度上受到削弱。邱兴华案引发的关于精神疾病鉴定启动之争,恰是这个问题的集中表现。

(二)选择鉴定主体权利的不平等

司法机关决定启动鉴定程序之后,如何选择鉴定机构和鉴定人?按照目前的做法,公安机关、检察院主要委托其内设鉴定机构进行鉴定,对超出内设鉴定机构鉴定业务范围之外的,主要委托经过司法行政部门备案登记的鉴定机构进行。法院主要通过委托司法行政部门备案登记的鉴定机构进行,而且许多法院在长期委托鉴定机构的过程中,会形成法院系统内的"鉴定机构名册"。② 对涉及精神疾病鉴定的较为特殊,在2012年《刑事诉讼法》颁布之前,由省级人民政府指定的医院进行鉴定,在《刑事诉讼法》修改过程中,有专家指出,省级政府指定的医院虽然具有较好的医疗水平,但不一定具备法医专业的技术力量。因此,新法删去了旧法关于精神病鉴定必须由省级政府指定的医院进行鉴定的规定。

犯罪嫌疑人、被告人、被害人在诉讼过程中,无权参与鉴定机构和鉴定人的选择,从而导致当事人对鉴定结果常常抱以怀疑的态度。客

---

① 龙宗智:《上帝怎样审判》(增补本),法律出版社2006年版,第259页。
② 许多省、直辖市的高级人民法院根据辖区内法院系统长期委托的鉴定机构名单,印发了本省法院系统委托鉴定机构名册,通常法官在案件审理过程中需要委托鉴定时,会优先考虑这些名册内的鉴定机构及鉴定人。这种做法,实际上同全国人大常委会《关于司法鉴定管理问题的决定》所确立的司法行政管理部门统一备案登记管理制度是不相协调的。

观地说,鉴定意见要么有利于当事人,要么不利于当事人,所以他们对鉴定意见不满意是难免的,但如果能够增加当事人参与选择鉴定主体程序的规定,这样的程序无疑可以最大化地体现程序正义的价值。目前立法确立的当事人不能参与选择鉴定机构、鉴定人的现状,是同尊重当事人诉讼主体地位之理念相悖的。当事人诉讼主体地位理论认为,凡是在刑事诉讼中是一定诉讼职能的主要执行者,可以影响一定的诉讼关系,对一定的诉讼程序的产生、发展、结局能起一定的影响和作用的机关和诉讼参与人,都是诉讼主体。① 诉讼主体理论要求诉讼中被告人不再是诉讼被追诉的客体,还应当从立法上赋予其法定的诉讼权利,司法实践中应当保障当事人的各项诉讼权利,并为这些诉讼权利的实施创造条件。② 我国1996年《刑事诉讼法》的修改,吸收了当事人主义的合理成分,犯罪嫌疑人、被告人和被害人在刑事诉讼中享有一定的诉讼主体地位,与这种地位相适应的,在司法鉴定启动问题上必须赋予当事人必要的参与权、选择权,而现行的规定,排斥了当事人的这一权利。这种做法一方面容易造成侦查机关片面地依据自己掌握的鉴定结果来认定案件事实,不利于全面、客观地反映案件事实的真相;另一方面,由于程序的民主性不到位,造成当事人对鉴定结果权威性的不够信任。瓮安事件的"导火线"——李树芬的死因鉴定,便是一个例子③,而发生于2003年的湖南黄某死因鉴定中,黄某的家属对公安机关委派的鉴定人所作的死因鉴定不信服,不断申请重新鉴定,最终尸体经过了6次鉴定,部分脏器也丧失了再行鉴定的可行性。2008年,哈尔滨的警察涉嫌打死青年林松岭案件中,由于该案件涉及

---

① 参见胡锡庆:《略论我国刑事诉讼主体》,载《法学研究》1986年第1期。
② 参见陈卫东:《刑事诉讼基础理论十四讲》,中国法制出版社2011年版,第117页。
③ 该案发生于2008年6月,贵州瓮安县一名花季少女死在湖里。当地公安机关委托鉴定,认定死者溺水身亡。由于死者家属对公安机关委派的鉴定人所作的死因鉴定不信服,申请重新鉴定,尸身经过了3次鉴定,死者家属对少女的死亡原因鉴定仍然不满,最终这一起案件的矛盾得不到及时化解,不断加剧并酝酿为一场震惊全国的群体性事件。参见万群:《贵州省委书记:死者第三次尸检结果系溺水死亡》,载《贵州日报》2008年7月4日。

违法警察成为被告人的特殊情况,侦查机关在委托司法鉴定机构方面征求了被害人家属的意见,这一做法比起黄某案件有所进步①,最终受害人家属接受了鉴定结果。这些案例都说明:如果当事人丧失参与选择鉴定主体的权利,启动程序的公正性和民主性将受到削弱,当事人对鉴定意见的权威性和正当性就容易产生强烈的不信任感!

三、对司法机关鉴定启动裁量权的约束不足

1. 立法没有对必须启动鉴定的专门性问题范围予以明确

"专门性问题"通常指涉及一般人的感官能力之外,必须借助仪器设备检测或者求助特定领域的专家分析才能认识其真相的事项。比如,人身伤害鉴定、DNA 鉴定、涉案财物评估,等等。但对"精神病鉴定"这样的专门性问题,法官对哪些情况需要鉴定被告人的精神状态,哪些情况可以根据掌握的证据自由裁量决定无须启动?进一步追问,法官作为鉴定专业的外行人,他根据自己掌握的证据就可以判断得出被告人没有精神病、不需要作精神病鉴定的结论吗?这样不受约束的裁量权,如何保证其行使的正当性?目前立法对必须鉴定的事项尚无明确规定,这对约束司法官员的鉴定启动权显然是不够的。而许多法治国家对必须加以鉴定的情形作出一些较为具体的规定,例如《德国刑事诉讼法》规定了"必须延请鉴定人加以鉴定"的情形②,《俄罗斯刑

---

① 在 2008 年哈尔滨警察涉嫌打死青年林某某案件的鉴定程序问题上,中国人民公安大学专家称:哈尔滨警察打死公民案件,可能会推动中国的鉴定制度改革。以往的鉴定启动程序基于"有利于打击犯罪"的思想,决定权控制于司法机关,有时可信度会打折扣。所以,应该把老百姓的意愿纳入鉴定制度中。参见吕卫红:《专家称哈尔滨警察打死人案可能促鉴定制度变革》,载正义网(http://www.jcrb.com/zhuanti/shzt/jcdsxs/zxbd/200811/t20081118_100252.htm),访问日期:2012 年 9 月 5 日。

② 《德国刑事诉讼法》列举了必须延请鉴定人加以鉴定的情形:(1) 当被告人进入精神病院接受观察其精神状态时。此项命令必需听取鉴定人的意见之后才可为之(第 81 条)。(2) 如果认为有将被告人移送精神病院、禁戒所或所保护管束之必要者。(3) 在验尸或者解剖尸体时(第 87 条以下)。(4) 当有中毒之嫌疑时。(5) 在伪造货币或有价证券的案件中(第 92 条)。参见〔德〕克劳思·罗科信:《刑事诉讼法》,吴丽琪译,法律出版社 2003 年版,第 264 页。

事诉讼法》规定了"强制鉴定制度"①,这些制度都在一定程度上对"专门性问题"作出具体界定,从而对法官鉴定启动权作出必要的限制。而我国目前由于司法鉴定管理存在一些混乱,法官采信鉴定意见又存在困惑,对必须强制鉴定的情形还不敢作出"一刀切"的规定。

2. 司法机关对是否启动司法鉴定程序的说理做得还不够

公安司法机关对是否需要指派、委托鉴定机构对专门性问题进行判断享有单方面的决定权,我国目前对鉴定范围的把握,赋予司法官员相对较大的自由裁量空间,他们有权决定哪些事项需要委托鉴定,对为什么不委托鉴定的说理讲说不够。我们可从一些特殊的案例发现,司法机关决定是否启动精神病鉴定具有相当大的随意性。在邱兴华案中,尽管被告人的家属申请对邱进行精神病鉴定,几位法学专家和鉴定专家也呼吁为邱兴华进行鉴定,然而最终法院还是决定不启动鉴定;而在2012年薄谷开来、张晓军故意杀人案中,薄谷开来聘请的律师向检察机关提出了对被告人案发时的精神状态进行司法鉴定的申请,司法机关遂启动鉴定程序,最终司法鉴定意见表明薄谷开来"有完全刑事责任能力,但患有精神障碍,对本次作案行为性质和后果的辨认能力完整,控制能力削弱"。② 在2009年,英国人阿克毛走私毒品案中,被告人的辩护律师提出精神病鉴定的申请,由于该案当事人的特殊性,法院才对拒绝申请的理由作出解释,认为英方提供的材料不足以证明阿克毛有精神病以及阿克毛的家族成员曾经患精神病,阿克毛本人也没有提供相关材料,因此无理由对阿克毛的精神状态产生怀疑,其精神病鉴定申请不具备应当被接受的条件。③

---

① 《俄罗斯刑事诉讼法》第196条规定:"强制指定司法鉴定"的情形,具体包括死亡原因、健康损害的性质和程度、对犯罪嫌疑人心理状况或身体状况、确定特定犯罪嫌疑人、被告人、被害人的年龄等情形。参见《俄罗斯联邦刑事诉讼法典》(新版),黄道秀译,中国人民大学出版社2006年版,第181页。

② 李斌、杨维汉:《法律的尊严不容践踏——薄谷开来、张晓军涉嫌故意杀人案庭审纪实》,载《人民日报》2012年8月11日,第4版。

③ 参见佚名:《最高法核准阿克毛死刑判决 拒绝精神病鉴定申请》,载新华网(http//news.xinhuanet.com/legal/2009-12/29/content_12721404.htm),访问日期:2012年9月5日。

3. 对司法机关驳回申请重新鉴定、补充鉴定的决定，当事人缺乏必要的救济手段

按照目前的立法规定，司法机关决定启动鉴定程序、不同意补充鉴定或重新鉴定，犯罪嫌疑人、被告人和被害人并不能向司法机关提出异议，也不能通过举证证明初次鉴定存在错误而被司法官员接受。当然，一审案件的被告人可以基于申请鉴定的请求被驳回而提起上诉，但毕竟这不是设立上诉制度所要解决问题的本意。究其原因，我国立法观念上并不认为鉴定启动权是当事人享有的权利，自然无须为当事人提供权利救济。但这种现状，进一步造成司法机关是否启动司法鉴定程序缺乏必要的限制。

由于上述原因，立法对司法机关鉴定启动裁量权的约束不够，进一步加剧了司法机关启动鉴定的随意性。这种随意性表现为对一些必须通过鉴定认定专门性问题的案件，司法机关考虑到案件的社会影响等因素不启动鉴定，例如邱兴华案件。而对同样具有鉴定必要的其他案件，由于当事人有特殊的社会地位，案件会作出不同的处理结果。甚至对一些没有必要鉴定的事项，个别司法机关也要委托鉴定，以达到延长办案期限等不正当目的。

第四节 域外鉴定启动程序的比较考察

一、大陆法系国家的鉴定启动程序

（一）德国的鉴定启动制度

1. 概况

总体而言，德国实行职权主义的诉讼模式，从侦查、起诉到审判各阶段，鉴定人都被认为是辅助法官认定案件专门性问题服务的。委托鉴定权由法官享有，控辩双方都只有向法院申请鉴定，而没有直接启动鉴定的权利。因为在德国这样的大陆法系国家，传统观念上认为，法官不仅在审判中居于主导地位，而且在审前阶段同样可以发挥司法审查、监督侦查的作用。法官被认为是富有理性的人,由法官决定是否启动鉴定是合理的。① 再加上德国刑事诉讼中抗辩制度并不如英美那样发达的因素,因此,德国的鉴定启动权采取法官决定的模式。但也有例外,《德国刑事诉讼法》还赋予检察机关决定鉴定和选任鉴定人的权力。②

2. 对法官鉴定启动裁量权的限制

虽然德国赋予法官启动鉴定的权力,但《德国刑事诉讼法》对法官启动鉴定程序还是作了一些具体的限制,主要包括以下几个方面:

(1) 赋予当事人上诉至第三审的权利。从《德国刑事诉讼法》规定看,如果法官认为可以凭借自己的专业知识、生活经验,不需要聘请鉴定人即可判断案件的专门性问题,而自行决定对案件事实的认定(《德国刑事诉讼法》第244条第4项),但是如果法官太过相信自己的专业知识,而没有聘请鉴定人,当事人可以此为由上诉至第三审,因为法官没有尽到澄清案件的义务(《德国刑事诉讼法》第2条)。

(2) 赋予当事人对遴选鉴定人过程的参与权。根据《德国刑事诉讼法》的有关规定,如果法官认为勘验时需要聘请鉴定人的,被告人可以申请由他提名的鉴定人到场,如果法官拒绝准许被告人的申请,被告人可以自行传唤他的鉴定人。该名鉴定人在不妨碍法官指派的鉴定人工作的前提下,有权参与勘验并进行必要的调查。法官有权决定需要聘请哪些鉴定人、确定鉴定人的人数。③

---

① 在对法官的形象和社会地位问题上,美国比较法学家约翰·亨利·梅利曼认为,普通法系国家的法官是有修养的人,甚至有着父亲般的慈严,许多伟大的名字属于法官。而大陆法系国家的法官就是立法者所设计和建造的机械操作者,法官本身的作用也是机械性的。参见〔美〕约翰·亨利·梅利曼:《大陆法系》,顾培东、禄正平译,法律出版社2004年版,第34—37页。笔者认为,梅利曼教授此句判断主要针对两大法系法官判决是否有"遵循先例"原则上的差别,并不能否定大陆法系国家法官的地位。大陆法系国家的法官享有自由心证的权力,这种权力之所以赋予法官,也是与法官被认为是富有理性的人,享有崇高的地位密不可分的。

② 参见〔德〕克劳斯·罗科信:《刑事诉讼法》,吴丽琪译,法律出版社2003年版,第261页。

③ 参见钟朝阳:《程序公正与刑事诉讼中的鉴定启动权》,载《西南政法大学学报》2009年第1期。

(3) 对必须鉴定的专门性问题作出规定。德国法规定,只有在以下情形才必须聘请鉴定人加以鉴定:

① 当命被告人进入精神病院接受专家观察其精神状态时,法官必须先听取鉴定人的意见才可为之。

② 法官认为有将被告人移送精神病院、禁戒所或所保护管束的情形(《德国刑事诉讼法》第 80 条 a)。

③ 验尸或者解剖尸体的情形(《德国刑事诉讼法》第 87 条以下)。

④ 有中毒嫌疑的情形。

⑤ 伪造货币或有价证券的案件(《德国刑事诉讼法》第 92 条)。①

《德国刑事诉讼法》第 73 条规定,有关聘请哪些专家担任鉴定人以及聘请多少鉴定人,原则上由法官或者检察官决定。如果法官拒绝被告人所指定的鉴定专家,被告人仍得依德国《刑事诉讼法》第 245 条第 2 款的规定,对其所指定的鉴定人加以传唤,并基于证据调查的申请强迫法院对其应进行讯问。如果鉴定结果不充分,法官得命令原为鉴定的专家或其他鉴定人、专门机关再行鉴定。

(二) 法国的鉴定启动制度

1. 概况

整体而言,法国的鉴定人完全独立于司法系统之外,而不隶属于任何司法机关。但鉴定人资格的取得,受制于法院审核,必须经过法院筛选才能取得司法鉴定人资格。司法鉴定人的资格通过最高法院和上诉法院遴选确认。② 进行鉴定的专家从最高法院或上诉法院建立的鉴定人名册中挑选产生,但如果遇到特定领域的专门性问题,法院也可以裁定遴选名册之外的专家作为鉴定人。③

---

① 参见〔德〕克劳思·罗科信:《刑事诉讼法》,吴丽琪译,法律出版社 2003 年版,第 264 页。
② 参见刘新魁:《法国司法鉴定制度及启示》,载陈光中、江伟主编:《诉讼法论丛》(第 7 卷),法律出版社 2002 年版,第 208 页。
③ 参见《法国刑事诉讼法典》第 156 条,罗结珍译,中国法制出版社 2006 年版,第 162 页。

2. 鉴定的启动主体

依照《法国刑事诉讼法典》第 156 条的规定,在刑事诉讼过程中,当案件遇有技术问题需要解决时,预审法庭或审判法庭可以依职权或者依申请命令鉴定人进行鉴定。检察官可以进行鉴定,当事人也可以提出鉴定的要求,预审法官可以根据职权命令进行鉴定。但是根据 1985 年 12 月 30 日第 85—1407 号法律规定,司法警察或检察官在遇到需要进行技术鉴定或检查的紧急情况下,也可以启动鉴定。① 在特定情况下,预审法官可以同时指定多名鉴定人对同一事项进行鉴定,从而起到加强鉴定人之间彼此监督、相互制约的作用。

3. 对司法官员鉴定启动权的限制

(1) 明确了需要鉴定的情形。预审法官遇到专门性问题不得不延请鉴定人进行鉴定,通过他们的帮助查明案件事实。需要鉴定的范围主要包括以下情形:在医疗领域往往需要进行鉴定,不管是法医还是精神病医学都是这样;在生物、化学、毒品等领域,也经常需要鉴定;如今,财务方面的司法鉴定也成为一项常见的鉴定种类。

(2) 所有的当事人都有请求进行鉴定的权利,预审法官如果不同意当事人提出的鉴定申请时,最迟应在收到鉴定请求之日起 1 个月内作出裁定,并在裁定中说明不同意鉴定的理由。当事人不服预审法官驳回鉴定申请的裁定,可以上诉至上诉法院预审法庭(由 1972 年 12 月 29 日法律设置的《法国刑事诉讼法典》第 186-1 条第 1 款)。

(3) 赋予当事人提出反鉴定、补充鉴定和重新鉴定的权利。《法国刑事诉讼法典》规定了当事人提起反鉴定、补充鉴定和重新鉴定的情形,鉴定人在预审法官的监督下展开鉴定,或者在指命鉴定的法院司法官的监督下进行鉴定。预审法官经指定,产生负责实施鉴定的鉴定人。同时,为了保证当事人可以针对鉴定报告提出不同意见,法国法还规定了鉴定报告向当事人提供、披露的制度。法官应当将鉴定报

---

① 参见樊崇义主编:《刑事诉讼法实施问题与对策研究》,中国人民公安大学出版社 2002 年版,第 247 页。

告告知各方当事人及其律师。第167条规定:"鉴定报告的结论亦可用挂号信通知,或者,如当事人已收羁押,由监狱长负责通知,并且将当事人签名的收据原件或副本立即送交预审法官。鉴定报告的全文可以应当事人律师的请求,用挂号信通知。"

(三) 俄罗斯的鉴定启动程序

俄罗斯有权启动鉴定的主体包括:调查人员、侦查人员、检察长和法官。与德国、法国不同的是,俄罗斯的鉴定启动权同时被赋予了侦查、检察和审判机关。为了对这种权力进行限制,俄罗斯法律主要从两方面进行规制:

第一个方面的限制是规定"强制鉴定"的情形:① 为了判断死亡的原因以及人身伤害的性质;② 对犯罪嫌疑人或被告人进行诉讼时,是否具有刑事责任能力或是否具有辨认自己行为和加以控制的能力而发生疑问时,为了判明他们的精神状态;③ 对证人或者被害人是否具有正确理解对案件具有意义的情况,对这种情况作正确陈述的能力发生疑问时,为了判断他们的精神状态或生理状态;④ 为了判断犯罪嫌疑人、被告人的年龄。①

第二个方面的限制是赋予被告人在一定程度上的制约权,例如:① 申请鉴定人回避的权利;② 请求从他所指出的人员中选择鉴定人;③ 提出补充鉴定的意见;④ 在经过侦查人员同意的情况下,到场参加见证鉴定,并向鉴定人提出说明;⑤ 知悉鉴定人的鉴定意见。②

二、英美法系国家的鉴定启动程序

(一) 概况

英美法系国家的司法鉴定启动程序被称为"任意启动"或"随意启动"主义,所谓"任意启动"是指当事人启动鉴定程序并不需要事先征

---

① 参见《俄罗斯刑事诉讼法典》第79条,苏方遒译,中国政法大学出版社1999年版,第49页。
② 参见《俄罗斯刑事诉讼法典》第185条,苏方遒译,中国政法大学出版社1999年版,第113—114页。

得司法机关的同意,无须经过令状主义便可聘请专家进行鉴定。因此,英美法系国家鉴定启动程序并不是一个专门的概念,他们的专家证人选任程序,其实就是直接引起鉴定程序的启动。专家证言作为一种证据,从提出主张、聘请专家到案件证明都由控辩双方承担,由当事人决定是否进行鉴定以及由谁进行鉴定。在刑事诉讼中的司法鉴定启动程序方面,将启动鉴定的权利赋予当事人,控辩双方都享有鉴定启动权。

(二) 鉴定启动的主体

相较于大陆法系国家"鉴定权主义"而言,英美的专家证人启动程序堪称"鉴定人主义",启动鉴定的主体有两种:第一种启动主体是诉讼当事人,即刑事诉讼中的控辩双方。第二种启动主体是法官。这是因为在英美法系国家,鉴定人被视为特殊的证人——专家证人,而当事人对证据的收集、提供和证明享有自我主张的权利,只要当事人认为有必要通过聘请专家证人对案件中的专业性问题进行分析判断、提供意见,就可以自行决定聘请专家,而无须经过司法机关的同意。当然,随着英美专家证人制度的完善以及两大法系鉴定制度的相互借鉴与融合,越来越多的法庭会在必要的时候依职权聘请专家证人,这种由法庭指定专家证人的做法,可以避免当事人重金聘请而造成鉴定人丧失中立性的不足。但在实践中,法官们不愿意行使该项权力,或者说,法庭对行使该项权力格外慎重。① 究其原因,笔者认为,这同英美庭审的对抗性程度较高,法官消极居中的裁判者身份不无关系,所以,实践中基本上是当事人启动程序为主,法官启动为辅。

三、制度比较的结论

通过以上对两大法系主要国家鉴定启动制度的比较,我们可以发现以下几点规律:

---

① 参见周湘雄:《英美专家证人制度研究》,中国检察出版社2006年版,第73—75页。

（1）鉴定启动权的配置在职权主义、当事人主义两种诉讼模式下存在差别。职权主义的大陆法系国家鉴定启动权掌握在司法机关手中，而当事人主义的英美法系国家表现为控辩平等地享有聘请专家证人的权利。

（2）在大陆法系国家内部，由于各国刑事诉讼构造存在差异，鉴定启动权在侦查、检察和审判机关之间的具体配置也存在差别，例如德国、法国的法院控制着鉴定启动权，侦查、检察机关只有向法院申请鉴定，而没有直接启动鉴定的权力（当然，也存在检察机关有权决定鉴定的例外情形）。而俄罗斯的侦查、检察和审判机关均享有鉴定启动权。

（3）尽管许多大陆法系国家赋予司法机关鉴定启动权，但在立法上对司法机关启动鉴定程序的裁量权作出了一些限制。这些限制包括规定必须鉴定的范围、司法官员决定是否鉴定的说理、赋予当事人权利救济途径，等等。

第五节　对策与建言

一、学界的主要观点

完善我国刑事诉讼中的司法鉴定启动权配置模式，对提高司法鉴定意见的正当性十分重要。针对实践中发生的由鉴定启动问题引发争议的案例，我国有些学者已经就鉴定权启动改造问题提出了不同的思路，其中的代表性观点主要有：

1. 由法院决定启动鉴定

这种观点主要认为，由于我国同大多数大陆法系国家的刑事诉讼结构具有相近之处，鉴定人是法官认定案件专门性问题的辅助人，通过控辩双方平等地享有鉴定申请权，法院拒绝双方提出的鉴定申请时，双方有权向上一级法院提出上诉获得权利救济，通过上诉制约法官的裁量权。主张取消公安、检察机关对司法鉴定的启动权，赋予控辩双方平等的司法鉴定启动申请权。① 该观点实际上认为,司法鉴定是诉讼证明的手段,控辩双方只要将鉴定的有关材料向法院提交,即完成了举证行为,是否需要鉴定由法院进行判断。支持这种观点的学者认为,该模式能够有助于实现控辩平等,由法官决定启动鉴定,可以防止鉴定人中立性出现偏差,还可减少多头鉴定、重复鉴定的现象。

2. 控辩双方享有平等的鉴定启动权

持该观点的学者认为,司法鉴定在本质上是证据种类之一,应当按照赋予当事人享有举证权利的思路改造鉴定启动权配置问题。启动司法鉴定是当事人举证的一种方式,在刑事诉讼中控辩双方都应当享有这种举证的权利。《刑事诉讼法》将鉴定意见作为证据种类的一种,既然立法赋予辩护律师调查取证的权利,律师就有权利向侦查机关、起诉机关调取鉴定材料,通过委托鉴定机构进行鉴定获取鉴定意见,而不必依赖侦查机关、检察机关的"初次鉴定",对它们不服才可以提出重新鉴定的申请。赋予犯罪嫌疑人、被告人启动司法鉴定的权利,可以减少错捕、错诉,有利于保障侦查、起诉质量。② 主张该观点的学者认为,这种模式符合控辩平等的理念,有利于维护被告人的程序性权利和实体性权利;保证法官中立、被动的诉讼地位。

二、提高鉴定启动程序正当性的几点把握

笔者认为,要提高我国刑事司法鉴定启动程序的正当性,必须考虑以下两点因素:

---

① 持这种观点的论著可参见汪建成、孙远:《刑事鉴定结论研究》,载《中国刑事法杂志》2001年第2期;胡锡庆、蒋琦:《完善我国刑事鉴定启动权新探》,载《政治与法律》2003年第6期;叶青主编:《刑事诉讼法学专题研究》,北京大学出版社2007年版,第75页。

② 持这种观点的论著可参见陈光中:《鉴定机构的中立性与制度改革》,载《中国司法鉴定》2002年第1期;樊崇义:《刑事诉讼法修改专题研究报告》,中国人民大学出版社2004年版,第286页;田文昌:《司法鉴定与当事人诉讼权利保障》,载《中国司法鉴定》2003年第4期。

1. 立足本国刑事诉讼的基本特征

鉴定启动权配置的改革必须遵循同我国刑事诉讼相适应的模式,在尊重我国传统鉴定启动制度的基础上,在能够承受的限度内进行改造。正如美国社会学家爱德华·希尔斯所言:"人们可以赞扬某个外国社会,但是这种赞扬并不要求人们应当改造自己的社会,以便使自己成为与受赞扬的社会一样的社会。"[①]一个国家的司法鉴定制度与该国的诉讼制度、司法制度,乃至国家权力构造存在着密不可分的关系,我国刑事诉讼结构呈职权主义,甚至是超职权主义的特点,鉴定启动制度也表现出与之相适应的特征。达玛斯卡曾针对两大法系国家的不同特点,提出政策实施型、纠纷解决型两种不同的国家权力结构。他认为,在纠纷解决型的权力结构中,法律程序应当服务于解决纠纷的目的;而政策实施型应当服务于实施国家的政策。这两种对立的模式对诉讼程序设置的影响,相应地体现为一种强调支持竞赛的形式,而另一种是强调进行调查的形式。[②]

运用达玛斯卡的这一理论,分析两大法系国家鉴定启动权配置制度可以看到,在英美法系的司法制度具有更为符合纠纷解决型的特征,因此,其刑事诉讼程序的设置中更多表现为当事人主义的特质,强调控辩对抗、平等武装。在鉴定启动权问题上表现为控辩双方平等利用专家证言的特点,法官采取"坐山观虎斗"的姿态,而双方聘请的专家证人也围绕着彼此的分歧展开"竞技式"的争论。所以,当事人享有鉴定启动权的模式,符合英美法系国家"纠纷解决型"司法所强调的支持竞赛的基本特征。而大陆法系国家对应地体现为政策实施型的表征,强调司法官员采取主动调查案件事实的方式,鉴定人是辅助法官认定案件事实的助手。在职权主义主导下的刑事诉讼中,司法机关垄断了鉴定启动权。大陆法系科层式的官僚系统呈现出服从于帕金森

---

① 〔美〕爱德华·希尔斯:《论传统》,傅铿、吕乐译,上海世纪出版集团2009年版,第311页。
② 参见〔美〕米尔伊安·R.达玛什卡:《司法和国家权力的多种面孔——比较视野中的法律程序》,郑戈译,中国政法大学出版社2004年版,第131页。

定理的基本特征,司法权力倾向于扩大自己的活动范围,严格划分内部、外部的领域。它试图垄断程序性的措施,将程序措施"委派"出去被认为是一种玩忽职守的做法。例如,在官僚制组织的行为之下,使得由私人推进的程序活动通常受到压制,这种私人程序的活动,在官僚制度下总是被怀疑受到私利的污染,无法"严肃地"履行分配正义的使命。大陆法系国家的私人当事人极少聘请专家证人,即使这种可能性在"纸面上的法"得到认同。"专家"被视为司法人员的助手,他们受法官委托的情况并不鲜见,这些人优先来自熟悉官僚制法院的工作常规的群体,被称为欧洲大陆法系国家"常任"或职业法庭专家。如果高等法院也聘请自己的专家,法庭助手之间的"迷你科层"就会表现为"高级专家"审查普通专家的意见。[①] 我们可据此得知大陆法系国家司法官员将鉴定启动权牢牢掌握在自己手中的原因,鉴定人在身份上是法官认定事实问题的助手,当事人聘请的专家则常常被认为不能与官方委托的鉴定人相提并论。由是不难理解,为何大陆法系国家法官独揽鉴定启动权,而英美法系国家却允许双方聘请专家证人。

我国的诉讼模式与大陆法系职权主义模式存在更多的亲和性,在鉴定启动问题上,也表现出大陆法系国家的诸多特点。司法官员试图垄断包括鉴定启动在内的程序性措施,而当事人委托鉴定被认为是受到私利的影响,难以保证鉴定专家的中立性。在过去,公检法三家均设立鉴定机构,不同级别的机关对应存在着不同级别的鉴定机构,它们之间也存在着"迷你科层"的地位关系。如今,国家级鉴定机构的设立,似乎也维持着鉴定机构内部的"科层制",尽管在立法上我们并不承认国家级鉴定机构的鉴定意见的权威性必然高于一般鉴定机构所出具的鉴定意见,但在实践中,法官往往会将疑难的鉴定事项委托给

[①] 像医学院这样的机构,在许多大陆法系国家被认为是"高级专家"云集之所,他们通常出具由领导签名的"机构"意见,由于强烈的档案化倾向,专家意见通常是书面的。法官可以这种书面文件为参照在法庭上进行质证。参见〔美〕米尔伊安·R.达玛什卡:《司法和国家权力的多种面孔——比较视野中的法律程序》,郑戈译,中国政法大学出版社2004年版,第81—82页。

级别更高的鉴定机构,并将它们的意见作为判断案件事实的依据。总之,我国刑事诉讼的基本特征与大陆法系具有更多的相似之处,而与英美法系的当事人主义对抗式模式存在诸多的差别,这决定了我们对鉴定启动制度的改造,不宜照搬两大法系国家的鉴定人制度、专家证人制度,而应当在我国刑事诉讼模式基本特征的基础上,兼顾对两大法系国家的鉴定启动制度合理成分的借鉴,唯此,才能减少制度移植带来的"排异性"阻力。

2. 借鉴与融合两大法系的合理成分

两大法系国家的鉴定启动权制度,在与其本国的司法制度、刑事诉讼制度相适应的前提下,也存在着制度本身无法尽善尽美的不足。就整体而言,大陆法系国家的鉴定启动制度存在以下不足:

(1)过于强调职权主义,对鉴定人的选任问题上缺乏当事人参与的民主性,难免在一定程度上造成当事人对鉴定意见的不信任。

(2)"偏听则暗,兼听则明",单方鉴定启动模式难以使有利及不利被追诉人的两方面鉴定情况都得以充分收集。

(3)法官委托鉴定人既容易造成鉴定人为了迎合法官预断的结果而出具不真实的鉴定意见,也容易造成法官对长期接受委托的鉴定机构"开绿灯"的倾向。

而英美法系国家的专家证人制度,也难以避免存在以下突出的弊端:

(1)当事人的启动具有很大的随意性,为了得到自己追求的诉讼结果而频频聘请有利于己方的专家,这会造成鉴定人、财、物资源的浪费。

(2)鉴定专家受雇于当事人,在利益诱惑之下,容易造成专家证人出具虚假鉴定报告,造成鉴定不公的现象。[1]

---

[1] 有学者从英国《你的证人》(*Your Witness*)杂志发表的 1995—2003 年《专家证人问卷调查情况报告》中获知,专家证人的收费标准一直呈上升趋势,当事人在诉讼中支出的费用越来越多。参见徐继军:《英美法系专家证人制度弊端评析》,载《北京科技大学学报》(社会科学版)2004 年第 3 期,第 37—42 页。

(3) 当事人聘请专家的标准,往往取决于鉴定报告是否有利于自己的诉讼结果,而不在于鉴定能力,这样不利于为法庭审判提供科学、可靠的专家意见。

正因为两大法系的鉴定启动制度各自存在上述的弊端,所以,随着两大法系制度的融合,互相借鉴、取长补短也成为各国完善鉴定启动权制度的思路。目前,大陆法系国家主要借鉴了英美对抗式的合理成分。主要采取的做法包括:在法官支配鉴定启动的前提下,赋予双方平等的请求权;赋予当事人选择权或建议权以及法官令状控制下的技术顾问制度;等等。例如,《德国民事诉讼法》第404条规定:"……(三)法院可以要求当事人指定适合为鉴定人的人。(四)当事人一致同意某专家为鉴定人时,法院应当即听从其一致意见,但法院可以把当事人的选定限制在一定的人数内"。① 又如,《法国刑事诉讼法典》第159条规定,在鉴定程序中引入一定的对抗成分,允许当事人对鉴定人的挑选以及交付鉴定人的任务进行辩论。② 甚至可以要求任命由辩护方从鉴定人正式名册上选任的第二鉴定人,出现"共同鉴定"(coexpertise)之情形。英美法系国家的专家证人制度也吸收了大陆法系国家鉴定启动制度的优点,例如采用法官控制启动,代替当事人自由启动。美国《联邦证据规则》借鉴了《模范专家证言法》的规定,第706条规定法庭可以自行决定或根据当事人的申请,作出一项裁决说明不能指定专家证人的理由,也可以要求当事人提名产生专家。是否使用专家意见的决定权掌握在事实裁决者手中,如果事实裁决者认为专家证言对他们没有帮助,就会予以排除。

在我国未来司法鉴定启动制度的改造中,应当在遵循鉴定启动模式同我国刑事诉讼基本特征相适应的前提下,将两大法系国家鉴定制度融合借鉴的做法纳入改造思路。尤其要汲取大陆法系国家移植英

---

① 何家弘、张卫平:《外国证据法选译》(下卷),人民法院出版社2000年版,第481页。
② 参见《法国刑事诉讼法典》,罗结珍译,中国政法大学出版社2009年版,第429页。

美制度的经验、教训。这样才能使得我国鉴定启动程序的改造借鉴"他山之石",而非制度的"大杂烩",更非将两大法系的制度缺陷集于一身。

三、提高鉴定启动程序正当性的具体建议

1. 在保留公安机关、检察院、法院各自享有司法鉴定启动权的基础上,赋予当事人在初次鉴定申请遭到拒绝时寻求一定救济的权利

具体而言,如果当事人向公安机关、检察院提出初次鉴定申请而被拒绝的,只能等到审判阶段再向法院提出初次鉴定的申请;如果这一申请受到法院拒绝,当事人可以向上一级法院寻求救济。[①] 这种制度改造设想的理由主要有:

（1）保留公安机关、检察院享有鉴定启动的权力,可以满足侦查工作紧迫性、保密性和高效性的要求,由侦查机关享有鉴定启动权可以提高侦查手段的技术化,进一步减少对口供的依赖,满足侦查工作的需要。

（2）司法机关启动鉴定的模式与我国职权主义刑事诉讼模式相适应,更容易被我国一贯的刑事诉讼观念、做法所接受。由司法官员把握哪些情况需要启动鉴定,可以避免当事人为了得到有利于自己的鉴定意见而随意启动鉴定,造成诉讼资源的浪费。

（3）赋予当事人初次鉴定申请遭受拒绝时寻求救济的权利,可以减少司法机关垄断鉴定启动权造成的控辩失衡,增进当事人对司法鉴定的信服。

[①] 笔者认为,在救济程序的设计上,当事人对公安机关、检察院驳回初次鉴定申请的,不必向上一级侦查机关提出救济,可以保留到法庭审判阶段,再向法院提出初次鉴定的申请。这样考虑的原因,主要有:（1）如果侦查机关驳回了当事人的初次鉴定申请,赋予当事人向上一级侦查机关提出救济的权利,由于侦查机关上下一体的领导关系,这种方案的救济效果并不理想;（2）如果在侦查阶段就向法院提出救济,由于我国审判中心主义的地位尚未建立,该方案的可行性也不理想,还不如留到审判阶段加以救济;（3）对没有进入到审判程序的案件,鉴定意见不会影响到当事人的定罪量刑,也就不存在救济的必要。

2. 进一步明确哪些事项属于必须通过司法鉴定认定的事实

可以参照《德国刑事诉讼法》《俄罗斯刑事诉讼法典》有关的"必须延请鉴定人加以鉴定的事项"之规定。笔者认为,对下列事项,必须通过司法鉴定才能全面认定案件事实:

(1)涉及认定犯罪嫌疑人、被告人和被害人是否有精神病的问题,必须指派或聘请精神病鉴定专家进行鉴定。

(2)需要对涉案财物的价值进行评估的,必须指派或聘请司法会计鉴定机构进行鉴定。

(3)涉及对尸体解剖查明死因的,必须指派或聘请法医进行鉴定。

(4)涉及对毒品类犯罪,需要鉴定毒品成分和重量。以上情形是强制鉴定的情况,对于其他的鉴定情况,则由司法机关根据具体情况加以判断。

3. 被害人或其家属对鉴定机构的选择权、参与权

作出这一考虑的原因主要有:首先,赋予被害人或其家属参与选择鉴定机构的权利,可以减少被害人一方对司法机关委托、指派鉴定机构的不信任感。笔者在上文已经分析了目前被害方对鉴定意见多不信任的成因,只有加大被害方对鉴定机构的选择权,即司法机关在决定委托哪家鉴定机构、哪些鉴定人进行鉴定之前,必须先征求被害人或其家属的意见;在精神病鉴定、尸体解剖等鉴定过程中,在不涉及保密问题的情况下,应当允许被害人的家属参与见证鉴定的过程,通过增强鉴定程序的民主性,提高被害方对鉴定意见的信任。同时,笔者认为,不宜赋予犯罪嫌疑人、被告人享有选择鉴定机构的权利,这一方面是为了防止犯罪嫌疑人、被告人出于趋利避害的心理,阻挠选择鉴定机构;另一方面是因为,立法已经规定犯罪嫌疑人、被告人对初次鉴定结果不服的,可以提出补充鉴定、重新鉴定的权利,其权利完全可以通过后续的程序得以救济,大可不必叠床架屋。

4. 当事人有权聘请有专门知识的人进行咨询

"有专门知识的人"可借鉴《意大利刑事诉讼法》有关技术顾问制

度的规定。在意大利刑事诉讼中,公诉人和当事人均有权任命自己的技术顾问。技术顾问可以参与聘任鉴定人的活动,并向法官发表意见;参加鉴定过程,向鉴定人提议进行具体的鉴定工作并发表意见;可以对鉴定报告进行研究,经过法官允许可以询问鉴定人,核实被鉴定的物品和地点。① 意大利技术顾问的作用是弥补司法官员和当事人在鉴定专业知识上的缺陷,为当事人决定是否重新鉴定、补充鉴定的问题提供专业意见。另外,在参加庭审的过程中就鉴定报告的内容发表自己的意见,甚至同鉴定人展开对质、辩论。我国现行《刑事诉讼法》确立了"专门知识的人参与刑事诉讼"制度,这对弥补当事人及其辩护人、诉讼代理人在鉴定专业上的知识空白,提高鉴定意见质证的效果具有积极的意义。在今后条件成熟的情况下,可以赋予有专门知识的人辅助当事人就是否补充鉴定、重新鉴定提供建议的权利。

---

① 《意大利刑事诉讼法典》第230条,黄风译,中国政法大学出版社1994年版,第79页。

第二章 强化侦查中运用鉴定打击犯罪的正当性

第一节 问题的提出

随着科学技术在刑事诉讼中的广泛应用,鉴定意见在刑事侦查中的运用呈逐步提升的态势。一般认为,鉴定意见是由专业人员根据科学知识,借助科学的仪器设备对案件中专门性问题进行判断得出的意见,故相较于一般证据而言,其客观性、准确性和可靠性更胜一筹。然而,实践中虽然有许多借助鉴定意见使案件事实水落石出、让冤屈者沉冤昭雪的例子,但更为触及公众敏感神经的,却是有瑕疵的鉴定意见造成冤假错案的现象,而且在追问这些错案的成因之后可以发现,往往在侦查阶段收集检样、运用鉴定意见的环节中就存在纰漏,这种错误一错到底,直到法庭审判阶段影响法官的对案件事实形成正确心证。

侦查中瑕疵的鉴定意见之所以能"登堂入室",顺利进入审查起诉、法庭审判阶段,并最终对法官认定案件事实产生影响,这是由两方面原因叠加造成的:其一,我国刑事诉讼过程中长期存在着"案卷笔录中心主义"的问题,侦查阶段的案卷在使用上贯通于刑事诉讼的整个过程,并且对案件事实的认定具有一定的"决定性"作用。因此,进入案卷被冠以"科学证据"的鉴定意见如果存有瑕疵,容易迷惑事实裁判者的判断。其二,由于鉴定科学与法学的学科差异性以及鉴定活动对客观事实认识的回溯性,使法律职业群体在后续的审查起诉、法庭审理阶段,均难以有效甄别鉴定意见的真伪、充分发挥科技证据"守门人"的作用。在这些错案面前,鉴定意见的权威性和正当性遭受质疑,因此,要发挥鉴定意见在整个诉讼中积极的证明作用,必须拷问当下侦查中检样收集及司法鉴定的运用现状,剖析存在的问题,才能从源头上保证鉴定意见在发现事实、纠正错案方面的作用。

为大致了解司法鉴定在侦查中运用的状况,以及相关鉴定检样的提取程序,笔者选取了四川省成都市青羊区为调研对象。四川省是中国西南地区人口众多的省份,成都市为其省会,青羊区是成都市的中心城区之一,面积68平方公里,2011年全区地区生产总值584.5亿元,经济水平处于中上水平。为了弥补实证调研数据的不足,笔者还通过最高人民法院公布的刑事判决书,近年来学术研讨会讨论、社会反响强烈、媒体报道较多的刑事错案为实证分析对象。

第二节 侦查中的司法鉴定的运用

一、侦查中使用的比例

调查发现,青羊区公安分局在近年来侦查中常见的鉴定意见主要包括以下几种:伤情鉴定、物价鉴定、毒品鉴定、笔迹鉴定、指纹鉴定、DNA鉴定和司法精神病鉴定等,此外还包括一些使用频次较少的鉴定,如ABO血型鉴定、骨龄鉴定等。

笔者通过"北大法宝网",检索了近二十年来(1991—2010年)我国的法院刑事判决书,并对其中使用了"血型鉴定""指纹鉴定""DNA鉴定"的判决书进行分类统计。之所以选取这三类鉴定,主要鉴于该类鉴定是侦查中用于人身识别的常规鉴定手段,但由于调研手段的限制,笔者无法查阅判决书所涉案件的侦查卷宗,因此,只能通过法院的刑事

判决书对侦查中使用的情况进行管中窥豹。结果如下(见图2-1-1):

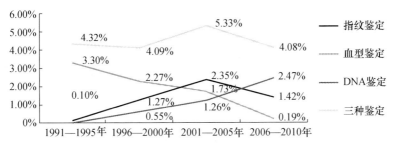

图 2-1-1　三种鉴定意见在侦查中使用的趋势

自1991年到1995年,我国法院的刑事判决书764篇,其中含有DNA鉴定的刑事判决书共有0篇,含有指纹鉴定的共有8篇(占1.0%),含有ABO血型鉴定的共有25篇(占3.3%)。三类鉴定一共占4.3%。

自1996年到2000年,我国法院的刑事判决书2913篇,其中含有DNA鉴定的刑事判决书共有16篇(占0.55%),含有指纹鉴定的共有37篇(占1.27%),含有ABO血型鉴定的共有66篇(占2.27%)。三类鉴定一共占4.09%。

自2001年到2005年,我国法院的刑事判决书9321篇,其中含有DNA鉴定的刑事判决书共有117篇(占1.26%),含有指纹鉴定的共有219篇(占2.35%),含有ABO血型鉴定的共有161篇(占1.73%)。三类鉴定一共占5.34%。

自2006年到2010年,我国法院的刑事判决书37476篇,其中含有DNA鉴定的刑事判决书共有925篇(占2.47%),含有指纹鉴定的共有534篇(占1.42%),含有ABO血型鉴定的共有70篇(占0.19%)。三类鉴定一共占4.08%。

从上述数据可以看到,近年来DNA鉴定在办理刑事案件中运用的比率呈逐步上升趋势,由最初5年均值0%上升至最后5年均值为2.47%。但血型鉴定、指纹鉴定的比例逐渐下降。经过向青羊区公安分局法制科负责人访谈发现,目前侦查中基本上极少使用血型鉴定,即使使用该类鉴定,也是为了缉捕十多年前作案潜逃的犯罪嫌疑人。①这是因为受制于当时技术水平落后,案发现场提取的血样只作了血型鉴定。另外,随着犯罪分子反侦查能力的提高,犯罪现场收集到指纹的比例也逐步下降。DNA 鉴定运用的比率随着技术的提高和成本的下降逐步上升。笔者对青羊区公安分局 2010 年、2011 年两年内办理刑事案件中使用鉴定意见的案件种类进行整理,发现主要案件种类集中于盗窃、故意伤害、贩卖毒品、强奸等案件。

二、鉴定检样如何收集

考察侦查中收集血型、指纹和 DNA 鉴定检样的主要方式,有助于分析检样采集过程中存在的问题。

从立法的规定看主要包括以下几种手段:

1. 物证检验。物证检验是对侦查活动收集的物品(例如血痕、毛发、精斑和骨质等)进行检查、验证,以确定该物证与证明案件事实之间关系的一种侦查活动。它由有专门知识的人根据公安机关、检察院、法院的委托,对与待证事实相关的物证进行分析判断,并提出鉴定意见的一种活动。

2. 尸体检验。尸体检验是由侦查机关指派或聘请的法医对异常死亡的尸体进行尸表检验或者尸体解剖的一种侦查活动。这个过程可以提取样本进行鉴定。

3. 人身检查。现行《刑事诉讼法》确立了强制采集生物样本程序,相较于旧法在人身检查中没有规定强制采样,而实践中,司空见惯

---

① 公安部 2011 年 5 月 26 日召开的电视电话会议决定,从该日起至 2011 年 12 月 15 日,全国公安机关将开展为期约 7 个月的网上追逃专项督察"清网行动",以"全国追逃、全警追逃"的力度缉捕在逃的各类犯罪嫌疑人。参见何春中:《"清网行动"半年抓获 1.2 万名杀人逃犯》,载《中国青年报》2011 年 12 月 18 日,第 01 版。

的做法体现了一定的进步。①

4. 人身搜查。认为犯罪嫌疑人身上藏有隐匿的罪证,可以对犯罪嫌疑人进行人身搜查,并扣押相关的物证。侦查人员收集生物样本、有关物证等可以通过人身检查、人体搜查程序获得。②

5. 现场勘验。进行尸体、活体检验,发现和搜集犯罪的痕迹和物证,判断伤亡原因、案件性质,为侦查提供方向。

法律的生命在于实践。实践中青羊区公安分局侦查中收集检样的方式主要有:

1. 鉴定人亲自勘查现场提取的物品、痕迹等检样进行鉴定。

2. 通过由司法机关、当事人委托鉴定机构进行鉴定,由鉴定人根据要求进行提取检样。例如指纹鉴定、血型鉴定、DNA 鉴定等司法鉴定活动。司法鉴定所需检材既包括犯罪现场提取的犯罪嫌疑人、被害人遗留的唾液、血样、体液、毛发等生物样本以及指纹、脚印、衣服纤维、微量物证等非生物样本。

3. 鉴定人不直接参与鉴定样本的采集活动,而是根据当事人或者司法人员收集的证据材料出具鉴定意见,但通过第三种方式送到鉴定人手中的检样,往往与司法鉴定需要解决之问题的要求存在一定的差距。

三、鉴定意见如何进入案卷

上述收集的证据能否在后续的审查起诉、法庭审理阶段使用?透过侦查案卷发现,有关物证鉴定的书面报告有两大类。

---

① 我国 1996 年《刑事诉讼法》第 105 条规定了"人身检查制度",通常认为人身检查是侦查人员为了确定被害人、犯罪嫌疑人的某些特征、伤害情况或生理状态,依法对其人身进行检查的一种侦查活动。参见于绍元:《实用诉讼法学新词典》,吉林人民出版社 2004 年版,第 109 页。但实践中,样本的收集尽管有部分是在征得被采样人同意的情况下进行的,但违背其意志的采样做法也普遍存在。参见陈学权:《科技证据论——以刑事诉讼为视野》,中国政法大学出版社 2007 年版,第 220 页。

② 参见《公安机关办理刑事案件程序规定》《公安机关刑事案件现场勘验检查规则》,也对物证鉴定技术手段的程序作出了一些规定。

第一类鉴定结果是侦查技术人员进行初步鉴定形成的"现场物证报告",但它不作为证据使用,仅仅作为公安机关内部批捕、立案的依据,如果要进入后续诉讼,还必须委托司法鉴定机构进行鉴定。这是因为前者鉴定所采用的标准较低、准确度不高,但能满足侦查及时性、高效性和紧迫性的需求。所以要形成鉴定意见,还需要再委托鉴定机构再次鉴定。

第二类便是通常所指的"鉴定意见"。这种鉴定意见最终是以证据形式附在案卷中进入后续诉讼程序,在中国刑事侦查中存在"案卷中心主义"的情况下,这些证据到了审查批捕、审查起诉和法庭审判阶段对案件事实的证明起到了重要的证据作用。

如果在侦查阶段收集的鉴定意见存在瑕疵,在侦查阶段以及在后续审查起诉、审判阶段,如果被害人、犯罪嫌疑人提出重新鉴定的申请,并且司法机关决定重新鉴定的,则存有瑕疵的鉴定意见可能得到纠正。但是否启动重新鉴定的决定权掌握在公安司法机关手中,而在后续的审查起诉、法院审理阶段,如果没有决定重新鉴定的申请,侦查阶段形成的鉴定意见往往会成为法官认定案件事实的一项重要证据。对于经过重新鉴定,得到不同鉴定结果的意见,侦查人员会将所有鉴定意见都附在卷宗之内以供检察官、法官审查判断。在审查起诉、审判阶段,检察官、法官分别对案卷中的鉴定意见进行甄别判断,当事人仍可再次申请重新鉴定。实践中相当多的做法是根据鉴定意见的书面审查。除了在审判阶段出现了鉴定人确有必要出庭的情况,否则也是以书面审查鉴定意见为常态,以鉴定人出庭接受庭审质证为非常态。

四、鉴定意见被法庭采纳的情况

由于所有鉴定意见采纳的情况难以统计,笔者选取了通过"北大法宝网"检索的 2010 年—2011 年我国的法院刑事判决书中含有"DNA 鉴定"的判决书共计 78 篇,剔除 3 篇无关的判决书后,共有 75 个案例在侦查中使用了 DNA 鉴定。而在这 75 个案例中,尽管鉴定报告对

DNA 检测存在不同的表述,例如有表述为"经 STR 多态性检验鉴定意见,送检的砍柴刀的刀刃部有红色斑迹,并检出男性 DNA,经 15STR 分型未排除潘某,支持该斑迹为潘某所留"[见(2010)安刑初字第 27 号];又有表述为"个人识别偶合率为 1.6905×10^{-20}"[见(2010)柳市刑一初字第 47 号];还有表述为"系被告人王某某所留的可能性大于 99.9999%"[见(2010)刑二复 01360371 号]。但法院采纳 DNA 鉴定意见的共有 75 个,即采纳率为 100%。

五、鉴定意见发挥的作用

积极作用:鉴定意见在侦查中的运用确有助力案件事实真相的查明。主要表现为以下几个方面:一是排查犯罪嫌疑人的范围,避免将无辜第三人卷入刑事诉讼。二是减少对犯罪嫌疑人口供的依赖。三是弥补办案手段的不足,实现串并案侦查,有效提高侦查的效率。四是发挥威慑和预防犯罪的作用。

消极作用:为论证鉴定意见不当运用的消极作用,笔者主要通过检索近年来媒体报道、有关学术研讨会讨论过、社会各界反响较大的刑事错案作为样本分析。检索到的错案分别是吴鹤声、杜培武案件等 9 个案例。透过这些错案的成因分析,可以了解司法鉴定在运用中存在的问题。必须指出,错案的成因有方方面面的因素,包括但不限于"命案必破"指导思想的误导、公检法三机关配合有余而制约不足、非法证据排除不力、法官对证据把关不严等因素,不能完全归咎为有瑕疵的鉴定意见惹的祸。然而限于本书研究的主题,笔者不打算从宏观因素进行逐一论证,仅从鉴定意见错误运用的角度对错案成因进行分析。

案例 1 吴鹤声案件:该案发生于 1991 年 4 月 2 日,警方在犯罪现场收集了 6 枚烟蒂,结果发现其中 2 枚含有 A 型血唾液,而吴鹤声也是 A 型血,13 天后吴鹤声作为最大嫌疑犯被警方拘留。在随后的讯问中,吴鹤声屈打成招,最终被法院以故意杀人罪判处无期徒刑。

直到真凶出现,吴鹤声在1999年12月11日得以洗刷冤屈。①

案例2　杜培武案件:该案发生于1998年4月20日。该案的警方在侦查中使用了警犬嗅闻、心理测试等方法对杜培武进行检测,结果43次警犬嗅闻中有41次认定杜培武有重大作案嫌疑,每次测谎试验都显示杜培武在撒谎,警察将嫌疑对象牢牢锁定在杜某身上,并对杜培武实施刑讯逼供酿成错案。直到2000年6月14日,警方破获了杨天勇劫车杀人团伙案,意外发现了杜培武案件的真凶,才使杜培武案件真相大白。②

案例3　杨云忠案件:该案发生于1994年11月15日。黑龙江警方采用血型鉴定作为认定案件事实的证据之一。基于办案经费考虑没有作DNA鉴定。而实际上血型鉴定中的血样并非来自被害人,法院判处以故意杀人罪判处杨云忠无期徒刑,最终真凶出现,杨云忠才得以昭雪。③

案例4　王海军案件:该案发生于1986年10月15日。吉林市公安局于1986年11月12日和11月24日各自出具的两份刑事科学技术鉴定书的结论矛盾,前者称墙上的血样检验为O型,与死者的血型相同,而后者称因血样量太少无法进行血型检验,且鉴定书均未写明检验血的提取方法、方式,均没有检验墙上血的血种,故在疑点排除前,此刑事科学技术鉴定书不应作为本案定案的根据。法院以故意伤害罪判处王海军有期徒刑15年。狱中的王海军不断申诉,但终究未能洗冤,服刑12年以后才被假释出狱。2002年,真凶金太植被警方抓获,2005年,王海军终于被证实清白。从27岁到39岁,王海军人生中

---

① 参见戴红兵、涂莉、金思柳:《武汉一市民蒙冤入狱8年获国家赔偿13万》,载河南法院网(http://hnfy.chinacourt.org/public/detail.php? id=1598),访问日期:2012年6月20日。
② 参见云南省高级人民法院刑事判决书(2000)云高刑再字第9号。
③ 参见夏德辉:《错抓错判"杀人案"无辜者蒙冤7年索赔130万》,载中国新闻网(http://www.chinanews.com/n/2003-08-24/26/338747.htm),访问日期:2012年6月28日。

最为珍贵的 19 年,却被冤案残酷地剥夺了幸福和尊严。①

案例 5　张庆伟案件:该案发生于 1997 年 3 月 27 日,案发现场的床单上沾有血迹,经检验为 O 型人血,与被害人血型一致。此外,在上诉人家里没有提取到抛尸现场的同类物,如编织袋、绳子等。更没有其他证据证明上诉人张庆伟对被害人施予强奸后又掐死、碎尸、抛尸。盘锦市中级人民法院以故意杀人罪、强奸罪判决张庆伟无期徒刑,剥夺政治权利终身。提起上诉发回重审之后,法院改判为 9 年有期徒刑。直到 2002 年 7 月 3 日,辽宁省高级人民法院针对强奸一案,再次作出终审裁定,认为张庆伟犯强奸罪的证据不足,撤销盘锦市中级人民法院作出的有期徒刑 9 年的判决。5 年以后,张庆伟却以"疑罪从无"被无罪释放。②

案例 6　刘明河案件:该案发生于 1996 年 6 月 30 日。刘明河因涉嫌故意杀人罪被芜湖市公安局收容审查。9 月 28 日下午,受芜湖市公安局聘请,中国人民大学警察技术培训中心用测谎技术进行检测,检测后当场宣布"刘明河,你就是杀人犯!"1998 年,芜湖市中级人民法院以故意杀人罪判处刘明河无期徒刑。刘明河不服提起上诉,之后又经历了再次发回重审和再次提起上诉的过程,2001 年 4 月 27 日,安徽省高级人民法院最终作出撤销原判,宣告刘明河故意杀人罪证据不足,无罪释放的判决。③

案例 7　李化伟案件:该案发生于 1986 年 10 月 29 日。法医从案发现场的作案凶器菜刀、碗柜的把手和录音机上提取同一人的 3 枚指纹。并发现李化伟的身上有血迹,警方以此为突破口,经鉴定为"喷溅血迹",认定该血迹是在杀人案发现场才会留下的。营口市中级人民法院以故意杀人罪判处李化伟死刑,缓期二年执行,剥夺政治权利终

---

① 参见东方顾然:《男子被错判入狱 19 年后杀妻冤情终得昭雪》,载《新文化报》2005 年 7 月 30 日。
② 参见王辉:《辽宁特大强奸杀人碎尸案凶手被释放前后》,载新浪网(http://news.sina.com.cn/s/2003-05-22/08461084525.shtml),访问日期:2012 年 6 月 8 日。
③ 参见安徽省芜湖市中级人民法院刑事判决书(1996)芜中刑初字第 103 号、安徽省高级人民法院刑事判决书(2000)皖刑终字第 332 号。

身。1990年1月12日,辽宁省高级人民法院终审判决"驳回上诉,维持原判"。后来,李化伟被从死缓改为有期徒刑19年。2000年7月,真凶江海被警方抓获,在讯问中如实供述了自己才是14年前李化伟案件的凶手,李化伟才得到清白。①

案例8 孙万刚案件:该案发生于1996年1月2日。孙万刚的血型为B型血,而被害人陈兴会的血型为AB型,而孙万刚无法解释自己躺过的床单上AB型血的来源。公安局解释,由于条件所限,无法鉴定是否为陈兴会的血迹,但结合案发时间以及其他情况足以认定孙万刚有杀人嫌疑。昭通中级人民法院判处孙万刚死刑,孙万刚上诉至云南省高级人民法院,经过发回重审,孙再次上诉,最后云南省高级人民法院终审判决改判孙万刚死刑,缓期二年执行。2002年6月30日,云南巧家县警方破获一强奸杀人犯罪团伙,主犯李茂富对杀害陈兴会的犯罪事实供认不讳。2004年2月10日,孙万刚才得以无罪释放。②

案例9 李逢春案件:该案发生于2000年4月3日。李逢春是某学校的教师,该校的两名女生遭到凶犯强奸,李逢春的血型与受害人褥单上遗留的精斑血型一致。2000年6月14日,通过DNA鉴定,认定"褥单上的精子DNA与李逢春血痕DNA谱位置一致"。警方7月28日将李刑事拘留。2001年2月,李对山西省公安厅DNA鉴定结果提出异议,要求重新鉴定。公安部作了9个位点的基因鉴定,认定二者的DNA并非同属于一人。2003年随着真凶的出现,李逢春才得以洗冤。③

从鉴定证据的角度看,上述错案存在以下几个问题:

1. 侦查中运用鉴定意见时存在盲目相信、先入为主

例如杜培武案件,该案的警方在侦查中使用了警犬嗅闻、心理测

---

① 参见佚名:《"辽宁佘祥林"已获国家赔偿》,载《时代商报》2005年4月16日。
② 参见张军:《刑事证据规则理解与适用》,法律出版社2010年版,第378页。
③ 参见中央电视台"今日说法"节目:《DNA检验出错 山西一教师被冤枉强奸两学生》,载法律教育网(http://www.chinalawedu.com/news/1000/1/2004/7/he0352243834157400211 9544_122243.htm),访问日期为:2012年9月15日。

试等方法对杜某进行检测,结果鉴定意见显示杜某在撒谎,警察将嫌疑对象牢牢锁定在杜某身上,并对他实施刑讯逼供酿成错案。

2. 依据人身识别精确度较低的血型鉴定作同一性认定

这些错案大部分发生于20世纪八九十年代,发生的地点主要集中在经济欠发达地区。由于早期的鉴定技术落后,侦查人员对案发现场提取的血迹仅进行同一性认定准确度很低的血型鉴定。血型鉴定可以作为排查性认定的证据,但不足以作为同一性认定的证据。例如张庆伟案件中司法人员根据同一血型作同一性认定的判断导致出现错误。

3. 出现血样来源于案外人的低级错误

例如在杨云忠案件中,黑龙江警方采用血型鉴定作为认定案件事实的证据之一。基于办案经费考虑没有作DNA鉴定。而实际上,血型鉴定中的血样并非来自被害人,法院以故意杀人罪判处杨云忠无期徒刑,最终真凶出现,杨云忠才得以昭雪。

4. 存有瑕疵的鉴定意见导致侦查人员判断失误

如测谎检验报告仅仅能证明犯罪嫌疑人可能撒谎,不能证明他就是犯罪行为的实施者;准确度相对尖端的DNA鉴定,如果不按规范操作,也容易出现瑕疵。例如李逢春案件中,该案事实认定的错误主要是法官依据第一份DNA鉴定报告,而该份报告却是错误的。

第三节 司法鉴定在侦查中运用存在的问题

一、鉴定技术运用尚不充分

近年来,一线侦查机关在侦查中加大对司法鉴定运用方面的力度,科技强警的思路在基层公安局得到一定的贯彻落实。这说明,实务部门已经认识到诉讼证明方法的转变,逐步由"人证"转向"物证",逐渐减少对口供的依赖,转向依靠微量物证、鉴定意见的运用。具体表现在:首先,司法鉴定意见在侦查卷宗中的证据总数比例有了提高。

其次,科技鉴定侦查手段有所进步。再次,侦查人员运用微量物证的意识有所增强。最后,这些证据被法庭采信的比例有所提高。

但目前侦查中对鉴定意见的运用尚不充分。

1. 鉴定意见在侦查所获证据中的比重还很低

从对青羊区公安分局的调查结果来看,侦查中使用的最为普遍的鉴定意见主要为伤情鉴定、物价鉴定和司法精神病鉴定,这些鉴定堪称"被动型"的鉴定,即它们都是办理诸如故意伤害案件、侵犯财产犯罪案件、精神病人实施犯罪等特定案件定性必须依赖的鉴定,缺少鉴定意见,就无法对被告人准确定罪量刑。而对于其他通过犯罪现场提取的微量物证进行鉴定,从而为侦查提供方向的"主动型"鉴定,运用得还不充分。这跟域外法治国家相比,我国在侦查中运用鉴定意见的比例还不高。究其原因主要有:一是基于侦查办案经济的考虑。据相关报道,一个地级市公安局建立DNA数据库,投入在实验室配套设备、技术人员、配置等方面的耗费将近120余万元。① 沿海地区投入的人力、物力还要更多。② 二是鉴定本身存在问题的因素。因为当下司法鉴定体制本身存在一定的管理混乱现象。在司法实践中暴露出来的重复鉴定、多头鉴定、对同一事项鉴定屡屡出现不同鉴定意见的现象,使侦查办案人员认为依据鉴定意见判断案件事实还存在潜在的错误风险,这是造成侦查中对司法鉴定持谨慎态度的原因。

2. 现有的高端鉴定技术仍然没有得到充分运用

例如在侦查中对DNA鉴定意见使用的比例还不是很高。究其原因,主要是在侦查阶段公安机关为了迅速及时地确定侦查方向,排查犯罪嫌疑人的范围,同时基于诉讼经济的因素考虑,对鉴定采取较低的认定标准。例如,对于确定人身同一性认定的DNA鉴定必须采取

---

① 参见义丽、张慧娟:《市公安局投入一百二十余万元建成DNA实验室》,载《晋中日报》2011年6月15日,第3版。

② 例如苏州市公安局对DNA专业硬件的建设,先后投入1600余万元,用于引进设备和人员。参见尤莉、周斌伟、何琳:《苏州DNA破案数全省第一》,载《江苏法制报》2010年9月8日,第A05版。

14个位点以上的标准,但在侦查阶段,为了排查犯罪嫌疑人而进行DNA鉴定,鉴定的标准也不要求太高,确定14个位点以下(如7个位点)的鉴定标准也认为是可行的。①

二、鉴定样本的收集保管不规范

准确、可靠鉴定意见的形成依赖于微量物证、生物样本、非生物样本等鉴定检材的科学、合法提取、保管程序。鉴定样本必须满足诉讼证据最为基本的几大价值②:一是样本的特定价值,防止样本遗失或者被替换;二是样本的证明价值,防止样本变质或者被破坏;三是样本的法律价值,防止保管手段不健全而失去法律效力。鉴定样本的规范化收集、保管对实现这三大价值具有重要作用。

鉴定意见具有科学与法律两大属性,鉴定样本要实现上述三大价值,必须从侦查阶段的收集、固定环节就注意达到两个方面的要求,即行业技术标准化、程序合法化。然而,目前的做法在这两个方面都存在些许的不足。

1. 在行业技术标准化方面,目前实践中侦查人员收集样本的做法存在没有严格依照鉴定操作守则操作的现象

行业技术标准化要求收集检样的人员具备特定专业技术水平的资格,检样的提取必须符合实验室的操作规范。规范收集鉴定样本是确保鉴定意见符合技术操作标准、确保程序正当的前提,从上述有瑕疵的鉴定意见造成案件事实认定错误的案例可以看到,实践中存在生物样本来源混淆的错误,这说明,样本的提取程序还存在一定疏漏、粗糙和不规范现象。如果检样收集操作不当、粗枝大叶,会造成样本毁损、蜕变,甚至被调包的危险,影响鉴定结果的准确度。案发现场发现的微量痕迹具有隐蔽性、易灭失的特点,如果忽视提取和固定的规范化,就会容易影响,甚至破坏样本的证明价值。

---

① 参见郭华:《侦查机关内设鉴定机构鉴定问题的透视与分析——13起错案涉及鉴定问题的展开》,载《证据科学》2008年第4期。
② 参见何家弘:《证据调查实用教程》,中国人民大学出版社2000年版,第182页。

2. 在对样本的收集和固定过程中,还存在忽视提取程序合法的现象

程序合法要求,样本的提取必须遵循程序法律的规定,检样从提取、固定,到交付鉴定,必须有相关的物证转移签名。从法律的角度,完备的采样程序必须包括这样的一系列制度规范:采集时有见证人监督、采证的基本规则、防止人为故意或无意破坏样本的责任制度、样本交接记录制度等。要形成"证据保管链制度",填写关于提取检材,送至鉴定实验室检测的时间、地点、数量、标准等信息。在鉴定的时候,检样要做好备份,填写证据移送清单。

从目前有关鉴定样本的收集、固定程序可以发现,诸如指纹、血样、毛发等样本的收集、保管,从法律角度进行规范的较少,专业人员关注的是以科学、可靠的技术手段发现、收集证据,防止物证被污染、蜕变或调包而丧失鉴定的可靠性。至于物证的提取方式是否存在侵犯隐私权、人格权,甚至是否可能违反非法证据排除规则,缺乏必要的关注。① 实际上,物证收集作为刑事侦查的一项手段,是公权力对公民私权进行一定干预的体现;而且物证收集之后所得的证据(包括物证收集之后经过司法鉴定所得之鉴定意见)均为诉讼证据,因此该收集过程绝非仅仅是一项科学技术活动,而必须体现诉讼程序的合法性和正当性要求。

三、迷信司法鉴定的误区

鉴定意见虽然是通过科技鉴定手段获取的针对专门性问题的判断,其客观性、准确性和可靠性相对于言词证据而言具有优势,但不能认为鉴定意见就必然是准确的。在侦查收集证据的过程中,还必须注意收集其他种类的证据,在运用鉴定意见的过程中,必须结合被告人口供、证人证言、物证、书证等其他证据进行审查判断,形成严密的证据链条才能作为认定案件事实的依据,否则就容易导致对案件事实的判断失误。杜培武错案揭示司法人员在运用鉴定意见中存在迷信司

---

① 参见李学军:《物证论——从物证技术学层面及诉讼法学的视角》,中国人民大学出版社 2010 年版,第 108 页。

法鉴定的现象。如果在侦查阶段案卷中所获得的鉴定意见存在瑕疵，在"案卷笔录中心主义"的现状下，审查起诉、法庭审理阶段检察官、法官必须通过各类证据审查判断，去发现鉴定意见存有疑点，这对防止瑕疵的鉴定意见影响案件事实的认定十分重要。

第四节　对策与建言

一、进一步提高侦查中的鉴定技术含量

相较于西方法治国家而言，我国在侦查中鉴定技术的运用还处于较低的水平。这种较低水平表现在侦查中运用鉴定证据的比重还比较低，高尖端的鉴定技术运用的推广还不够全面，鉴定的准确性还存在问题。近年来，随着科技强警战略目标的提出[①]，在侦查中制约基层公安机关战斗力的因素很多，既包括机制体制、人员配备的因素，也包括装备、设备和技术水平的因素。在未来刑事侦查中提高鉴定技术含量，应当尽量增加在鉴定技术、人力和设备方面司法经费的投入，提高基层侦查部门鉴定技术侦查方法的运用。在条件成熟的情况下，应当加大 DNA 鉴定等高尖端科学鉴定手段的运用比例。

二、规范鉴定样本的收集程序

当前，对规范司法鉴定样本收集程序的立法主要有《司法鉴定程序通则》《刑事诉讼法》，此外，相关的司法解释也对样本的提取、保管、送检等程序进行了规范。在今后规范化鉴定样本收集、保管程序方面，首先，要从立法上细化提取鉴定样本的技术标准、行业操作准则。其次，在执法中应当加强对技术人员收集证据的培训，增强他们取证

---

① 例如2007年公安部召开的第三次全国公安科技大会，发布了公安部《关于深入实施科技强警战略的决定》，明确了实施科技强警战略的目标。参见谭向阳、迟松剑：《公安机关基层技术革新的理论与实践探讨》，载《中国人民公安大学学报》（自然科学版）2008年第2期。

的意识。办案中必须做到样本的来源、取得、保管和送检符合法律及有关的规定,与相关提取笔录、扣押物品清单等记载的内容相符,检材必须做到充足、可靠。物证的收集必须符合法律的有关规定,经过勘验、检查、搜查提取扣押的物证、书证,必须附有相关的笔录或者清单;笔录清单必须由侦查人员、物品持有人、见证人签名,没有物品持有人签名的,必须注明原因。对物品的特征、数量、名称等必须清楚注明。对现场遗留与犯罪有关的具备检验鉴定条件的血迹、指纹、毛发、体液等生物物证、痕迹、物品,对能够通过 DNA 鉴定、指纹鉴定等方式与被告人、被害人的相应生物检材作同一性认定的,必须及早鉴定。

三、转变对鉴定意见迷信的观念

鉴定意见在侦查中发挥积极作用的同时,本身也可能存在因人为、非人为等因素导致的案件事实认定错误风险,这就要求我们在刑事侦查中必须转变迷信鉴定意见的观念,从而发挥鉴定意见在诉讼中证明价值的最大化。在侦查中虽然提高鉴定意见的运用可以减少对口供的依赖,但我们也不能完全否定口供的价值。正如有学者指出的:"试图通过科技证据取代口供的证据功能是不可取的。"[①]鉴定意见还必须与口供、证人证言、被害人陈述、物证相印证。近年来,对司法鉴定的认识逐步由"神坛"回归"理性"的位置,2012 年修订的《刑事诉讼法》将"鉴定结论"修改为"鉴定意见",体现了立法者对鉴定意见的本质属性的进一步认识。司法工作者必须转变迷信司法鉴定的观念,不可将鉴定结果直接作为认定案件事实的依据,而应当强化鉴定意见的审查判断。要将这一观念转变到贯彻落实,必须加强司法人员对鉴定意见真伪的审查判断意识。鉴定意见是否可靠,受制于检样提取的完整性,鉴定所采取的方法是否科学,使用的设备是否先进、完好,工作人员的态度是否认真以及技术水平是否到位等主客观因素的影响。

---

① 陈学权:《科学技术在刑事诉讼中的价值》,载《法学研究》2007 年第 1 期。

第三章　增强侦查中运用鉴定保障人权的正当性

提高侦查阶段运用司法鉴定手段的正当性，必须认识到司法鉴定实施过程具有积极和消极两方面的影响，必须看到它在实现打击犯罪的同时，也容易对公民的人身自由、隐私权，甚至健康权造成一定程度的干预。因此，要提高司法鉴定在侦查中运用的正当性，就必须改变目前侦查中行使与鉴定有关的权力"行政化"的做法，实现其"诉讼化"构造。要把容易被执法人员滥用的侦查权力关进法律制度的笼子里。本章通过对司法实践中较为突出的问题进行分析，即强制采样程序、鉴定留置程序和 DNA 数据库的法律规制问题，思考在侦查中运用司法鉴定手段如何符合人权保障的要求，进而增强侦查中运用司法鉴定的正当性。

第一节　强制采样程序

一、问题的提出

随着鉴定技术在刑事侦查中的运用和推广，鉴定意见在诉讼中发挥的作用日趋显著，运用鉴定方法采集、固定证据也成为提高侦查手段科技含量的重要途径。在刑事侦查中，鉴定意见为侦查人员锁定嫌疑犯目标、确定侦查方向、获取证明案件事实的关键证据，改变传统侦查对口供的依赖，减少刑讯逼供和冤假错案的发生均具有积极、深远的意义。然而，基于人身检查手段的操作，侦查人员及鉴定专家对当事人鉴定样本采集的过程常常涉及人身体内的搜查（例如人体腔肠组织的检查）、体表搜查（例如指纹、脚印、皮肤、人体外部器官的检查）、人体生物样本提取（如毛发、唾液、指甲、血液、尿样的提取），这些行为容易对公民的隐私权、健康权、尊严权等宪法性权利造成干预、侵害，如果犯罪嫌疑人不同意、不配合接受检查及鉴定样本的采集，或者当采样行为涉及犯罪嫌疑人、被告人之外的第三人的人身检查和生物样本采集，是否可以违背其意志的方式强行提取鉴定样本？这些问题使"强制采样"的法律问题浮出水面。尤其是在 2011 年 5 月 1 日起实施的《刑法修正案（八）》增加危险驾驶罪之后①，强制抽血检测的问题也将愈来愈突出。

然而，"强制采样"一词在我国 1996 年《刑事诉讼法》中并无明确规定，该法只规定了"人身检查"制度。通说认为，1996 年《刑事诉讼法》第 101 条、第 105 条所确立的"身体检查"制度涵盖了"强制采样"的方式。"人身检查"即指侦查人员为了确定被害人、犯罪嫌疑人的某些外部特征、伤害情况或者生理状态，依法对其人身进行检查的一种侦查手段。人身检查的目的在于"确定被害人、犯罪嫌疑人的相貌、肤色、特殊痕迹、伤害部位和程度、智力发展和生理机能等情况，从而有利于查明案件性质、查获犯罪嫌疑人"。② 由于人身检查的概念覆盖面

---

① 《刑法修正案（八）》增加了危险驾驶罪之后，司法实践中基本按照血液中酒精含量有无达到 80mg/100ml 以上来判断驾驶人是否醉酒驾驶，各地执法部门纷纷采取措施。如北京市交管局规定，涉嫌醉驾人员一律抽血化验，如果执法现场有救护车，必须现场抽血；如果现场没有救护车，要将嫌疑人送到医院进行抽血取证。上海警方要求交由具有资格的专业机构进行抽血取证，进行血液酒精检测。参见郭超：《北京明日起查醉驾一律抽血化验》，载《新京报》2011 年 4 月 30 日，第 A01 版；李晓斌：《醉驾入刑首日全国各地刑拘多名涉嫌醉酒司机》，载《山东商报》2011 年 5 月 1 日，第 A03 版。

② 陈光中、徐静村：《刑事诉讼法学》，中国政法大学出版社 1999 年版，第 295 页。

极其广泛①,除了用于司法鉴定样本提取的"强制采样"以外,还包括其他以身体为检查对象,借以发现、提取、收集证据的手段。在理论研究方面,已有学者提出"强制采样"的概念,指涉公安司法机关未经犯罪嫌疑人、被告人的允许或同意,而强行从其体内或者体外采集样本和检材的行为,主张应当将"强制采样"从现行立法"人身检查"制度中脱离出来,把它单独列出来作为与人身检查并列的侦查手段。② 也有学者认为,"强制采样"是"人身检查"的类型之一,两者属于被包含与包含的关系。③ 2012年《刑事诉讼法》第130条在1996年《刑事诉讼法》第105条的基础上,增加了"提取指纹信息"和"采集生物样本"的规定。④ 由此,新法确立了"生物样本强制采样"制度。因此,笔者主要着眼于以"人身检查"为前提实施人身样本采样行为所引发之法律问题,并对相关制度进行比较考察,以完善侦查阶段的人体鉴定样本的提取程序。

---

① 身体检查的概念极其广泛,除了抽验血、采验尿等典型方式外,还有引发争议的干预手段,如开刀取出子弹、刺穿脊髓抽取体液、施以催吐剂取出胃内物或提取胃液、对指认目标刮胡子、理发,等等。它基本上是以人的本身身体(含其组织、成分)之物理性质、状态或特征作为证据目的之处分。也就是通过对人的裸身进行观察、采集或检验,以便判别、推论构成要件该当性、责任能力等相关事实的干预措施。但解释上,已经进入体内的异物,由于已经附着于身体内部,因此也属于身体检查处分。参见林钰雄:《刑事诉讼法》(上册总则篇),中国人民大学出版社2005年版,第332页。
② 该观点认为,尽管我国立法没有对强制采样作出规定,有关DNA鉴定、指纹鉴定等在侦查实践中已经被广泛运用。在这些鉴定中,样品的收集尽管有相当一部分是在得到被采样人同意的情况下提取的,但肯定也存在一部分是在违背被采样人意愿的情况下获得的。参见陈光中、陈学权:《强制采样与人权保障之冲突与平衡》,载《现代法学》2005年第5期。
③ 该观点认为,将"强制采样"作为与"人身检查"并列的概念容易造成对人身检查和检查类型的混淆,造成理解上的障碍,而且在立法实践的操作中也相对繁杂。参见杨开湘、余蓝:《人身检查概念之检讨》,载《时代法学》2010年第2期。
④ 2012年《刑事诉讼法》第130条规定:"为了确定被害人、犯罪嫌疑人的某些特征、伤害情况或者生理状态,可以对人身进行检查,可以提取指纹信息、采集血液、尿液等生物样本。犯罪嫌疑人如果拒绝检查,侦查人员认为必要的时候,可以强制检查。检查妇女的身体,应当由女工作人员或者医师进行。"

二、我国强制采样的实践考察

为考察我国《刑事诉讼法》实施过程中,基层司法机关在办理刑事案件中"强制采样"如何运用、如何操作、如何看待,存在哪些不足的实践状况,笔者于 2011 年 3 月至 5 月期间,选取了上海市闵行区、徐汇区、金山区三个辖区的公安分局和部分检察院、法院作为调研对象①,并以全国媒体报道过的若干案例为实证研究的辅助素材,通过问卷调查、专员访谈、个案追踪等调研手段,对上述地区"强制采样"的司法实践进行客观、具体的描述,从中发现问题,并在调研数据的基础上深究问题的根源。随着新《刑事诉讼法》在 2013 年 1 月 1 日起的正式实施,我们可以预见,新法关于"强制采集生物样本"制度的确立,将使强制采样的实践状况有新的样貌。限于笔者调查精力和调研时间的局限,本书的实践考察部分主要立足于旧法实施过程的状况,特此说明。

(一)强制采样的类型

实践中可以按照强制采样所获得之检材的生物成分、物理属性为标准,将强制采样的类型分为:指纹脚印提取、体液提取、血样检测、DNA 检材提取、尿样检测等方式。这些措施对被检查人的健康权和隐私权造成的干预程度各不相同。如果依据采样的对象为标准,可以分为对被害人的人身检查,以及对犯罪嫌疑人/被告人的人身检查。这种区别的意义在于二者检查适用的要件不同。依据不同实施主体的标准,尽管立法规定了侦查人员、医师有权实施该行为,但依照职权主体的相关原理,应当理解为侦查机关才享有这一权力,侦查人员仅仅是国家工作人员,而医师仅仅是侦查工作的辅助手段,所以权力主体主要为侦查机关。

---

① 笔者之所以选取上海市作为调研对象,主要基于两点因素考虑:一是在该市展开调研的条件相对较为方便;二是该市司法鉴定机构数量较多,分布较广,为司法机关委托鉴定机构进行鉴定提供了较好的条件。根据《国家司法鉴定人和司法鉴定机构名册》(2010 年度)和上海市司法局司法鉴定管理处公布的数字,2010 年该市共有鉴定机构 104 家,完成各类司法鉴定 48 526 件。

(二) 强制采样的程序和做法

我国 1996 年《刑事诉讼法》第 101 条和第 105 条确立了人身检查制度,并隶属于勘验、检查的章节。法律规定为确定被告人、犯罪嫌疑人的"某些特征、伤害情况或生理状态"可以进行人身检查。犯罪嫌疑人如果拒绝检查,侦查人员认为必要的时候,可以强制检查。检查妇女的身体,应当由女工作人员或者医师进行。最高人民检察院《人民检察院刑事诉讼规则》第 169 条和公安部《办理刑事案件程序规定》第 198 条规定,对 1996 年《刑事诉讼法》第 105 条的解释基本没有突破法律的规定。可见,旧法仅仅规定可以强制人身检查的内容,但对于强制采样的具体适用程序规定并不明确。2012 年《刑事诉讼法》第 130 条规定了"提取指纹信息""采集生物样本"的制度,并赋予侦查人员在其认为必要时采取强制采样的权力。

为调查我国 1996 年《刑事诉讼法》实施过程中,强制采样的种类、适用的案件类型,以及在适用阶段是否经过审批、如何审批的问题,笔者通过对上海市闵行区、徐汇区、金山区公安分局的侦查人员进行抽样调查。经调研发现,在适用的案件种类方面,办案实务中常见的强制采样主要包括抽取血样、提取尿液、提取毛发、提取指纹脚印、提取体液等类型(见图 3-1-1)。

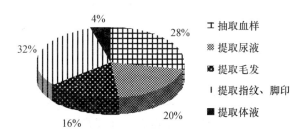

图 3-1-1 强制采样的类型(N = 114 件 单位:%)

在案件的适用类型方面,强制采样进行检测,主要适用于办理杀人、绑架、毒品犯罪、酒后驾车交通肇事案、强奸犯罪,以及犯罪现场发现遗留血迹、痕迹等类型的案件,还包括用于判断女性嫌疑犯是否怀孕的情况(见图 3-1-2)。因此,办理治安案件和刑事案件过程中均有使用强制采样的做法。

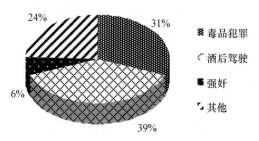

图 3-1-2　强制采样检测的主要适用案件类型（N = 78 件　单位:%）

在采样是否经过审批程序问题上,笔者调研发现:在闵行区公安分局接受调查的 15 名侦查人员中,有 14 名侦查人员(占 93.3%)在平时工作中,采样行为的具体操作是由公安机关内部技术人员进行的,在现场采样时通常无须事先报请部门负责人审批,但是当这些证据要转换为刑事案件的证据时,就需要报请公安机关内部领导审批。剩下的 1 名侦查人员称由于他不熟悉相关的业务操作,所以没有回答笔者的问题。徐汇区公安分局接受调查的 10 名办案人员都回答道:他们在对犯罪嫌疑人强制抽取血样的过程中,一般没有经过报请领导批准的程序(包括公安分局内部的报请分管局长或法制科负责人批准程序在内),而是径行对犯罪嫌疑人抽血、验尿。金山区分局的 13 名办案人员均表示,根据监所管理规定,他们对入监人员有安排体检的要求,所有押进监所的刑事拘留、行政拘留人员都要进行抽取血样,并且实践中还没有发现嫌疑人因不服强制抽血而"无理闹事""惹是生非"的情况。在人体样本提取程序的依据方面,调查对象称他们主要依据上海市公安局制定的《关于进一步加强违法犯罪嫌疑人员信息采集工作的规定》(沪公发〔2011〕36 号)进行操作。例如,在指纹提取程序方面,承办民警一般使用活体指纹采集仪负责采集,也有的采用捺手印的简单办法。对于未经公安监督场所羁押而直接移送检察院审查起诉的嫌疑人、被告人,办案人员应在移送起诉前使用指纹信息卡补充采集指纹,将处理结果填写在指纹信息卡内,及时送刑事技术部门。

对刑事技术部门审查,不符合采集标准的,应当重新采集。在采集血样方面,由各看守所的专职采集员负责采集,各公安办案民警将 FTA 血样采集卡随被采集者一并移送监所。FTA 血样采集卡由刑科部门负责统一发放和管理。对尿样的采集,由承办民警负责采集,适用尿样毒品检测技术进行检测。对于尿样结果呈阴性的,尿样和尿样检测板就不再保存;而对结果呈阳性的,应当保存,并移送禁毒办指定的实验室检测、取证。

(三)强制采样结果的运用

尽管我国 1996 年《刑事诉讼法》没有明确规定"强制采样"的适用程序,由于部分侦查工作办案过程收集证据的需要,强制采样在实践中的存在较为普遍。并且通过强制采样获得的鉴定意见等证据,在帮助警察锁定侦查嫌疑目标,获取指控犯罪的有力证据,帮助检察官、法官认定案件事实等方面都发挥了一定的积极作用。以下笔者通过几则媒体报道过的案例,以及对上海市金山区公安分局刑侦队办案人员提供的案例加以分析。

案例1　在湖北,警方为了破获一起恶性强奸杀人案件,深入 91 个村逐人排查 15 万人,从中确定重点对象 1748 人,之后又给其中 1262 个人做了常规血样检测,警方通过与现场提取的犯罪嫌疑人遗留的精斑与专案组提取的血样进行比对,案件事实水落石出,凶手最终落入法网。[1]

案例2　2010 年 7 月 10 日,广州市交警在查处酒后驾车行动中发现一名男子涉嫌醉酒驾驶,交警将司机带到医院抽血化验,男子不予配合。警察最后进行强制抽血。采血后发现男子血液中的酒精含量高达 89mg/ml,交警部门依法对酒驾交通肇事者追究法律责任。[2]

---

[1] 参见张先国、傅君清:《流窜作案的"杀人淫魔"张光旗在湖北被抓捕归案》,载 http://news.sina.com.cn/c/2004-07-21/01033145732s.shtml。访问日期:2011 年 5 月 1 日。

[2] 参见王鹤:《广州一男子醉驾拒抽血 其弟疯砸血液样本》,载《广州日报》2010 年 7 月 12 日,第 A15 版。

案例3 2010年6月5日晚,南宁市一名涉嫌酒后驾车的男子交通肇事逃逸,交警赶到现场处理后,男子声称不是他开的车,交警强行将该男子带到附近医院抽血进行酒精测试证实。等待该男子的将是法律的惩罚。①

案例4 2006年3月至6月间,在浙江金华、福建福鼎和江西上饶等地连续发生多起入室抢劫并强奸杀人案,死亡6人。警方通过在现场提取的嫌疑人体液证实,3起案件系同一人所为,从而并案侦查,并最终锁定浙江温州人董文语为犯罪嫌疑人。2006年11月16日,公安部悬赏10万元通缉的A级通缉嫌犯董文语在四川宜宾落网。②

以上案例说明,虽然原来的刑事诉讼立法对强制采样没有作出明确的规定,办案人员在执法中主要依照1996年《刑事诉讼法》第105条人身检查以及强制检查的有关规定,普遍使用抽取血样、提取尿液以及其他检材进行DNA鉴定等手段,用于排除侦查范围或确定侦查方向,对全国范围内流窜作案的犯罪活动进行并案侦查,收集有罪证据。它们一方面体现了司法鉴定手段的证明作用,另一方面也反映出如何对强制采样的实施主体、审批程序、适用条件进行规范,仍然值得研究。

此外,为调查法官对侦查阶段通过强制采样所获及证据是否采纳的态度,笔者对上述地区的50名法官进行抽样调研问卷③,结果发现:在证据认定方面,法官一般都会采纳这样的鉴定意见,除非采样过程中存在鉴定机构不合法、鉴定人资质不符要求、样本来源不明或者确实被污染、鉴定程序方法存在瑕疵,或者鉴定内容与其他证据存在矛盾而无法解释等问题,法官才会否定该鉴定意见,不存在仅仅由于强制采样导致最终鉴定意见不被法庭采纳的情形(见图3-1-3)。

---

① 参见卢荻:《涉嫌酒后驾车与别人追尾 男子被强制抽血酒精测试》,载《当代生活报》2010年6月7日,第014版。
② 此例来源于上海市金山区公安分局刑侦队提供的案例。
③ 接受调查问卷的50名法官中,48名对通过强制采样获得的司法鉴定结论持接受的态度,占96%,另外两名持否定的态度,仅占4%。

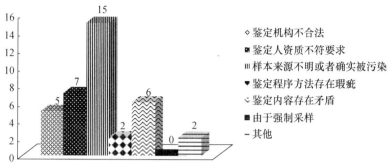

图 3-1-3 被法官排除的鉴定意见病因分布（N=37 件　单位：%）

为发掘强制采样获取的鉴定意见在案件事实证明方面的积极作用，笔者收集近年来我国刑事司法中因鉴定结论存在瑕疵造成的冤假错案（见表3-1-1），发现这些案件无一例外地没有经过 DNA 鉴定，而是通过诸如辨认、警犬嗅闻、ABO 血型鉴定等方法探知案件事实。可据此推知，尽管以强制采样为前提的 DNA 鉴定也存在着违背当事人意愿，造成被检测者疼痛不快、容易侵犯其隐私的不足，但它对证明案件事实却具有至关重要的作用。

表 3-1-1　由于未做 DNA 鉴定导致误判的案例
（N=7 件）

序号	嫌疑人/被告人	案由	鉴定结论存在的问题
1	佘祥林	故意杀人	没经过 DNA 鉴定，根据辨认结论定案
2	滕兴善	杀人碎尸	没经过 DNA 鉴定，依石膏像辨认结论定案
3	李久明	故意杀人、非法持有枪支	检材（头发）来源不明，依警犬辨认定案
4	杨云忠	故意杀人	没经过 DNA 鉴定，依血型相同定案
5	张庆伟	杀人碎尸	没经过 DNA 鉴定，依照血型定案，且血样来源不明
6	王俊超	强奸	没经过 DNA 鉴定
7	杨黎明等	抢劫杀人	没经过 DNA 鉴定，依血型相同定案

三、制度的比较借鉴

笔者选取了我国台湾地区以及美国的相关制度作为制度比较借鉴的范本。之所以选择这两个地区,主要鉴于它们这方面的立法较为完善,台湾地区"刑事诉讼法"在吸收《德国刑事诉讼法》内核的基础上融合了当事人主义的合理成分,而美国通过长期积累的大量判例在刑事诉讼司法中确立了相对完善的人身检查制度,故而选择它们作为他山之石加以借鉴。

(一) 中国台湾的人身检查处分制度

1. 人身检查处分的分类

在台湾与"强制采样"相类似的制度为"人身检查",人身检查制度散见于"刑事诉讼法"中"搜索及扣押"一章。该法对人身检查作了较为细致的分类,依照处分对象区别的标准,可分为被告或犯罪嫌疑人的身体检查处分,以及对第三人之身体检查处分。① 其区分的意义在于针对二者造成人身侵犯对象不同,分别采用不同的适用条件。第三人之身体检查处分确立了几项具体原则进行限制。包括:某些侵犯性干预需得到同意才能进行的原则、限于该第三人可能作为证人才可以对其进行检查之证人原则、限于发现在该第三人身体上之犯罪痕迹或犯罪结果的迹证原则,以及赋予享有拒绝证言权者(如配偶、父母子女)拒绝检查特权之原则等。依照基本权干预的程度差异,分为单纯的检查处分和侵犯性的检查处分(如提取体液、开刀取子弹等)。参照类似标准作出的区分,还包括非穿透性检查、刺穿性检查、体表检查、体内检查。这些分类的意义在于依照比例原则,适用不同的条件。②

---

① 参见台湾"刑事诉讼法"(2002年修正)第122条。
② 但台湾学者认为,这种分类在台湾还没有受到应有的重视,以致测量身高和穿刺体内,同样适用于宽松的授权条件。参见林钰雄:《刑事法理论与实践》,中国人民大学出版社2008年版,第233页。

依照检查处分的主体标准,分为法官、检察官所为之身体检查处分①,以及警察所为之采样和确认身份处分。依照检查目的的标准,分为鉴定目的之检查、为勘验目的之检查,以及纯为确认或采样目的之检查。此分类方法无特别的意义,但台湾法将其附随在调查证据章节中加以规范。②

2. 人身检查处分的程序及做法

常态下的侦查人员实施的人身检查必须持有搜索票。搜索票由法官核发,申请搜索者则为检察官声请搜索时,须以书面的形式提出,而司法警察官与调查犯罪嫌疑人犯罪情形及搜集证据,认为搜索必要时,仍需经检察官同意,才可以向法院申请。③ 台湾"刑事诉讼法"第122条规定:"对于被告或犯罪嫌疑人之身体、对象、电磁记录及住宅或其他处所,必要时得搜索之。"对于第三人的搜索,"以有相当理由可信为被告或犯罪嫌疑人或应扣押之物或电磁记录存在时为限"才能搜索。法院在审查时对"相当理由"较之"必要时"的标准要高。法律对搜索票必须记载的事项也进行了具体规定④,根据该法第128条的规定,搜索票应记载下列事项,主要包括:案由,应搜索之被告,犯罪嫌疑人或应扣押之物(但被告或犯罪嫌疑人不明时可以不予记载),应加搜索之处所、身体、对象或电磁记录,有效期间,逾期不得执行搜索及搜索后应将搜索票交还之意旨。搜索票必须有法官的签名。法官可以在搜索票上对执行人员作出适当的指示。

---

① 法官、检察官勘验之身体检查是指因勘验目的得实施何种类型之身体检查处分,2002年,台湾"刑事诉讼法"修改并未如鉴定规定般予以例示或列举,就发动干预的实体要件而言,仅"因调查证据及犯罪情形"而已。针对第三人之身体检查则同鉴定情形,至于发动干预的程序要件,同样也是舍相对法官保留原则。参见林钰雄:《刑事诉讼法》(上册总论篇),中国人民大学出版社2005年版,第335页。

② 林钰雄:《刑事诉讼法》(上册总论篇),中国人民大学出版社2005年版,第334页。

③ 林邦梁:《台湾地区刑事诉讼中之强制处分》,载陈光中、陈泽宪主编:《比较与借鉴:从各国经验看中国刑事诉讼法改革路径——比较刑事诉讼国际研讨会论文集》,中国政法大学出版社2007年版,第350页。

④ 林钰雄:《刑事法理论与实践》,中国人民大学出版社2008年版,第234页。

在执行规范方面,该法对执行鉴定许可的注意事项作了规制。由鉴定人因鉴定目的而实施的身体检查处分,以取得鉴定许可书为原则,且须注意一些特别的执行规定。对执行身体检查措施时能否使用强制力的问题,旧的刑事诉讼法并没有完善的规范。2002年,台湾"刑事诉讼法"修改增强了司法警察官的采证权,规定检察官和司法警察官对拘提或逮捕到案的犯罪嫌疑人、被告人,可以违背其意志进行指纹、掌纹、脚印等提取。有相当理由还可以提取毛发、唾液、尿液、吐气作为证据,但是不得有"采取血液"等侵入身体的行为。① 新法对检查第三人身体的规定进行补充,规定"得传唤其人到场或指定之其他处所"并准用传唤及罚锾②、拘提的规定。对抗拒检查身体的嫌疑人,可以用强制力检查,但不得超越必要的限度。无正当理由而拒绝鉴定人的身体检查,审判长、受命法官或检察官可以率同鉴定人以强制力实施。此外,检查妇女身体必须由医师或女工作人员进行。因鉴定目的而检查身体处分,执行时如有必要,法官或检察官必须通知当事人、代理人、辩护人到场。

3. 人身检查的发动要件

我国台湾地区"刑事诉讼法"对人身检查的发动要件采取了依照不同主体,适用不同条件的做法。发动鉴定的主体主要包括鉴定人、法官、检察官和司法警察,其适用条件各不相同。鉴定人鉴定的身体检查方面,就实体要件而言,对被告人的检查条件较为宽松,仅要求"因鉴定之必要",而关于犯罪嫌疑程度、程序关联前提或无损健康的要求并不作限制。对第三人的检查规定"有相当理由认为必要",但对具体的证人原则、迹证原则、拒绝证言的特权、侵犯性检查的禁止等,都没有具体规定。在程序方面,鉴定人认为有必要进行身体检查的,必须得到审判长、受命法官或检察官的许可,新法保留了旧法规定的

---

① 参见胡铭:《我国台湾地区"刑事诉讼法"近期修正要点及其理念基础检视》,载陈光中主编:《21世纪域外刑事诉讼立法最新发展》,中国政法大学出版社2004年版,第462页。

② 罚锾,即台湾的罚金。

"二分模式"做法,即以案件各个阶段的主管机关作为决定机关。在法官、检察官勘验人身检查方面,就因勘验目的的事实属于何种类型的身体检查处分,新法并没有像规制鉴定般详细列举。就发动干预的实体要件而言,立法规定了"因调查证据及犯罪情形"而已。针对第三人之身体检查,则和鉴定情形同样要求有相当理由认为有必要进行。至于发动干预的程序要件,并没有完全采取法官保留原则,而保留原"二分模式"。在司法警察的采样检查方面,新法增加了确认措施和采样处分作为身体检查的新类型。权力主体包括享有调查犯罪嫌疑人并搜集证据权限的检察事务官及司法警察。受干预人限定为"经拘提或逮捕到案的犯罪嫌疑人或被告"。发动的实体要件主要有:依照干预种类的不同而区别适用。对调查犯罪情形及搜集证据之必要,可以违反犯罪嫌疑人或被告人的意愿;对有理由认为采集毛发、唾液、尿液、声调或吐气,可以作为犯罪之证据时,并得采取之。但发动以上干预的程序要件,无任何的规范。

(二) 美国的人身检查制度

1. 人身检查的分类

美国人身检查制度根据搜查的范围分为人体内部的搜查(a search that involves intrusion inside the body)和人体体表的搜查(external searches of the body)。前者主要是针对侵入人体体表以内进行的搜查取样;后者主要是在人体体表进行搜查[1],包括裸身搜查、提取指纹、从指甲缝中提取物质、获取头发、收集尿液、吹吐口气等。

施默伯诉加利福尼亚州(*Schmerber v. California*)[2]一案,首次确立了必要的人体检查,是以收集血液样本侵犯个人权益构成的搜查。案件中的施默伯因涉嫌酒后驾车而在医院里被逮捕。负责执行逮捕的警官命令医生对施默伯进行血样采集以检测酒精浓度。法院认为,对

---

[1] Emanuel Gross. The struggle of a democracy against terrorism-protection of human rights: the right to privacy versus the national interest—the proper balance. Cornell International Law Journal. 2004.

[2] 384 U.S.757(1966).

一个涉嫌酒后驾驶的人采取强制采集血液的手段,依照宪法第四修正案的内容看,已经构成搜查行为,但鉴于该案情况紧急,这样的无证搜查是合理的。法庭认为,对大多数的个人来说,采集血液检测的过程"不存在伤害、创伤及疼痛",血样的搜查和扣押虽然属于无证搜查的行为,但该行为是正当的。因为如果要求警察必须申请令状的话,则血液里的酒精会随着时间拖延而消失。所以,在本案紧急的情况下不适用令状原则,是具有正当理由的。

对于体表外的检查,美国卡普诉墨菲(Cupp v. Murphy)①案的判例堪称经典。该案中,警方能以墨菲杀死其妻子为由将其逮捕,但是警方没有这么做。墨菲自愿到警察局接受了讯问,然后被警方释放了出来。在讯问中,警察发现墨菲手指头有一块像血迹干了之后形成的污渍,要求允许他们弄一点进行检验,墨菲拒绝并且企图当场毁灭证据。最终警察强行从嫌疑人身上提取检材。最高法院认为,"考虑到逮捕的合理根据、所实施的侵犯非常有限……以及证据马上就要销毁",该项搜查是合理的。② 美国联邦最高法院在另一个贝克诉俄亥俄州案(Beck v. Ohio)③案中,法官将"相当理由"诠释为:"就所知道的事实和情况,存在合理的信息,足以使一个谨慎的人相信犯罪已经发生且为犯罪嫌疑人所为。"④

2. 适用的程序和做法

美国2000年通过的DNA法案(The DNA Act of 2000)确立了收集合格联邦犯罪嫌疑人DNA检材的法律程序。该法将检材定义为组织、体液,或其他可以获得DNA分析的身体检材。由于法案没有对收集DNA检材的方法进行具体规定,FBI办案准则(FBI guidelines)要求那些受制于DNA法案管辖的联邦监所提交嫌疑人的血液样本以用于

---

① 412 U.S.291(1964).
② 参见〔美〕约书亚·德累斯勒、艾伦·C.迈克尔斯:《美国刑事诉讼法精解》(第一卷·刑事侦查),吴宏耀译,北京大学出版社2009年版,第192页。
③ 379 U.S.89(1966).
④ 王兆鹏:《搜索扣押与刑事被告的宪法权利》,台北翰芦图书出版有限公司2000年版,第22页。

DNA 信息分析。① 在实践中,执法人员通常通知被检测者以及血液采集专门人员,到卫生设施合格的采血点,依照规定填写由 FBI 制定的表格,采集嫌疑人的指纹并完成抽血。执法人员必须确保表格的正确填写和必要的签字,并封存设备。② 之后,嫌疑人的血液被送到 FBI,用于分析 DNA 信息。③

美国联邦调查局的 DNA 数据库是一头联结着 DNA 分析,另一头联结着未知嫌疑犯侦查工作的法律工程。它类似于全国指纹数据库的运作模式。④ 美国联邦调查局 DNA 联合索引系统(FBI's Combined DNA Index System)对已被查明的犯罪嫌疑人获取的 DNA 分析数据进行备案,将从犯罪现场收集的 DNA 信息和犯罪嫌疑人遗留的痕迹进行比对。已被法庭宣判有罪的囚犯之 DNA 信息,可以和犯罪现场获得之信息相互比对,以鉴别是否为嫌疑人在犯罪现场遗留下来的生物证据。一旦出现 DNA 信息匹配,执法部门便可获得合理的理由将嫌疑犯羁押并获取 DNA 检材。因此 DNA 联合索引系统(CODIS)成为美国侦查程序中的重要部分。

3. 侵入身体提取检材的要件

(1) 必须有紧迫的情形(exigent circumstances),来不及申请搜查令,警察才可以无令状侵入身体采取证据。在施默伯诉加利福尼亚州(*Schmerber v. California*)案件中,警察不顾被告的反对,要求医生抽取被告血液进行酒精浓度化验,医生依照警察指示进行抽血化验。联邦法院认为,尽管警方在没有获得搜查令的情况下侵入公民身体获取证

---

① 42 U.S.C. § 14135a(c)(1).

② Nancy Beatty Gregoire. Federal Probation Joins the World of DNA Collection, 66 Fed. Probation 30, 32 (Jun. 2002).

③ Kimberly A. Polanco. Constitutional Law—The fourth amendment challenge to DNA sampling of arrestees pursuant to the justice for all act of 2004: appoposed modification to the traditional fourth amendment test of reasonableness, University of Arkansas at Little Rock Law Review, Spring 2005.

④ United States Dep't of Justice. Fed. Bureau of Investigation, Combined DNA Index System Program-CODIS (Apr. 2000), http://www.fbi.gov/hq/lab/codis/brochure.pdf (last visited Feb. 20, 2011).

据违背了宪法第四条修正案关于保护公民免受非法搜查扣押的规定，但鉴于该案的紧迫情况，包括血液中的酒精浓度会因为时间流逝而消失的特殊情况，警察采取被告血液行为合法。① 在布赖特豪普特诉亚伯拉罕（Breithaupt v. Abram）②案中，警察将车祸中受伤而失去意识的被告送入医院，医生抽血显示酒精浓度过高，法院也以相同的理由，认定具有急迫情形，警方可以无令状而进行抽血采样。

（2）必须有明显表征（a clear indication）会在体内发现证据。③ 施默伯诉加利福尼亚州案（Schmerber v. California），联邦最高法院指出，宪法第四条修正案保护人之尊严与隐私，不能仅仅凭借证据可能会在体内发现的事实而容许警察侵入人体取证。除非有明显的表征证明证据可以在体内发现，否则为保护基本人权，执法人员必须承担证据消失的危险。也就是说，只是有可能发现证据，不能侵入人身体采样。此案警察在被告所驾驶的车上发现一瓶几乎被喝完的酒，被告身上散发着酒气，醉眼布满着血丝，警察因此有相当理由相信被告血液中含有相当高浓度的酒精。这就是最高法院所使用的文字"明显的表征"。

（3）检查身体采取的方式是合理的（a reasonable manner）。在罗晨诉加利福尼亚州（Rochin v. California）案中，警察为了查获被告贩售的毒品，未经申请搜索票就进入了被告的房间，被告赶紧把两颗胶囊吞进肚子里，警察试图阻止但已为时过晚，于是他们把被告强行带到医院，不顾被告的强烈反对，要求医生用胃管仪器插入被告胃中将胶囊取出，最终发现被告吐出的胶囊内藏有吗啡。加利福尼亚法院认为，根据当时加利福尼亚州的法律，非法获取证据在刑事诉讼中是可以接受的。但最高法院推翻了被告的有罪供述。法官认为，"违法地强制撬开被告的口腔取出其中的物体，以及从胃中强制提取物质——

---

① Schmerber, 384 U. S. at 771.
② 352 U. S. 432 (1957).
③ 参见王兆鹏：《美国刑事诉讼法》，北京大学出版社2005年版，第197页。

执法人员获取证据的过程必然侵犯正义的价值。这种办法违背宪法的精神"。① 因此该行为违反正当程序，不得作为证据。而对于强制抽血，联邦法院认为这是非常普遍的行为，又不会异常疼痛，因此判决警察侵入人身体的方式及程序为合理的。影响力仅次于施默伯案件，罗晨案件标志着美国最高法院对宪法和人身搜查作出新的认定。② 但法院指出，若在不同条件下，由不适格之人抽血，及可能构成违法取证行为。针对这一要件，学者主张侵入身体取证，必须以侵犯最小的方式为之，侵入身体涉及人之尊严、身体疼痛，应以侵犯最小的方式为之。在温斯顿诉李(Winston v. Lee)③案件中，被告在企图抢劫的过程中，被店主的枪击中，被警方带到了离商店不远的警察局，地方法院认为，尽管被告不同意，子弹必须通过外科手术取出以作为证据使用，但最高法院认为，强制取出子弹的方式即使存在获取证据的高度可能性，但它违背了被告的宪法第四条修正案的权利。因此法院认为，从被告身上取出子弹的做法排除于合理方式之外。法院将焦点集中在宪法第四条修正案限度内"合理"的解释，主要权衡了以下几个方面的因素：第一，该方法会危害到个人的人身安全；第二，侵犯到个人的尊严和身体完整性；第三，案件中还可以通过其他途径获得证据。④

四、强制采样的理性思考

（一）制度比较的启发

达马斯卡曾经指出，程序法意义的移植效果更加依赖于外部环境——司法制度运行的制度背景。⑤ 这一判断对我们借鉴强制采样之

---

① Michael G. Rogers. Bodly intrusion in search of evidence: a study in fourth amendment decision making. Indiana Law Journal Fall, 1987.
② Michael A. Correll. Is there a doctor in the (station) house?: reassessing the constitutionality of compelled dwi blood draws forty-five years after Schmerber. West Virginia Law Review Winter, 2011.
③ 470 U.S. 753 (1985).
④ Winston, 470 U.S. at 766.
⑤ 参见〔美〕米尔吉安·R.达马斯卡:《比较法视野中的证据制度》,吴宏耀、魏晓娜译,中国人民公安大学出版社2006年版,第142页。

域外经验的启发显而易见。它向我们示以警醒:强制采样作为侦查制度的一项细枝末节,也受到刑事诉讼构造及司法制度结构的整体影响。

台湾地区"刑事诉讼法"中人身检查制度受到德国的立法影响比较明显,因此在刑事诉讼中也保留了德国刑事诉讼的一些基本特征。比如对强制处分采取混合立法模式的德国,几乎所有重大的强制处分都由法官保留,侦查机关仅在紧急情况或轻微处分的条件下可以自行决定。① 台湾的立法规定,采取了侦查中由检察官、审判中由法官控制强制处分的二分法,警察实施的强制搜查、身体检查等措施,必须向司法官提出申请,搜索票由司法官根据有无搜索的必要而核准,体现了由中立第三方进行审判控制人身检查处分的原则。搜索票制度有助于以令状主义达到控制侦查权力行使的目的。2002年台湾"刑事诉讼法"修法,融合了当事人主义的元素,在发现真实与人权保障的价值平衡上迈出重要一步,有时为人权保障宁可牺牲真实发现。② 我国台湾学者认为,"在现代民主自由国家,在保障人权的要求与发现真实的要求起冲突时,前者仍应优先受尊重"。③ 进一步强化了侦查中的人权保障。此外,台湾对人身检查进行分类并在此基础上确定不同程度侵犯的客体,适用不同的程序加以控制,也体现了对侦查权控制的理念。

在美国的刑事诉讼中,被告人享有的诉讼权利很多来源于宪法"正当法律程序"原则的精神,一般而言,《联邦刑事诉讼规则》和各州的刑事诉讼法典,都很少对具体侦查行为作出明确规定。法律所规定的通常是警察实施的涉及限制公民人身自由、财产和隐私权的强制性侦查措施。对这些措施,宪法和法律确立了由法官实施司法审查的程序,防止权力滥用。搜查和人身检查必须向司法官提出申请时提供被

---

① 参见林钰雄:《刑事法理论与实践》,中国人民大学出版社2008年版,第28页。
② 参见王兆鹏:《台湾刑事诉讼法的重大变革》,载汤德宗、王鹏翔主编:《"两岸四地"法律发展》(下册·民事诉讼与刑事诉讼),"中央研究院"法律学研究所筹备处2007年版,第401页。
③ 黄东熊:《当事人主义的神话与美国刑事诉讼程序的改革》,载《台大法学论丛》2003年第52期,第99页。

搜查者实施了犯罪行为的"合理理由",司法官经过审查认为符合法律规定条件的,才签发许可搜查的令状。此外,宪法修正案对维护公民权利提供根本性的制度保障,并当这些权利被侵犯时提供切实有效的救济途径。

我国大陆的人身检查制度离不开刑事诉讼构造的宏观背景,过去长期的刑事诉讼体现出"线型流水作业"的特征,侦查在刑事诉讼中对案件有罪证据的生成具有重要的决定力,并且法律对侦查权行使的约束较少。这与中国传统的侦查存在着"重控制、重文牍、重手续、轻人权"[①]的观念不无关系,更与我国长期立法、司法根深蒂固的重打击犯罪、轻保障人权,把鉴定对象客体化的观念影响密切相关。当然,立法的粗疏表述,也造成了实践中执法人员强制采样的做法不一,这将容易诱发执法人员恣意妄为。通过比较发现,我国人身检查的分类尚不精密、启动程序和审批环节缺乏必要的权力控制,强制采样所获得的司法鉴定结论运用,却普遍地被司法人员所采纳和接受。

(二) 完善强制采样的几点把握

1. 实现"发现真实"与"人权保障"的价值平衡

刑事诉讼的价值目标包含打击犯罪、保障人权、发现真实、捍卫正义等诸多取向。上述价值目标中何者居于第一位? 笔者认为,一方面,发现真实对实现刑事诉讼的公平正义、打击犯罪等价值目标具有先决性的作用,因为只有当案件事实得以澄清,法官才能依据事实和法律对案件作出公平的审判。如果真实无法得到客观还原,法官的审判将建立在一个模糊的事实认定基础上。另一方面,更应认识到查明案件事实真相的过程依赖于侦查权的行使,而侦查权对公民的人身自由、隐私、身体权利造成一定的侵犯,因此实现刑事诉讼发现事实真相的目标,必须在不违背保障人权的底限上实现。提取人身检材进行鉴定本身具有双刃剑的效果,它有助于发现真凶,实现打击犯罪目标,并

---

① 王立民主编:《中国传统侦查和审判文化研究》,法律出版社2009年版,第160—171页。

且能防止无辜的人含冤入罪,实现保障人权的价值。在观念上,不能将提取检样同侵犯嫌疑人的权利完全对立起来。表 3-1-1 展示近年来我国刑事案件由于鉴定意见出问题造成冤案的情况可以看出:以强制采样为前提的 DNA 鉴定,对防止冤假错案具有积极的作用。当然其消极影响主要在于容易侵犯人权。长期以来,受到打击犯罪的主导思想影响,我国对刑事诉讼的人权保障问题还处于一个相对被忽视的阶段。需要我们对以往的诉讼人权保障不足进行反思,对人身体强制采样作必要的规定,防止强制采样与宪法保障的人身自由权利相违背。

2. 实现强制采样措施的必要控制

刑事诉讼赋予侦查机关必要时对犯罪嫌疑人采取强制人身检查的权力,但这又难以避免存在侵犯公民基本权利的危险,如何平衡该价值冲突?需要对强制采样的行使进行必要限制。其理论基础在于:合理限制强制采样的适用。为防止其滥用,必须综合考虑犯罪行为的严重程度、案件的紧急情况、其他证据的收集等情况。从强制采样适用必须适度的角度而言,该原则也称为适度原则。之所以要限制其适用,目的在于在采集证据的强制手段方面,由于嫌犯本应是证据方法,因此,对嫌犯精神和身体完整性的尊重,促使该等手段必须遵从为实现诉讼目的而确实必须和适当的准则[①],强调强制采样的适度,是实现刑事诉讼公平的要求。许多西方法治国家在诉讼中确定对程序有重要性的事实,允许命令检查被指控人的身体。为此目的,在对被指控人身体健康无害的条件下,可以不经被指控人同意,由医师根据医学规则,本着检查目的进行抽取血样和其他身体检查。检查被告身体的权力,受到相宜性原则的限制,在仅为了证明被告人是否犯有相对轻微行为的时候,不允许施行重大的身体检查。[②] 我国在适用逮捕、拘留

[①] 参见欧蔓莉:《澳门刑事诉讼制度的结构及其基本原则》,1995 年北京澳门过渡期法律问题研讨会会议论文。转引自宋英辉:《刑事诉讼原理》,法律出版社 2007 年版,第 120 页。

[②] 参见〔德〕赫尔曼:《〈德国刑事诉讼法典〉中译本引言》,载《德国刑事诉讼法典》,李昌珂译,中国政法大学出版社 1995 年版,第 18 页。

等强制措施的时候,必须考虑到适用的合理性与必要性,但对于强制采样,还没有从审批程序上加以控制。

在对侦查权进行控制方面,比例原则旨在限制国家公权力,是尽量减少对公民权利侵犯的一项公法原则,它对刑事诉讼具有指导意义,它承认国家刑事追诉活动对犯罪嫌疑人,甚至普通公民的人身权利造成或多或少的侵犯,为了实现刑事诉讼的目的和保障当事人的宪法权益,刑事诉讼活动必须在打击犯罪过程中掌握公权力的强弱、范围、幅度,反对以"大炮打小鸟"。刑事诉讼中贯彻比例原则主要体现为对侵犯公民人身权利、人身自由的强制措施,必须根据案件的性质、犯罪嫌疑人的涉嫌犯罪可能性的大小等方面,确定选择合适的侦查手段或刑事强制措施。具体到强制采样问题,必须区分强制人身检查、提取体内检材等对公民人身自由权利和隐私权不同程度的侵犯,对于可以使用侵害程度较低的解决人身检查问题的,就不选择侵害程度较重的手段进行;对于可以通过其他证据线索收集到证据或者通过其他侦查手段可以获得证据的,就尽量不要通过人身检查的途径获取;对于案件性质较轻微的,就尽量不要采取拉网式的强制采样手段。

3. 实现"鉴定客体化"向"鉴定主体化"的地位转变

长期以来,我国刑事诉讼在侦查本位的基础上片面强调打击犯罪,赋予侦查手段强而有力、相对畅通的权力行使空间,刑事诉讼中当事人诉讼客体化的现象较为普遍,在司法鉴定方面也突出转化为当事人"鉴定客体化"问题突出。当事人"鉴定客体化"的问题,是指在鉴定程序立法指导观念、实践操作观念中司法机关、鉴定机构对当事人诉讼权利的忽视,造成被鉴定人在鉴定过程中不享有对决定案件定性的司法鉴定提出异议、对抗的基本权利。在人身检材提取方面的直接表现——鉴定对象的客体化现象严重,对是否启动鉴定、鉴定是否经过当事人同意等问题基本由侦查部门决定,鉴定的结果也没有及时告知被鉴定人,被鉴定人对鉴定结论缺乏救济的手段,这种观念下的鉴定客体化倾向,与诉讼程序正义所倡导的平等对抗、当事人参与性等公正标准相违背。这一思想根源植根于传统职权主义的诉讼观念,片面地将司法鉴定视为司法机关依照职权采取的手段,淡化对当事人权利的维护。这种观念会造成当事人对鉴定结论的公正性、公信力产生怀疑的弊端,程序公正的理论表明,当一种程序能够最大化保障当事人的参与性,其程序正义才能得以彰显,其被当事人接受的程度才能得以保证。实现当事人鉴定客体到鉴定主体地位的转变,可以提高司法鉴定公信力和权威性,培养和树立民众对司法鉴定的信服。从长远来看,这种重实体、轻程序的现象仍有待改观。

(三) 新法"采样程序"的规范化及其监督机制的思考

2012 年修订的《刑事诉讼法》规定,为确定被害人、犯罪嫌疑人的某些特征、伤害情况或者生理状态,可以对人身进行检查,并且可以"提取指纹信息,采集血液、尿液等生物样本",如果犯罪嫌疑人拒绝检查,侦查人员认为必要的时候,可以强制检查。新法确立了人体生物样本提取程序。从目前刑事侦查中收集生物样本的实践分析,在防止样本污染、调包,遵循人权保障、体现比例原则、实现令状控制等方面仍然存在一些不足。[①] 因此,如何完善该程序运作的规范化,构建有效的监督机制,值得研究。

1. 生物样本采集程序之检视

(1) 采集的规则有待细化。新法虽然确立了生物样本提取制度,但并未规定相对细致的操作细则。笔者对上海市闵行区、徐汇区、金山区公安分局的实证调查发现:当前对生物样本提取的程序条件宽泛、审批环节阙如,通过采样所获得的鉴定意见却被普遍采纳。对强制采样是否经过审批程序的调查中,实践中也存在不同的做法。相对规范化的操作依据主要有上海市公安局制定的《关于进一步加强违法犯罪嫌疑人员信息采集工作的规定》(沪公发〔2011〕36 号)。该文件对指纹提取,血样、尿样采集予以细化规定。可见,目前只是通过规章弥补上位法的缺漏,今后完善生物样本的采集规则可考虑将一些成熟

---

① 参见陈邦达、刘强:《规范构建生物样本采集程序》,载《检察日报》2012 年 12 月 31 日,第 3 版。

(2）采集方式有待规范化。生物样本的提取往往会干预当事人的健康权、隐私权及人格尊严权等多项权利，必须对样本采集的方式进行必要控制，以实现打击犯罪与保障人权的统一。采集方式的规范化至少必须处理好两个方面的问题：一是根据比例原则选取合适的提取方法。二是应当区分对待被害人、犯罪嫌疑人适用不同的程序适用条件。具体分述如下：

从现行《刑事诉讼法》的规定看，生物样本包括血液、尿液等，而从刑事诉讼中法医鉴定的种类看，通常还包括提取毛发、采集体液、穿刺脊髓等方式。相对于前者而言，体液采集可能敏感地触及当事人的羞耻感、尊严感，骨髓提取可能对人体健康造成的伤害更加严重。如何选择这些方法？除了依据证据收集的需要之外，更重要的是依据比例原则对采样行为进行控制。在实施生物样本提取过程中，必须综合考虑犯罪嫌疑人的嫌疑大小、案件性质轻重、取证时机缓急等因素确定是否采取强制提取生物样本，并采用损害程度最小的方式提取生物样本。

对被害人和犯罪嫌疑人采集生物样本的门槛条件应当有所区别。被害人已经遭受犯罪行为侵害，身体、心理创伤尚未愈合，提取样本应当防止对被害人造成第二次伤害，所以在未经被害人同意的情况下，不得采取强制方式。而犯罪嫌疑人往往因为警方根据掌握的线索足以怀疑其实施了犯罪行为，在必要的情形下可以强制采样。对二者适用条件进行区分的做法，在法治发达地区具有一定的普适性。我国台湾地区的"刑事诉讼法"汲取了德国刑事诉讼干预处分制度，立法确立了限制对第三人身体检查处分的若干原则。[①] 相较之下，我国大陆的现行《刑事诉讼法》对被害人、犯罪嫌疑人可进行人身检查，但没有对案件相关的第三人是否可以检查作出规定，这也许是立法的一个

---

① 参见林钰雄：《刑事诉讼法》（上册总论篇），中国人民大学出版社2005年版，第335页。

疏漏。

（3）采集样本的特定性。现行《刑事诉讼法》确立了人体生物样本提取制度，但对于能否通过人身检查的过程，对隐藏于人体体内的异物进行检查、扣押没有规定。而实践中在查办走私毒品类犯罪中，许多犯罪分子将毒品藏于体内腔道组织，甚至通过手术植入体内等隐蔽方法，给侦查工作带来难度。办案中主要先通过仪器扫描的方式检测出体内异物，然后再通过对犯罪嫌疑人进行人身检查的方式，从他身上获取异物，实现检查、扣押物证。① 但从现行《刑事诉讼法》的规定分析，人身检查过程提取的样本仅限于血液、尿液等生物样本，并没有将人体内的异物囊括进去。所以在执法中，应当严格区分生物样本提取与人体体内异物搜查、扣押的适用情形。

对上文有关的制度比较考察，有助于我们作出孰优孰劣的评价。我国台湾地区的"刑事诉讼法"确立了"搜索"制度，依旧法的规定，搜索在侦查中由检察官，在审判中由审判长或受命法官决定（旧法第128条第3项）。2001年修法之后，将搜索决定权收归了法院。② 检察官申请搜索时，须以书面形式提出。而司法警察官与调查犯罪嫌疑人犯罪情形及搜集证据，认为搜索必要时，仍需经检察官同意，始得向法院申请。搜索对象则包括被告或犯罪嫌疑人之身体、对象、电磁记录及其他住所。③ 而在美国，宪法第四修正案禁止不合理的搜查和扣押，在对人身的体表搜查、对人体内部的搜查中，警方在对犯罪嫌疑人

---

① 据有关报道，某毒贩将毒品藏于体内，在登机通过安检时被X光机发现藏有毒品，被警方抓获之后从体内排出异物，经鉴定为甲基苯丙胺和咖啡因成分。参见艾庆平、施芳群：《半斤毒品藏体内带回国》，载《重庆日报》2011年3月3日，第006版。某毒贩将毒品藏于体内，警方通过将其带往医院进行检查，并从中发现可疑物品。参见王进：《轿车司机耍"聪明"，买来毒品藏体内》，载《兰州晚报》2009年9月10日，第A19版。

② 参见林山田：《刑事诉讼法》（增订五版），台北五南图书出版股份有限公司2004年版，第341页。

③ 参见林邦梁：《台湾地区刑事诉讼中之强制处分》，载陈光中、陈泽宪主编：《比较与借鉴：从各国经验看中国刑事诉讼法改革路径——比较刑事诉讼国际研讨会论文集》，中国政法大学出版社2007年版，第41页。

进行人身检查的同时,对人体内异物的检查扣押也是其应有之义。①相比之下,我国的人身检查制度在实践中兼具有两项功能:一是通过人身检查发现被检测人的身体体表特征、伤害情况和生理状况,从而发现并收集证据;二是通过人身检查,进而发现犯罪嫌疑人藏于体内、体表的物品,并借机对该物品进行扣押作为物证使用。笔者认为,这种制度的实际功能与立法本意之间"两张皮"的现象,在一定程度上是由制度尚不完善导致实践中权力运作不当造成的。

2. 生物样本采集程序的监督机制构建

如何解决上述生物样本提取程序存在的不足问题?笔者认为,从立法上对相关制度进行完善虽不失为一种釜底抽薪的良策,但基于现状考虑,更为务实的方案是合理构建生物样本提取程序的监督机制。从现行《刑事诉讼法》的规定看,对于生物样本提取、采集均由侦查机关单独为之,而且不需采取行政令状的方式,因此,在今后制定相关司法解释的过程中,建立健全相关监督机制,对保证程序公正、保障人权具有不言而喻的意义。

(1)监督的主体和程序

相对于司法令状而言,行政令状更能发挥高效的优势。有鉴于此,监督主体存在两种不同的思路:

第一类为侦查机关的内部监督,即对侦查机关认为有必要采取、采集生物样本而犯罪嫌疑人拒绝的,应当根据采样行为对人身自由、隐私干预的程度大小,采取不同的适用程序。对人体体表的检查以及提取生物样本的,可以直接由办案人员采取。而对于采样行为需要侵入人体体内的,并可能对身体健康造成伤害,或者采样行为对人体隐私造成一定干预的,则需要通过由办案人员向部门负责人提出书面申请,由后者对案件性质、犯罪嫌疑人的嫌疑大小、业已掌握的证据、采样行为的危害程度等因素进行综合考察,从而决定是否对犯罪嫌疑人

---

① 参见〔美〕约书亚·德雷斯勒、艾伦·C.迈克尔斯:《美国刑事诉讼法精解》(第一卷·刑事侦查),吴宏耀译,北京大学出版社2009年版,第190—192页。

使用强制提取方法。

第二类为检察机关的审查起诉监督。检察机关对侦查行为进行法律监督是宪法赋予检察院法律监督职能在刑事诉讼中的具体表现,通常检察机关对侦查机关的法律监督体现为立案监督、审查批捕、审查起诉几个方面,而对包括人身检查等在内的一般侦查行为没有直接的监督措施。但检察机关可以通过审查起诉阶段对侦查环节中证据的合法性进行严格把关,即对采样程序是否合法进行监督,一旦发现侦查人员有违法采样行为的,应当及时纠正。这种方法具有事后监督的效力,通过非法证据排除的程序性制裁手段,实现对侦查环节采样行为的合法性监督。

(2)监督的难点和重点

首先,监督采样程序的合法性。对生物样本的提取必须有法定的依据,对当事人做必要的说明,防止权力滥用。在样本的提取方法方面,应当防止采取极端的方式对犯罪嫌疑人、被害人的人身造成侵犯,防止发生以人身检查之名行刑讯逼供之实的现象。检查的时候必须由合法的人员进行,对妇女身体进行检查的必须由女工作人员或者医生进行。就样本提取的场所方面,必须在司法机关单位、犯罪行为发生地等合适的场所内操作。如果需要借助医学手段的,必须送往医院进行样本提取。样本采集方法必须根据取证需要以及比例原则选择合适的手段,禁止任意通过外科手术的方法提取生物样本。

其次,防止生物样本的调包、污染。提取生物样本以后,必须在规定的时间内移送给刑侦技术部门进行检测。为了防止样本的调包、污染,要加强执法过程的监督,具体而言,样本提取之后必须由被检样人或者见证人签名捺手印。执法人员必须在采集卡上正确填写时间、地点、当事人姓名、办案人员等基本信息。样本提交刑侦技术部门之后,必须有相关的备案工作环节。此外,技术部门要有严格的质量控制和管理体系,配套合格的技术人员和技术设备。检测结果必须告知被检测人。

再次,保证生物样本检验信息的归档和合法利用。提取检测信息以后,如果发现当事人并没有作案嫌疑的,必须在合理的时间内对该检测信息进行删除,防止个人隐私信息的泄露或不当利用。经过检测获取犯罪嫌疑人有罪证据的,必须将检测的数据信息归档,并做证据固定工作。

(3)完善程序违法的救济手段

法谚云:"没有救济即没有权利",当前立法并没有赋予被害人、犯罪嫌疑人对生物样本提取过程中的违法行为进行权利救济的途径。完善生物样本提取程序的违法救济手段对规范权力运作、实现权利保障具有重要意义。对生物样本提取过程中造成当事人损伤的,可以通过追究相关责任人员的行政责任实现权利救济。

五、结论

综上,将"强制采样"从"人身检查"制度中脱离出来加以独立规制是有必要的。

(1)其他国家或地区的采样制度的共同之处可以反映该制度的基本属性。美国法将人身检查规定在搜查中,搜查种类的范围较广,除了人身检查以外,还包括对住宅、汽车、物品等进行搜查的行为。英国《1984年警察与刑事证据法》《1994年刑事审判与公共秩序法》对生物样本的采集程序进行了相对细致的规定。日本法将人身检查分别规定于"勘验"和"鉴定"两章。① 德国法将人身检查与拘留、逮捕、羁押、搜查和扣押等规定为强制措施的范围。可以据此认为,强制采样问题以人体体表或体内提取检材为特定对象,涉及对公民身体健康权、隐私权、尊严权的侵犯,因此有别于一般的搜查手段,如场所、物品、尸体的勘验或者检查。必须通过特别的程序进行规范,以体现对公民人身权利的保障。

---

① 《日本刑事诉讼法》第十章(勘验)第129—142条规定了身体检查的条件;同法第十二章(鉴定)第168、172条也规定了鉴定人于必要时经过法院许可,进行身体检查的程序。参见《日本刑事诉讼法》,宋英辉译,中国人民大学出版社2000年版,第54页。

（2）强制采样是实现司法鉴定的前提，与鉴定手段存在一定的交叉。在侦查中结合司法鉴定检材提取的相关程序进行规定，才能符合法律规定的内在逻辑性。

在强制采样程序制度完善方面，我国 2012 年《刑事诉讼法》已经制定了强制采集生物样本的制度，该立法举措值得首肯。但它在对强制采样的规制和侦查权力控制方面还相对不成熟、不完善，对提取人身检材的情形分类和适用程序有待于进一步明确、健全。其他国家或地区的立法和司法的经验值得我们引以为鉴。对强制采样的分类，我国过于大而化之的规定以及对应的宽泛适用条件，都不足以贯彻侦查中的比例原则，强制采样是否实施、如何实施，完全掌握在侦查机关手中，缺乏必要的权力控制。而对于强制采样所获得的检材实施之鉴定意见，一些司法官员也是持相对肯定的态度。笔者认为，从目前看，有必要对侵犯人身健康和隐私较为严重的部分采样行为，通过上级官员的审批程序进一步推进侦查权的合理控制，合理构建生物样本采集程序的监督机制，在今后制定司法解释时，建立健全采样行为的监督机制对保证鉴定意见的真实性、合法性具有重要的作用。而从长远的角度看来，进一步实现强制采样的程序法治化，通过由第三方实现权力控制，也是达致侦查法治化的必经之路。

第二节 鉴定留置程序

一、问题的提出：从邓玉娇案件谈起

2009 年 5 月 10 日，湖北省巴东县野三关镇政府 3 名工作人员在宾馆消费时，对在那里当服务员的邓玉娇进行骚扰挑衅，遭拒绝后双方发生争执，邓玉娇随手拿出水果刀刺向其中两人，导致一人被刺伤，经抢救无效死亡。公安机关以邓玉娇涉嫌触犯故意杀人罪对她进行拘捕。当邓玉娇被拘捕时，警察在她的包内发现了一些治疗抑郁症的药物，怀疑她有精神病，所以需要送往医疗鉴定机构进行鉴定。随后，

邓玉娇于5月12日下午被公安局送到湖北省恩施州优抚医院留院"观察",当时医院将邓玉娇的手腕、踝和膝等部位均用布条约束后固定在病床上,其活动能力和活动范围均受到限制。直到5月16日,医院方面还称侦查部门尚未完善委托医院进行精神疾病司法鉴定的相关手续,同时为使最终的鉴定结果更有说服力,医院并没有正式对邓玉娇的病症展开鉴定,而是申请将鉴定改由上级医院或在异地的医院进行。①

邓玉娇鉴定引起的争议,从一个侧面反映了我国司法精神病鉴定程序的不合理之处。突出地表现为三个方面的问题:其一,实施司法精神病鉴定的过程,客观上会造成犯罪嫌疑人、被告人之人身自由受到限制。其二,精神病鉴定的准备时间一并作为鉴定期间,而从办案期间扣除,延长了羁押时间。其三,精神病鉴定中人身自由被限制的时间不能用于折抵刑期。我国现行《刑事诉讼法》第147条规定:"对犯罪嫌疑人作精神病鉴定的期间不计入办案期限。"而在实践中,由于对犯罪嫌疑人作司法精神病鉴定一般需要较长的时间,观察、鉴定所采取的方式也会在一定程度上限制当事人的人身自由,所以通常司法精神病鉴定过程会在客观上产生限制当事人的人身自由的现象。六机关2012年12月联合颁布的《关于实施刑事诉讼法若干问题的规定》第40条规定:"对于因鉴定时间较长,办案期限届满仍不能终结的案件,自期限届满之日起,应当对被羁押的犯罪嫌疑人、被告人变更强制措施,改为取保候审或者监视居住。"可见,我国立法机关已经逐步意识到精神病鉴定过程对当事人自由限制的问题,随着有关精神病人强制医疗程序的实践、《精神卫生法》的实施,这一问题将会越来越突出。如何对司法精神病鉴定程序进行规制、完善,成为当下亟待解决的课题。我国大陆是否有必要借鉴德国和我国台湾地区的"鉴定留

---

① 有关邓玉娇案件的报道,可参见黄秀丽:《与邓玉娇案相关:巴东37天》,载《南方周末》2009年6月18日;沈彬:《不能让邓玉娇一直被"鉴定"下去》,载《新京报》2009年5月20日。

置"制度,本书将就此问题进行分析,从实证和比较法两个维度进行思考。

二、我国精神病鉴定程序的立法与实践现状

(一)精神病鉴定程序的立法透析

为全面了解我国刑事司法活动中精神病鉴定的相关程序,有必要厘清我国刑事诉讼中犯罪嫌疑人、被告人精神病鉴定的现状。

在立法层面,现行《刑事诉讼法》对精神病鉴定期间的规定保留了1996年《刑事诉讼法》第122条的规定,即"对犯罪嫌疑人作精神病鉴定的期间不计入办案期限"。依照2012年12月26日六部委《关于实施刑事诉讼法若干问题的规定》第40条的规定,对于因鉴定时间较长,办案期限届满仍不能终结的案件,自期限届满之日起,应当对被羁押的犯罪嫌疑人、被告人变更强制措施,改为取保候审或者监视居住。此外,2007年司法部颁布的《司法鉴定程序通则》第26条规定:"司法鉴定机构应当在与委托人签订司法鉴定协议之日起三十个工作日内完成委托事项的鉴定。鉴定事项涉及复杂、疑难、特殊的技术问题或者检验过程需要较长时间的,经本机构负责人批准,完成鉴定的时间可以延长,延长时间一般不得超过三十个工作日。"可见,从立法的规定看,对犯罪嫌疑人作精神病鉴定的时间不计入办案期限,也就不计入侦查羁押期限,而且,精神病鉴定的时间没有具体的限制。只有当鉴定时间较长,在办案期限届满仍不能终结的,才改为取保候审或者监视居住。

立法规定对犯罪嫌疑人精神病鉴定的期间不计入办案期限目的何在,主要基于以下因素的考虑:

(1)精神病鉴定的结果直接影响到犯罪嫌疑人、被告人是否承担刑事责任的后果,从而对案件定性具有决定性的作用,刑事诉讼程序的推进对此类鉴定意见具有一定的依赖性。因为一旦犯罪嫌疑人在侦查阶段就被鉴定为精神障碍者,则其存在不负刑事责任的可能性,案件也可能在侦查阶段就作为撤销案件处理。所以,对犯罪嫌疑人、

被告人的精神病鉴定必须慎重对待。而精神病鉴定的时间长短与目前精神病法医学检验手段的发展水平、鉴定工作实施的效率、犯罪嫌疑人的病情复杂程度、接受调查部门及人员的数量与区域跨度等诸多因素密切相关,而非侦查办案人员所能控制。为防止鉴定时间占据绝大部分的办案期限的现象,《刑事诉讼法》规定犯罪嫌疑人作精神病鉴定的期限不计入办案期限,从而给侦查工作保留了必要的时间,以保证案件的侦查工作有质量地进行。

(2) 犯罪嫌疑人进行精神病鉴定期间,相关的讯问手段和调查取证工作无法全面、有效地展开。如果将犯罪嫌疑人作精神病鉴定的时间计入办案期限,会造成大量的侦查工作受到挤压。例如,侦查办案人员通过讯问犯罪嫌疑人获取口供的方式,必须在确信犯罪嫌疑人精神状态正常,能够正确支配和表达自己意志的情况下才能得以有效进行;而且,犯罪嫌疑人进行精神病鉴定期间,其人身被限制于精神病鉴定场所,这些场所无法满足侦查人员依法讯问的场所条件①,而公安机关只能通过有限的手段调查取证,例如展开询问证人、被害人,调查收集物证等其他侦查活动。因此,为了有利于查清案件的事实,立法将犯罪嫌疑人进行精神病鉴定的时间从办案期限中扣除,从而保证侦查机关留有更多的办案期限。

(3) 相较于其他种类的鉴定而言,司法精神病鉴定的时间通常比较长。不同于伤残鉴定、笔迹鉴定等依赖于检材和鉴定对象外部特征进行判断,看得见、摸得着的鉴定种类,司法精神病鉴定在工作方式上具有特殊之处,不但要观察被鉴定者病情的外部表征,还要深入个体的内在精神状况,防止其伪装、诈病。受理鉴定之后,鉴定人应当要求委托的司法机关尽可能地提供鉴定所需的各种资料,包括卷宗、被鉴定者的精神病病史、被鉴定者的书信、知情人员的陈述,如果以前有过

---

① 《公安机关适用继续盘问规定》(公安部令第75号,2004年7月12日颁布)第27条规定了有关侦查机关讯问场所的条件,即对留置候问室的建设必须达到的标准作出了相对具体的规定。

鉴定经历的,还包括以往的鉴定书等材料。① 鉴定人要通过阅读已有的资料,进行必要的调查访问,才能回溯判断被鉴定者案发时的精神状况。所以,司法精神病鉴定的时间通常也比一般鉴定历时更长久。

　　精神病鉴定从接受委托到出具鉴定意见书,需要经过哪些环节呢？对此,我们需要对精神病鉴定活动的流程有一个清晰的认识。基于此目的,笔者检索了相关的文献资料和调查数据。根据现行有关法律、法规的规定,精神病鉴定的流程大致如图 3-2-1 所示。② 鉴定时段的具体天数和分配情况可以大致如图 3-2-2 所示。

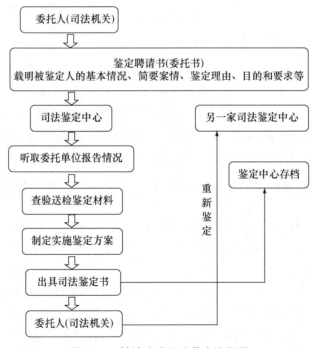

图 3-2-1　精神疾病司法鉴定流程图

---

　　① 参见高保林:《精神疾病司法鉴定理论与实践典型案例分析》,中国检察出版社 2001 年版,第 5 页。

　　② 该图所展示的相关程序和内容,可参见王广俊、刘国庆:《司法精神病鉴定实用指南》,中国人民公安大学出版社 2010 年版,第 17 页。

第三章 增强侦查中运用鉴定保障人权的正当性　113

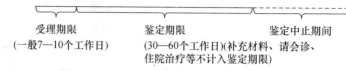

图 3-2-2　精神疾病鉴定时间分段示意图

如图 3-2-1 所示,侦查机关向具备精神病鉴定资格的司法鉴定中心①申请鉴定,填写鉴定委托书,委托书必须记载被鉴定者的个人情况、家庭情况、案件类别和案情内容、工作单位了解的情况、群众和邻里反映的情况、委托鉴定机关的意见、各种有关材料的附件。侦查机关对鉴定意见有异议的,可以提出重新鉴定或者另行鉴定或者请上一级鉴定机构承担鉴定任务。

如图 3-2-2 所示,整个精神病鉴定期间,由以下三部分时段组成:

第一部分为受理期限,即对符合受理条件的鉴定委托,鉴定机构必须立即作出受理的决定;如果鉴定机构无法当即决定是否受理,必须在 7 个工作日内作出受理与否的决定,并告知委托鉴定的一方;如果委托鉴定的司法机关采取信函的方式提出委托鉴定的,鉴定机构必须在 10 个工作日内作出是否受理该委托鉴定的决定,并将结果及时通知委托方;对于疑难、复杂或者特殊鉴定事项的委托,双方可以采取约定受理鉴定期限的方式,通过协商确定受理的时间。

第二部分为鉴定期限。按照现行法律的规定,一般鉴定必须在鉴定机构签订司法鉴定协议书之日起 30 个工作日内完成;对涉及复杂、疑难、特殊的技术问题或者检验过程需要一段相对较长的时间等特殊鉴定事项的,经鉴定机构的负责人批准,鉴定的时间可以延长至 60 个工作日;鉴定机构与委托人(绝大多数为办案单位)对完成鉴定的期限通过协商另有约定的,按照约定的期限计算。

第三部分为鉴定中止期间,即在鉴定过程中,如果遇到需要补充的材料、重新提取鉴定检材、二次检查(第一次检查得不出意见,需要

---

① 在 2012 年《刑事诉讼法》修订之前,刑事诉讼中对精神病的医学鉴定是由省级人民政府指定的医院进行,修订后的《刑事诉讼法》改变了这一规定。

观察一段时间再鉴定)、约请专家会诊、住院治疗等情形,该鉴定过程所耗费的时间,不计入鉴定时限。

(二)实践中精神病鉴定的时间耗费情况

法律的生命在于实践。在研究对犯罪嫌疑人作精神病鉴定的过程,是否需要借鉴德国及我国台湾的"鉴定留置"制度,需要对我国实践中司法精神病鉴定的时间耗费状况有一个实践主体的认识感知。

课题组对S省C市的3所鉴定机构司法精神病鉴定展开实证调查,其中,在精神病的鉴定时间耗费问题上,课题组发现,从鉴定机构受理案件到出具鉴定意见之间的时间长度,在不同案件之间存在明显的差别。接受调查的W区某大学法医鉴定中心的鉴定人表示,司法精神病鉴定主要是解决两个方面的鉴定任务:一是鉴定犯罪嫌疑人、被告人的刑事责任能力;二是犯罪嫌疑人、被告人的受审能力。前者决定其是否应当负刑事责任,后者决定其是否具备参加刑事诉讼的能力。

鉴定人在接受精神疾病鉴定委托之后,接下来主要的工作包括:查阅案情和病情的有关材料,拟定实施鉴定方案,对被鉴定者的精神状态进行检查,鉴定专家分析讨论,根据检查结果和讨论意见拟定鉴定报告文书,复核、签发、文字审核与校对,最终出具鉴定报告,并按照预约将报告发送至鉴定委托人(司法机关)。他们无法提供一个具体的精神病鉴定周期,专家们认为要求所有的精神病鉴定案件都在某个标准的期限内完成是不切实际的,也是不尽合理的。因此,司法精神病的鉴定时间应视被鉴定者的具体情况而定。

大致而言,影响鉴定周期主要有如下几种因素:① 委托鉴定书的邮寄时间。② 听取委托人意见的时间。③ 制定鉴定实施方案的时间。④ 有些案件的鉴定要求鉴定人到外地出差,在途期间耗费的时间。⑤ 案件堆积排队的时间。由于鉴定人手上还有大量的鉴定案件需要完成,有的鉴定人一天就有好几个案件等待处理,加上鉴定人还有出庭作证的负担,案件难免要排队候诊。⑥ 鉴定中止的时间。有些案件第一次检查时得不出鉴定意见,需要对被鉴定者观察一段时间再做二次检查。

鉴定人告诉课题组,有些案件被鉴定者的病症表现比较复杂,鉴定人可能需要大半年时间才能得出鉴定意见;而有些案件虽然社会影响较大,被司法机关确立为大案、要案,但从精神疾病鉴定专业角度看,却能够迅速得出鉴定结果。如果鉴定得出结论的周期过短,反而会遭到外行的质疑,认为鉴定过于草率。[①] 如果为了避免产生无端的质疑、猜测,鉴定人完全可以暂缓出具报告,只要鉴定报告书的出具时间符合《司法鉴定程序通则》规定的 30 个工作日以内即可。如果仅仅针对被鉴定者的精神状况检查的过程而言,检查的过程大致为 1 至 2 个小时。有些被鉴定者沟通不存在太大的障碍,能够配合鉴定人完成精神疾病鉴定所必要的身体、心理检查,这样就会节省许多的检查时间。如果出现有些被鉴定者回答问题答非所问,或者每次回答问题都要拖延时间,或者被鉴定者的表达存在障碍等情况,都会影响到检查的时间,检查下来超过 3 小时的也时有发生。在一般情况下,专家从阅读送检材料到出具鉴定意见的整个过程大概需要 5 小时以上,针对具体案件而言,重大案件会在鉴定前的讨论上耗费更多时间。其中阅读材料与精神检查需要一半以上的时间,撰写鉴定报告书及相关工作只占不到一半的时间。

国内有关的实证研究进一步印证了我们调查的结论。例如,陈卫东教授主持的课题组对北京、上海的四家鉴定机构展开的实证调查报告指出,由于法律规定,对犯罪嫌疑人作精神病鉴定的期间不计入办案期限,所以办案部门只要与鉴定机构预约后,他们就认为精神病鉴定已经开始,并以此为由延长羁押期限,方便其办案。鉴定机构反映

---

① 例如,2008 年发生在上海闸北的杨佳袭警案中,当时被告人的辩护人提出,司法鉴定中心对杨佳进行精神病鉴定的时间太短、鉴定太草率。笔者与鉴定专家访谈时获知:实际上,杨佳精神疾病鉴定的时间短并不代表鉴定草率。当时,杨佳案件由京沪两地警方联合办案,集中了大量的人力、物力,警方提交的案情、病情有关材料齐全,鉴定过程组织了一批专家进行会诊。鉴定人放下手头的其他工作,加班加点。杨佳对鉴定人提出的问题也很配合。在得出鉴定意见之后,鉴定人随即起草报告,所以该案鉴定时间较短,但这并不代表鉴定工作草率,反而是案件受到重视的结果。

的情况,说明实践中办案人员通过这种方式向鉴定机构借用办案时间的情形很普遍。①

另有实务部门的同志曾经对精神病鉴定时间进行实证研究。他们对2007年至2008年期间上海市看守所内85名接受精神病鉴定的在押人员进行样本分析,发现上述人员引起同案的98名在押人员诉讼中止,被鉴定的85人所涉及的办案、审理期限被中止的情况大致如下:30日以下有9人(占10.6%),1至两个月有16人(占18.8%),3至4个月有4人(占4.7%),5至6个月有1人(占1.2%)。②

上述实证研究成果的结论表明,精神病鉴定所需要的时间因人而异、因案而异,而且长短相差较大,有的案件只要几天即可,而有的案件却长达半年之久。

(三)精神病鉴定时间对诉讼的影响

精神病鉴定时间长短对诉讼产生什么影响?总体而言,影响表现为以下两方面:

1. 影响到犯罪嫌疑人、被告人在未决期间人身自由受限制的时间长短

根据《刑事诉讼法》第147条的规定,对犯罪嫌疑人作精神病鉴定的期间不计入办案期限。据参与立法的学者解释,这个期间是指决定指派或者聘请鉴定人进行鉴定,一直到鉴定结束得出鉴定意见的期间。③ 也就是说,委托鉴定以后,像邓玉娇案件那样,医院准备鉴定的时间也已纳入精神病鉴定的期间内。"不计入办案期限",是指不计入侦查机关侦查办案的期限,刑事诉讼法中对侦查办案期限与犯罪嫌疑人侦查羁押的期限没有作出区分。据此可知,精神病鉴定的时间也不计入犯罪嫌疑人的侦查羁押期限。可见,从侦查机关决定启动鉴定到

---

① 参见陈卫东、程雷、孙皓等:《刑事案件精神病鉴定实施情况调研报告》,载《证据科学》2011年第2期,第193—215页。

② 参见顾莉君、唐开明:《精神病司法鉴定期限规范执行之思考》,载《人民检察》2010年第1期,第80—83页。

③ 参见宋英辉:《中华人民共和国刑事诉讼法精解》,中国政法大学出版社2012年版,第183页。

鉴定机构接受委托鉴定的这段时间,存在法律规制以外的真空地带。如果不纳入办案期限,就会造成当事人的羁押。而且,不计入侦查羁押期限的做法,实际上延长了被告人审前羁押的时间,并且这种延长不仅针对被鉴定者本身,有时候还会影响到同案中其他犯罪嫌疑人、被告人的羁押时间。

2. 影响案件侦查、审查起诉和审判活动的进行

根据现行《刑事诉讼法》第198条的规定,法庭在审判过程中遇有重新鉴定而影响审判进行的,可以延期审理。2012年最高人民检察院《人民检察院刑事诉讼规则》第255条规定:"对犯罪嫌疑人作精神病鉴定的时间不计入羁押期限和办案期限。"最高人民法院《关于适用〈中华人民共和国刑事诉讼法〉的解释》第174条规定:"审判期间,对被告人作精神病鉴定的时间不计入审理期限。"可见,由于精神病鉴定具有对案件定罪量刑的决定性证据作用。因此,精神病鉴定时间不计入办案期限的另一后果是影响侦查、审查起诉和审判活动的顺利进行。在上文提及的实证研究中,有论者对2007年至2008年期间上海市看守所内进行精神病鉴定的在押人员实证调查的结论,也印证了这一点。

三、精神病鉴定程序的比较考察

从比较法的视角,研究德国的"为观察而移送被指控人"制度及我国台湾地区的"鉴定留置"制度,可为我国大陆司法精神病鉴定程序的完善提供一些启示。德国"鉴定留置"是一个源于德国刑事诉讼中将被告送入医院的鉴定留置制度(Unterbringung zur Beobachtung in einem psychiatrischen Krankenhaus; Anstaltsbeobachtung),其法律依据是《德国刑事诉讼法》第81条的规定。[①] 该条规定,为了鉴定观察而对被告人进行6个星期以下身体自由限制拘束,但对干预身体完整性的处分,

---

① 有关"鉴定留置制度"在《德国刑事诉讼法》(StPO)中规定的内容,可参见林钰雄:《论鉴定留置制度》,载《月旦法学杂志》2004年第10期,第52页。

例如穿刺性的抽取血样等,则不属于该条款的授权范围。除了德国之外,我国台湾地区"刑事诉讼法"也确立有该项制度。以下分别就二者的立法与实践作简要的评介。

(一) 德国"为观察而移送被指控人"制度

1. 鉴定留置之目的

德国确立的鉴定留置适用对象包括一般刑事程序及刑事保安程序①的被告人。鉴定留置必须是为了准备关于被告人精神状态之鉴定目的(§81 StPO: Zur Vorbereitung eines Gutachtens über den psychischen Zustand des Beschuldigten),根据这一目的,鉴定留置的证据主题(Beweisthemen)包括②:责任能力、就审能力与公众危险性(Allgemeingefährlichkeit)。第一项是指鉴定被告人的精神状态,进而判断被告人在实施犯罪行为时是否具备刑事责任能力。第二项是指鉴定被告人审判之时是否具有诉讼能力,如果无诉讼能力,则构成诉讼障碍。第三项是指被告人的精神状态对社会公众安全的危险性。这点主要是为了确认是否对其宣告相关的保安处分。因此,该制度之目的,排除了将这种鉴定作为确认被告人供述可信度的用途。

2. 适用之范围

《德国刑事诉讼法》第80条a规定:"侦查程序中进行鉴定准备,预计被指控人可能被移送精神病院、戒瘾所或者保安管束所的时候,在侦查程序中就应当为鉴定人提供准备在审判程序中作鉴定的机会。"③由此确立了"为观察而移送被指控人"的制度。依据该法第81条的规定,只能为了观察被告人的精神状况而对被告人进行6个星期

---

① 所谓刑事保安程序(Sicherungsverfahren),是指基于被告人无责任能力或就审能力(Schuldunfähigkeit oder Verhandlungsunfähigkeit)的原因,致使检察官无法进行侦查程序或以一般刑事程序起诉被告人时,在预期仍得依法为保安处分的情形,德国法遂以保安程序来解决。参见林钰雄:《论鉴定留置》,载《月旦法学杂志》2004年第10期,第52页。

② 参见林钰雄:《论鉴定留置》,载《月旦法学杂志》2004年第10期,第52页。

③ 《德国刑事诉讼法典》,李昌珂译,中国政法大学出版社1995年版,第21—22页。

以下的身体自由限制,同一诉讼程序中如有必要时,可以多次采取此项命令。对干预身体完整性的处分,比如穿刺性的抽血处分等,则并非第81条所授权。

德国该项制度的适用对象包括一般刑事程序及刑事保安程序的被告,但不包括被告人以外的第三人,司法官员不能对被告人以外的第三人实施移送鉴定机构以观察其精神状况。而对鉴定留置适用的案件种类范围,德国法规定,法院只能在被指控人具有重大行为嫌疑时才应作出前款命令。如果被指控人可能判处的刑罚、矫正、保安措施、案件重大程度等与命令不相称的,法院不允许作出移送精神病院进行观察的决定。就适用的阶段而言,从侦查阶段一直到判决阶段,都有进行鉴定留置的可能。在判决确定之后的执行阶段则不存在鉴定留置问题,而在通过再审程序审查被告人精神状态的情况下,则可能存在鉴定留置的问题。

对已经被关押于看守所或在监所执行的犯罪嫌疑人、罪犯,德国法认为,由于德国许多拘禁场所设有执行医院(Vollzugskrankenhaus),所以认为在这种情况下无须再通过鉴定留置程序,其观察的期限也不受6个星期之限制。至于留置观察的地点是在拘禁所内进行,还是必须到拘禁所以外的精神病院观察,则取决于受委托的精神鉴定人的意见,如果认为需要到拘禁所之外的精神病院进行观察,则必须适用第81条的规定。

3. 决定程序

德国鉴定留置的决定主体采法官保留原则。由于鉴定留置在性质上同羁押,因此德国宪法诫命(Art. 104 GG)采法官保留原则(§81 Ⅲ StPO)。在德国对被鉴定者精神病的观察,虽然在审判程序之前的侦查过程即可进行,但不能由检察官或侦查法官(Ermittlungsrichter)命令为之,而必须由对案件负责审判的法院作出决定。[①] 在提起公诉时,

---

① 参见〔德〕克劳思·罗科信:《刑事诉讼法》,吴丽琪译,法律出版社2003年版,第317页。

将由具有区域及实务管辖的法院决定(§81 Ⅲ StPO);在审判中,由负责审理该案件的法院(das erkennende Gericht)决定。启动鉴定留置的方式包括依法院职权(von Amts wegen)或依申请两种。

法官在决定将指控人移送至鉴定机构进行精神状态鉴定之前,必须先听取鉴定人、辩护人的意见,才可以命令将被指控人移送至公立精神病院,在那里对其进行观察。鉴定人不能仅仅依据书面材料判断被告人有无必要鉴定,而必须亲自检查。但如果被告人不愿意到鉴定人处接受检查,并且根据已经掌握的数据,足以判断被告人心神状态,就可以放弃亲自检查的要求。法官虽然可以不受鉴定意见的拘束,但如果法官要作出与鉴定人意见相反的决定,必须再请其他鉴定人提供意见。

同时,德国注重对被告人权利的保护,鉴定留置之前必须听取辩护人的意见(§81 StPO)。为了保障被鉴定留置的被告人享有获得律师帮助的权利,如果被告人既无选任又无指定辩护人的,则需要在对其进入精神病院接受观察前,为其聘请承担法律援助义务的辩护律师(§140 Nr.6 StPO)。为了达到有效辩护的目的,在判断鉴定留置要件必要的范围内,应将侦查结果向辩护人开示。

4. 救济程序

如果法院拒绝采用鉴定留置的,德国法没有特别的救济规定。依照德国法的规定及实务通说见解,法院该决定具有不可撤销性,即使鉴定留置是由检察官或辩护人向法官提出的申请,其结果也一样。①

如果检察官、被告人、辩护人不服法院鉴定留置的裁定,可以提出即时抗告(Sofortige Beschwerde)加以救济,而且该抗告具有停止执行的效力(Aufschiebende Wirkung),即使是针对审判中法院所作出的鉴定留置裁定,也具有同等效力(§81 Ⅴ S.2 StPO)。也就是说,在鉴定留置决定产生确定力之前,不得执行。这是为了防止一旦鉴定留置被执行,被告人已经处于医院检查控制之下,其人身自由已经受到限制。

---

① 参见林钰雄:《论鉴定留置》,载《月旦法学杂志》2004年第10期,第52页。

5. 折抵刑期的规定

德国鉴定留置可以对被鉴定者进行长达6个星期以内的人身自由限制,与羁押同为对被告人的一种强制处分,因此《德国刑事诉讼法》认为鉴定留置期间限制被告人的人身自由,留置期间可以折抵自由刑的刑期或罚金刑的折算。①

(二) 我国台湾"鉴定留置"制度

1. 鉴定留置之目的

我国台湾地区"刑事诉讼法"旧法在"鉴定"章节中第203条规定:"因鉴定被告心神或身体之必要,得预定期间,将被告送入医院或其他适当之处所。"据此可知,鉴定留置的目的主要在于确定被告人的精神状态或身体状态。因此,台湾地区的鉴定留置适用的情形相较于德国而言,除了适用于确定"心神状态"之外,还适用于"身体状态"的检查。但如果是为了确认被告人供述可信度的标准、通过鉴定延长办案期限等目的,则不得进行鉴定留置。鉴定留置的期间原则上在7日以内,并且必须记载于鉴定留置票之中。但鉴于个案鉴定所耗费的难易存在差别,法官在审判阶段可以依照职权,或者在侦查阶段依照检察官的申请裁定延长或缩短鉴定留置的时间。但延长的期间不得超过两个月。此外,留置期间视为羁押期间,可以用来折抵刑期。

2. 适用之范围

在适用的阶段方面,我国台湾2003年的"刑事诉讼法"对此没有具体列举,但从法典体系及相关的文义推断②,一般在侦查中、审判中均有鉴定留置的可能。适用的对象除了典型的刑事诉讼被告人外,还包括类似于德国保安程序规定的对象。③ 该法第481条第2项规定:

---

① 转引自林钰雄:《干预处分与刑事证据》,北京大学出版社2010年版,第154页。
② 台湾"刑事诉讼法"第203条之1第3项规定:"检察官认有鉴定留置必要时,向法院声请签发之"及第203条之3第1项规定:"侦查中检察官之声请裁定缩短或延长之",可以从立法的体系解释,判断台湾刑事诉讼中的侦查、审判阶段均有鉴定留置的可能。
③ 台湾的"保安处分"是指不构成以刑事犯罪,但存在再次犯罪或者危害公共安全的可能性,"令入相当处所,施以监护",详见我国台湾地区"刑法"第87条第1项之规定。

"检察官依刑法……第十九条第一项而为不起诉之处分者,如认有宣告保安处分之必要,声请法院裁定之。"法官判断保安处分适用的标准必须建立在精神疾病鉴定基础上,即须对被告人进行鉴定留置,才能判断被告人精神失常程度及对其是否应当采取保安处分。所以,侦查中检察官向法院申请对被告人的鉴定留置,鉴定的内容是检查被告人精神有无缺陷的情况。如果被告人因为精神缺陷无责任能力,而被决定不起诉之后,检察官向法院进一步申请监护处分裁决之前,也有适用鉴定留置的可能。

3. 决定程序

我国台湾学界的主流观点认为,鉴定留置处分属于较为长期干预人身自由基本权的措施,在性质上类似于羁押措施,在决定程序上应当受到法律保留原则的拘束。① 由于羁押处分的决定在 1997 年台湾"刑事诉讼法"修法时规定只能由法官决定,因此对被告人的鉴定留置也只能由法官决定。侦查中检察官只是鉴定留置的申请机关,如果检察官认为被告人有鉴定留置的必要时,不得自行决定,而必须向法官提出申请,并由法官在鉴定留置票上签名。② 不过,案件侦查中被告人因为拘提或逮捕到场的,其期间自拘提或逮捕起算未超过 24 小时的,检察官仍有留置被告人予以侦讯的权力。③ 所以在 24 小时内,检察官认为确有鉴定被告人心神或身体的必要时,无须申请签发鉴定留置票。

在鉴定留置的实体要件方面,即如该制度设立之目的所言,是要求为观察被告人的心神状态或者身体状态。在形式要件方面,2002 年台湾"刑事诉讼法"修改后采取书面要式主义。须使用"鉴定留置

---

① 台湾学者林钰雄认为,鉴定留置属于一种较为长期干预人身自由基本权的措施,认为它在性质上类似于羁押。参见林钰雄:《刑事诉讼法》(上册总论编),中国人民大学出版社 2005 年版,第 329 页。台湾学者张丽卿也认为,鉴定留置的救济应当回归到强制处分一般救济途径加以处理。参见张丽卿:《鉴定留置与鉴定证据》,载《司法周刊》2004 年第 1170 期,第 3 版。
② 台湾"刑事诉讼法"第 203 条之 1 第 4 项规定:"鉴定留置票,由法官签名。"
③ 参见台湾"刑事诉讼法"第 91 条至第 93 条的规定。

票",其上面记载以下内容:① 被告人的姓名、性别、年龄、出生地及住所或居所;② 案由;③ 应鉴定事项;④ 应留置之处所及预定的期间;⑤ 不服鉴定留置之救济方法。① 鉴定留置票应分别送交检察官、鉴定人、辩护人、被告人及其指定的亲友。② 但对经过拘提、逮捕到场的被告人,期间未超过24小时的,可以不要求书面要式。鉴定留置票由法官签名,检察官认为有鉴定留置必要时,向法院申请签发之。

与德国"为观察而移送被指控人制度"的做法不同的是,在我国台湾,刑事审判中法官在决定鉴定之前,无须听取鉴定人或律师的意见,也即鉴定留置的决定程序中忽视了鉴定人和律师的听审权和参与权。应否送请鉴定留置的专业判断,既无令法院应事先征求鉴定人意见的要求,也无让律师参与并表达意见的规定。

4. 救济程序

台湾刑事诉讼中属于判决前有关诉讼程序的裁定,不得提出抗告,但由于鉴定留置干预人身自由权利,所以台湾新旧"刑事诉讼法"都将这一裁定列为提起抗告的裁定,这也是对程序性裁定提出抗告的例外。台湾旧"刑事诉讼法"第416条规定了其救济程序[3],新法第404条但书第2款也对此进行了规定。[4] 由此可知,我国台湾"刑事诉讼法"没有针对鉴定留置而特别设立救济途径,所以只能通过强制处分的一般救济途径进行保障,即(准)抗告条文所称的"因鉴定将被告送入医院或其他处所"的裁定或处分。按照签发者是法院(以"裁定"为之)还是个别法官(以"处分"为之),而分别提出"抗告"或者"准抗

---

① 参见台湾"刑事诉讼法"第203条之1第1、2项的规定。
② 参见台湾"刑事诉讼法"第203条之2第3项的规定。
③ 台湾"刑事诉讼法"(旧法)第416条规定了其救济程序:"对于审判长、受命法官、受托法官或检察官所为下列处分有不服者,受处分人得声请所属法院撤销或变更之:一、关于羁押、具保、责付、限制住居、搜索、扣押或扣押物发还、因鉴定将被告送入医院或其他处所之处分及第一百零五条第三项、第四项所为之禁止或扣押之处分。"
④ 台湾"刑事诉讼法"第404条但书第2款规定:"因鉴定将被告送入医院或其他处所之裁定",为得提起抗告之裁定。

告"的救济手段。① 但台湾"刑事诉讼法"没有规定抗告停止执行的问题,抗告并不必然引起停止执行裁决的效力②,所以会出现即使抗告有理,然而等到救济时,鉴定留置已经被执行完毕的无奈结果。与德国的鉴定留置救济途径相比,台湾学者普遍认为这是台湾立法的缺失。

5. 折抵刑期的规定

鉴定留置影响被告人的人身自由,与羁押同为对被告人之一种强制处分,因而对被告人进行鉴定留置,其留置期间之日数自应视为羁押之日数,是作为日后执行有罪判决确定刑期之折抵,而非于计算被告人羁押期间是否届满时,将之计入羁押之日数。所以,我国台湾"刑事诉讼法"第203条之4规定,对被告人执行第203条第3项之鉴定者,其鉴定留置期间的日数,视为羁押之日数。③

四、精神病鉴定程序的理性思考

(一)鉴定留置的性质

我国大陆《刑事诉讼法》并无"鉴定留置"制度,但在对犯罪嫌疑人、被告人进行精神病鉴定的过程中,当事人的人身自由受到限制的现象却是普遍存在的。"对犯罪嫌疑人作精神病鉴定的期间不计入办案期限"的规定不尽合理。如何通过程序完善,实现司法精神病鉴定过程限制人身自由的必要控制,犯罪嫌疑人、被告人送请鉴定的决定程序是否应当强化其"司法化"或"准司法化"特征,精神病鉴定的准备时间是否应当计入鉴定期间?回答这些问题之前,首先需要对鉴定留置的性质有一个准确的把握。

而对鉴定留置的性质,从目前掌握的文献来看,研究过这一制度

---

① 台湾"刑事诉讼法"第404条但书第2款之"因鉴定将被告送入医院或其他处所之裁定"、第416条第1项第1款之"因鉴定将被告送入医院或其他处所之处分",分别对当事人提起"抗告"或"准抗告"作出了规定。

② 台湾"刑事诉讼法"第409条第1项、第416条第4项准用"抗告无停止执行裁决的效力"。

③ 参见林俊益:《刑事诉讼法概论》(上),台北新学林出版股份有限公司2012年版,第558页。

的学者很少对"鉴定留置的性质"展开专门的探讨,因此对鉴定留置性质的概括必须通过一些零散的观点加以归纳、提炼。梳理相关的观点,主要存在两种不同的意见:

第一种观点认为,鉴定留置是一项独立的、类似于羁押的强制措施。台湾学者林钰雄认为,这是由于鉴定留置干预受处分人的人身自由权利,性质上属于刑事诉讼法规定的基本人权干预、强制处分。① 台湾学者张丽卿也认为,"鉴定留置为重大干预人身自由的强制处分,性质上类似于羁押,故应受法律保留原则之拘束"。② 被告人作精神病鉴定时需要持续数周时间才能完成鉴定,这段时间被告人的人身自由处于一种被限制的状态,因此鉴定留置实际上是一种强制处分措施。台湾学者蔡墩铭先生亦认为,对被告执行第 203 条第 3 项之鉴定留置,其留置期间之日数,视为羁押之日数。③ 在我国大陆,也有论者主张区分"鉴定留置"和"鉴定"十分必要,认为前者是手段,后者才是目的。④ "鉴定留置"不同于"鉴定",它对被告人人身自由予以限制,为鉴定提供保障。归纳这些观点,鉴定留置在性质上应当属于羁押性强制措施之一。

第二种观点认为,鉴定留置不同于对被告人身体强制性侵犯,与羁押不同。⑤ 其理由主要有:其一,为了调查被告人的精神状态或身体状况而将被告人送入鉴定场所,这一过程属于调查而非强制措施。其二,羁押的目的是为了收集不利于被告人的证据,其过程与结果往往

---

① 参见林钰雄:《刑事诉讼法》(上册总论编),中国人民大学出版社 2005 年版,第 329 页。
② 张丽卿:《鉴定留置与鉴定证据》(一),载《司法周刊》2004 年第 1 期,总第 1169 期,第 2 页。
③ 参见蔡墩铭:《刑事诉讼法概要》,台北三民书局股份有限公司 2012 年版,第 144—145 页。
④ 参见王戬:《略论"鉴定留置"——由邓玉娇案说起》,载《中国司法鉴定》2009 年第 6 期,第 12—14 页;吴常青:《论鉴定留置》,载《江西公安专科学校学报》2007 年第 1 期,第 95—99 页。
⑤ 参见万毅、陈大鹏:《论鉴定留置的若干法律问题》,载《中国司法鉴定》2008 年第 1 期,第 14—17 页。

为了指控犯罪；而鉴定留置之目的在于获取被告人精神病鉴定报告。它不会对被告人产生更加不利的后果，反而可能得到免除被告人刑事责任的结果。

实际上，判断鉴定留置的性质无法回避的一点：它是否为一种具有羁押性的措施。如果回答是肯定的，鉴定留置应当同拘留、逮捕等羁押措施一样受到严格的"司法化"或"准司法化"的程序控制，以防止权力滥用的现象发生，鉴定留置的时间也就必须计入羁押期间。如果回答是否定的，则鉴定留置自然无须通过司法化程序加以控制。

笔者认为鉴定留置是一种"羁押性措施"。必须强调的是，"羁押性措施"有别于"羁押性强制措施"。依据刑事诉讼法"强制措施"的内涵，强制措施是为了保障侦查、起诉、审判活动的顺利进行，而授权刑事司法机关对犯罪嫌疑人、被告人采取的限制其一定程度人身自由的方法。例如，拘传、取保候审、监视居住、拘留和逮捕都是通常意义上的强制措施。强制措施除了具有限制人身自由的特征以外，还必须满足另一要件——保证诉讼顺利进行，即它是为防止妨碍诉讼的行为发生而采取的强制手段。而上文归纳的第一种观点，学者们只认识到精神病鉴定过程"限制人身自由"的特征，但对其"防止妨碍诉讼而采取的强制手段"缺乏充分的理由，结论难以成立。在鉴定留置的过程中当事人的人身自由受到限制，这点符合羁押的基本特征。从精神病鉴定的实践状况，我们可以看到目前司法精神病鉴定的实施过程短则数日，长则须持续半年之久，根据程序法治的基本理念，人身自由的价值是无价的，公民的人身自由未经法定程序不受剥夺或者限制，人身自由的剥夺和限制必须通过"司法化"或"准司法化"的程序，而刑事诉讼法将犯罪嫌疑人进行精神病鉴定的时间一律不计入办案期限的做法在实践中存在不妥之处，它客观上限制了被鉴定者的人身自由（大部分情况下针对犯罪嫌疑人，也有少数情况下针对被害人实施精神病鉴定），无形中造成犯罪嫌疑人实际上处于被羁押状态。

同时，笔者也不赞同上文归纳的鉴定留置性质的第二种观点。必须承认鉴定留置在性质上具有一定的"羁押性"。尽管鉴定留置之目的乃为了获取犯罪嫌疑人、被告人精神状态的鉴定报告,其结果可能是有利于他们的,但不能据此认为犯罪嫌疑人必须对司法鉴定活动在他们身上耗费的时间"买单",更不足以否定鉴定留置的羁押性质。退一步讲,即使鉴定结果证明犯罪嫌疑人精神是不正常的,属于依法不负刑事责任的情形,但是犯罪嫌疑人在鉴定过程中受到的人身自由限制与审前羁押具有等同的效果——人身自由已经受到了限制。因此,必须承认鉴定留置是一种具有羁押性质措施的事实,其羁押目的在于满足专家进行精神疾病鉴定检查的需要,必须认识到鉴定留置仅仅是手段,鉴定活动才是目的,我们才能够防止鉴定留置对公民人身自由造成滥用的后果。我国现行《刑事诉讼法》没有对精神病鉴定从准备到实施的精密规制,实际上,这恰恰是因为立法没有意识到司法精神病鉴定过程中对当事人人身自由限制的羁押特征。随着公民权利保障意识提升、法治进一步完善,将鉴定留置作为一种"羁押性措施"加以规制,是比较合理的。

(二)我国鉴定留置阙如的成因追问

我国刑事诉讼法中没有"鉴定留置"制度,对被告人作精神病鉴定的时间不计入办案期限,没有明确能否折抵刑期,这一现象折射出我国刑事司法鉴定过程对当事人主体地位保护制度的缺失,亦即存在一种"鉴定客体化"的现象。司法精神病鉴定的过程虽然需要对当事人的人身自由进行限制,以配合鉴定人完成鉴定工作,但是根据"不得强迫自证其罪"的原则,犯罪嫌疑人、被告人并没有这一配合的义务——对精神病鉴定期间人身自由的限制保持一种容忍、接受的态度。"不得强迫自证其罪"是对犯罪嫌疑人、被告人的诉讼权益给予保障的一项刑事司法准则,其基本内涵是犯罪嫌疑人、被告人具有反对自我归罪的权利,在西方法治国家,其基本含义还包括:当事人没有义务向控诉方提供任何可能使自己陷于不利境地的陈述。[1] 因此,犯罪嫌疑人是否具备刑事责任能力的证明责任,不应当由其来承担,犯罪嫌疑人

---

[1] 参见宋英辉:《外国刑事诉讼法》,法律出版社2006年版,第30页。

并没有容忍精神病鉴定对其造成的人身自由限制的义务。

但在我国对精神病鉴定期间的规定问题上,存在当事人"鉴定客体化"的问题,即在我国司法鉴定程序立法指导思想、实践操作观念中,司法机关、鉴定机构对当事人诉讼权利的忽视,造成当事人在鉴定过程中无法就鉴定行为造成的人身自由限制、干预隐私权利的情形提出异议,并寻求权利救济。例如,被鉴定者对因精神病鉴定而限制自己人身自由的容忍,等等。深挖问题的思想根源可以发现:受传统职权主义诉讼观念的影响,刑事诉讼立法过程中将司法鉴定视为司法机关依照职权采取的手段,淡化对当事人权利的尊重和保护。在司法精神病鉴定中,由于鉴定结果关乎被鉴定者是否具备刑事责任能力,这一决定当事人命运的鉴定启动权牢牢掌握在司法机关手中,而精神病鉴定过程中对当事人造成的人身自由限制,既不被视为羁押性措施,又不需经过令状主义,更无明确可以折抵刑期的规定,造成被鉴定者诉讼地位的客体化,难免引发有失程序正当的非议。

(三)完善精神病鉴定程序的思考

从长远观之,我国精神疾病司法鉴定中的"鉴定留置"问题应当引起立法的重视,建立类似于德国与我国台湾的"鉴定留置"制度确有必要。

1. 鉴定留置的适用范围

鉴于精神病鉴定的周期较长,鉴定过程客观上对当事人的人身自由造成一定限制,依据法律保留原则的基本要求,必须对其适用范围进行明确规制。可借鉴德国鉴定留置之目的限于确定犯罪嫌疑人、被告人精神状态的做法,限定对犯罪嫌疑人、被告人进行精神病鉴定才可以采取鉴定留置程序。检查身体情况不宜作为鉴定留置之目的,因为身体状况容易被扩大解释,要防止执法中随意滥用这一制度,造成实践中变样走形。

2. 鉴定留置的决定程序

由于鉴定留置在性质上类似于羁押性措施,根据我国宪法及程序法治的基本理念,公民的人身自由未经法定程序不受剥夺或限制。因此,鉴定留置的决定程序必须通过"司法化"或"准司法化"的权力控制,才能体现程序法治的基本特质。可以考虑在实现审判中心主义架构的情况下,借鉴德国、我国台湾的做法,将鉴定留置程序采取法官保留原则。同时,为了加强对当事人权利的保护,须进一步规定鉴定留置程序的决定必须由法官在听取鉴定人、辩护律师意见的基础上作出。

3. 明确规定鉴定留置的时间可以用于折抵刑期

为了保证侦查工作有足够的时间保障,在作出精神病鉴定的时间不计入办案期限让步的同时,必须作出权衡,即在法官作出有罪判决的情况下,必须将鉴定留置的期间折抵刑期。

4. 建立鉴定留置的救济程序

对法官作出鉴定留置决定的,可以对该决定提出复议或者其他救济。

从近期来看,有必要对司法精神病鉴定的启动程序和鉴定期限进行渐进式的规制。首先,通过"准司法化"的程序控制启动精神病鉴定的决定权。目前,侦查中决定对犯罪嫌疑人作精神病鉴定的权力掌握在侦查机关手中。为了防止侦查人员不当滥用对犯罪嫌疑人启动精神病鉴定而变相延长侦查办案期限,必须改变目前精神疾病鉴定由侦查机关自行决定的做法。可以考虑将精神疾病鉴定启动权交由同级人民检察院行使,通过报请检察院审查批准实现权力的必要控制。其次,对精神病鉴定从决定启动到司法鉴定机构受理之间的时间必须纳入侦查办案期限。改变当前刑事诉讼法对精神病鉴定的受理期限、鉴定期限等方面规制粗糙的现状,从而敦促侦查机关稳妥、及时地办理委托精神病鉴定的相关手续。再次,对因精神病鉴定时间过长的,应当考虑在法官最终作出的被告人有罪判决时,将精神病鉴定的时间用于折抵刑期。

五、结论

司法实践中对犯罪嫌疑人作司法精神病鉴定的时间因案而异,长短不一。鉴定的过程对当事人的人身自由造成一定程度的限制。目前《刑事诉讼法》对犯罪嫌疑人作精神病鉴定的时间不计入办案期限的规定显然不尽合理。它既影响到犯罪嫌疑人未决期间人身自由的限制,也影响到案件的诉讼进展。我国大陆有必要借鉴德国及我国台湾地区的"鉴定留置"制度,建立符合我国刑事诉讼特征的鉴定留置制度。将可能限制人身自由的精神病鉴定决定程序通过"司法化"的方式加以控制。在近期改良的举措上,至少也应当采取"准司法化"的决定程序,并对精神病鉴定从启动到司法鉴定机构受理委托鉴定之间的时间纳入办案期限,从而提高司法精神病鉴定程序的正当性。

第三节 DNA 鉴定数据库的法律规制

一、问题的提出

"随着两种真实——人类通过感官认识到的真实与借助(为探索感官所不能及的世界而发明的)辅助性手段而揭示的真实——之间的鸿沟不断增大,人类的感官活动对事实调查的重要性也在不断减弱。"[①]达马斯卡的这一判断,预示着科技证据在诉讼中运用的广阔前景。当代科学技术的发展对传统的司法活动带来颠覆性的革命,潜移默化地改变着司法人员办案的观念、手段和效率,也引发了程序正当、人权保障和伦理道德等方面的新问题。被誉为人类伟大科学发现的 DNA 技术,一经运用于刑事司法活动,便在诉讼证明中发挥着强有力的证明作用,在提高侦查能力和防止冤假错案等方面,都尽显科技证据的魅力。我国自 20 世纪 80 年代由公安部首次提出建立 DNA 数据库以来,DNA 技术在刑事诉讼中的运用也日益广泛,取得了一定的成效。

---

① 〔美〕米尔吉安·R.达马斯卡:《比较法视野中的证据制度》,吴宏耀、魏晓娜等译,中国人民公安大学出版社 2006 年版,第 224 页。

所谓 DNA 鉴定数据库(以下简称 DNA 数据库),通常包括现场库、前科库、失踪人员数据库和基础数据库几大部分,是国内外法医物证检验最主要的技术,它是法医学专家根据犯罪现场采集嫌疑人遗留的生物检材,进行 DNA 信息检测。将结果与库内数据相比较,即可为侦查机关提供有关犯罪嫌疑人的准确线索。DNA 数据库犹如一把"双刃剑",在有效打击犯罪的同时,也必须兼顾保障人权的目标。近年来,我国 DNA 数据库建设迅速,但相关的法律规范尚未跟进,造成 DNA 数据库的样本采集程序、入库范围、信息保密、管理监督等方面存在不足,数据库的推广存在着如何确保程序正当、兼顾保护公民隐私、优化司法效率等方面的困惑,需要我们权衡利弊,平衡价值冲突。笔者就 DNA 数据库在刑事司法中运用的实践、困惑和进路三个方面进行思考。

二、我国 DNA 鉴定数据库的实践

(一) DNA 数据库的建设

我国 DNA 数据库主要由犯罪现场库、犯罪人员前科库两大部分组成。前者是提取犯罪现场留存的生物检材,通常包括现场采集的血迹、精斑、唾液和毛发,通过从中提取 DNA 分型结构,存储于数据库中形成 DNA 现场库;后者是将羁押场所内、有暴力犯罪前科的人员采用提取血液样本的方式进行 DNA 检测,得出基因座的基因型,以数据的形式存入计算机系统形成犯罪前科库。前科库是用 STR 基因座复合扩增,以全自动荧光核算分析仪电泳分析,得到各基因座的基因型,直接存入数据库,用于未来侦查中的并串案和对比。

我国于 1981 年首次将 DNA 分析技术应用于实际案检。在 1989 年举办的中国 DNA 指纹技术成果鉴定会上,法医学界的专家学者、公安司法机关的领导提出建立"DNA 指纹数据库"的构想。[①] 1996 年,公安部物证鉴定中心首次提出建立实验型 DNA 数据库的建议。1998

[①] 参见姜先华:《中国法庭科学 DNA 数据库》,载《中国法医学杂志》2006 年第 5 期,第 260—262 页。

年,公安部、司法部等有关部门开始从技术的角度着手构建 DNA 数据库,国家计委批准将"法庭 DNA 质量控制技术及 DNA 数据库"立项为国家重点工程。同年,司法部司法鉴定科学技术研究所承担的"中国罪犯 DNA 数据库模式库"研究项目已经完成,检验了 2 500 名罪犯的 13 个 STR 基因座,并对取得的遗传资料进行了统计学分析。① 公安部物证鉴定中心完成了 5 000 人份的"法医 DNA 数据库"研究课题,1999 年,公安部立项进行了法医 DNA 检验标准规范方案的制定,并在此基础上建立了北京市法医 DNA 数据库,该数据库由未破案件的现场生物检材库、犯罪嫌疑人 DNA 分型数据库、失踪人员库和打拐数据库几部分组成。② 2004 年,公安部印发《2004—2008 年公安机关 DNA 数据库建设规划》,明确 DNA 数据库是国家基础数据库和公安科技建设的组成部分,是"金盾工程"的重点建设项目。③ 如今,北京、上海、广州、深圳等地已建立起辖区内的 DNA 数据库,并取得了初步成效(见表 3-3-1)。据有关专家透露,目前全国公安机关已经建成规模不一的 DNA 数据库 342 个,拥有技术人员 1 600 余名,DNA 数据库国家库中已经有各类信息 1 038 万条(其中违法犯罪人员信息 903.6 万条,现场物证信息 52.5 万条),2011 年以来,全国通过 DNA 数据库直接比中刑事案件涉案人员 4.8 万余人,直接比中各类案件 3.9 万余起,日均破案近 200 起。"打拐"DNA 数据库已经录入 DNA 信息 14.7 万条,累计比中被拐卖/失踪儿童 1 559 名。④

---

① 参见刘晓丹:《论科学证据》,中国检察出版社 2010 年版,第 291 页。
② 参见刘雅诚、唐晖、高俊薇等:《法医 DNA 数据库初见成效》,载《刑事技术》2003 年第 1 期,第 32—33 页。
③ 截至 2006 年 1 月 18 日,模拟国家数据库已存储各类信息 40 万条,并案 563 起,串案 1 038 起,破案 1 346 起,其中破获杀人案件 203 起(跨省 18 起)、破获强奸案件 796 起(跨省 15 起),抓获网上杀人逃犯 1 人。参见覃江、侯碧海、陈红娟:《论广西公安机关 DNA 数据库建设》,载《江西警官高等专科学校学报》2006 年第 2 期,第 6—8 页。
④ 该信息由四川省公安厅提供。

表 3-3-1 上海、广州、深圳三地 DNA 数据库概览①

地区	建立年份	组成部分	DNA 样本数据	破案情况
上海	2000 年	前科库、现场库、失踪人员库、基础数据库	至 2010 年,上海市公安局生物物证室共完成前科人员建库约 13 万人份,本地前科库累计容量达 60.5 万人份,增加未破刑事案件现场库样本 4 144 条;无名尸体库样数据 241 条,失踪人员亲属库样本 130 对。	—
广州	2001 年	—	截至 2011 年 6 月,广州市 DNA 数据库总量达 58.4 万条,其中违法犯罪人员及案件相关人员数据 56.31 万条,现场物证数据 1.46 万条,未知名尸体数据 4 583 条。	建库以来,共盲比比中各类案件 3 956 起,其中命案 227 起,串并案件 569 串共 1 527 起;比中嫌疑人 2 565 人,其中"三所"提取人员 1 813 名,派出所提取轻微违法人员 639 名,涉案人员 113 人,比中未知名尸体 249 具。
深圳	2003 年试运行,2004 年正式启动	—	截至 2006 年 2 月,共采集 DNA 样本 43 000 份,录入数据库数据 40 900 条,其中现场物证数据 2 598 条,嫌疑人 2 231 条,前科人员 33 600 条,受害人 1 707 条,失踪人员 131 条,其他 579 条。	至 2006 年 2 月,对 3 600 多起案件进行查询比对,串并案件 112 串共 231 起,其中凶杀案 19 起,抢劫、强奸案 68 起,轮奸案 7 起,盗窃案 14 起;比中信息省内 27 条,省外 36 条,直接认定犯罪嫌疑人案件 63 起,无名尸体尸源认定 3 起,为侦破市内外重大刑事案件和为破积案提供了侦查线索和依据。

---

① 上海及广州的法庭 DNA 数据库的资料分别来源于上海市公安局、广州市公安局;深圳市法庭 DNA 数据库的资料来源于李晓斌、赖跃、王传海等:《深圳地区法庭科学 DNA 数据库在侦查破案中的应用》,载《中国法医学杂志》2006 年第 21 卷第 5 期,第 320—321 页。

(二) DNA 数据库在侦查中的作用

1. 侦查破案的功能

(1) DNA 数据库能有效实现串并案侦查。DNA 生物法庭科学的发展,为刑事侦查中依靠 DNA 检测技术确定犯罪嫌疑人提供可靠的线索和依据,由于建立在统计学分析的基础上,它在确定被检测者的个体特征方面具有相对的确定性,从而为确定刑事侦查方向提供了有力线索,有助于侦查中锁定犯罪分子,通过对生物信息的同一性认定,警察可以从有限的线索中展开侦查工作。借助于 DNA 数据库,公安机关在办理疑难刑事案件中,有效实现了串并系列案件、串并异地作案的案件,从而提高了破案效率。① 据有关资料显示,2010 年全国公安机关利用 DNA 数据库,直接认定刑事案件涉案人员达到 5.7 万余人,直接认定各类案件 5.8 万余件;应用数据库日均直接破案高达 160 余起。② DNA 数据库在侦破大案、要案、系列案中发挥了重要的证明作用。

(2) DNA 数据库能帮助特定案件的侦破。由于 DNA 检测具有精确的人身识别功能,在"打拐"行动中实现"千里寻亲"、在鉴定无名尸体中确定侦查方向等方面作用显著。在打击拐卖妇女儿童的犯罪侦查中,2000 年公安部在全国"打拐"专项活动中,运用了 DNA 技术,仅在 3 个月的时间内,建立了一个覆盖 39 000 多名被拐儿童、9 000 多名被拐儿童亲属的 DNA 数据库,网上比中 418 名被拐儿童。③ 在 2010 年,利用"打拐"DNA 数据库比对确认儿童身份达 977 人次。④ 在无名

---

① 例如,某市公安局利用 DNA 数据库对该市发生的 4 起抢劫强奸案件所送检的检材进行分析检测,最终确定为同一犯罪嫌疑人所为,从而使凶手落入法网。参见李琳:《利用 DNA 数据库串并系列抢劫强奸案》,载《中国人民大学学报》(自然科学版)2009 年第 4 期,第 47—48 页。

② 参见李喆:《DNA 检验新技术应用学术交流会在广州举行 去年 DNA 数据库直接认定案件 5.8 万起》,载《人民公安报》2011 年 4 月 9 日,第 4 版。

③ 参见姜先华:《中国法庭科学 DNA 数据库》,载《中国法医学杂志》2006 年第 5 期,第 260—262 页。

④ 以江苏省为例,2010 年,该省公安厅在开展打击拐卖和组织操纵未成年人违法犯罪活动中,充分发挥了 DNA 检测技术的作用,通过全库联网、远程对比,帮助 44 名被拐儿童找回了父母。参见李海明:《警方 DNA 数据库助 44 名被拐宝贝回家》,载《江苏法制报》2011 年 5 月 31 日,第 1 版。

尸体鉴定方面,通过对死者 DNA 鉴定可以准确识别身份,并通过残留于死者身上的他人 DNA 检样痕迹,可以快速锁定犯罪嫌疑人。

2. 防止错案的功能

(1)排除无辜的犯罪嫌疑人,使其免受刑事诉讼的追究。通过 DNA 数据库比对排除作案嫌疑的,侦查机关将解除刑事强制措施,从而保障清白者的人身自由,并及早调整侦查目标。DNA 检测在诉讼证明中不会像口供、被害人陈述、证人证言等言词证据那样具有翻供、诱供、易变等人为因素;也不会像辨认、指纹鉴定、血型鉴定等方法存在较高的错误风险,况且如今犯罪分子的反侦查能力的提高,给指纹鉴定提出了新的挑战。2010 年,在杭州召开的全国侦查工作研讨会上,有专家指出,近年来,从犯罪现场提取到的指纹越来越少,因为犯罪分子往往采取戴手套,甚至戴上有指纹的手套等方式进行作案,指纹提取难度加大。另外,指纹检测方法精确度相对较低,而 ABO 血型鉴定只能用来排查性认定,其准确性无法与 DNA 检测相提并论。所以,从目前掌握的生物检测技术看,DNA 数据库的运用能够弥补常规侦查手段的客观局限造成冤枉无辜的不足。[①] 从近年来媒体披露的许多冤假错案可以发现,这些案例多在证明环节出了问题,而且很关键的证据往往依赖于血型检测、警犬嗅闻、指纹鉴定等可靠性较差的方法,造成无辜者含冤入罪(见表 3-3-2)。如果当时能借助 DNA 数据库,这些含冤者的悲惨际遇也许不会发生。

表 3-3-2　因鉴定错误导致误判的案例　　(N=10 件)

嫌疑人/被告人	涉嫌罪名	鉴定意见存在的问题
孙万刚	故意杀人	没经过 DNA 鉴定,根据床单上的血型鉴定
滕兴善	杀人碎尸	没经过 DNA 鉴定,依石膏像辨认结论定案

[①] 当然,正所谓"道高一尺魔高一丈",虽然犯罪分子的反侦查能力会随着侦查技术的增强而提高,如故意在犯罪现场留下其他人的 DNA 生物检材以增加侦查取证工作的难度,但这种问题可以通过技术手段解决。毋庸置疑的是,DNA 鉴定技术相较于指纹鉴定、ABO 血型鉴定等而言,是一种突破性的进步。

（续表）

嫌疑人/被告人	涉嫌罪名	鉴定意见存在的问题
李久明	故意杀人、非法持有枪支	检材（头发）来源不明，依警犬辨认定案
杨云忠	故意杀人	没经过DNA鉴定，依血型相同定案
张庆伟	杀人碎尸	没经过DNA鉴定，依照血型定案，且血样来源不明
王俊超	强奸	没经过DNA鉴定
杨黎明等	抢劫杀人	没经过DNA鉴定，依血型相同定案
魏清安	抢劫强奸	没经过DNA鉴定，以血型鉴定一致为主要证据
吴鹤声	故意杀人	依血型鉴定作出犯罪嫌疑人的判断，未作DNA鉴定
陈国清等	抢劫杀人	没经过DNA鉴定，根据血型鉴定

（2）使一些被误判有罪的人得以昭雪。① 由于受技术水平的限制，早期案件很少使用DNA鉴定方法。如今，无辜者可以提供DNA检测作为证据申请再审，洗刷冤屈。当然，这样的案例还不是很多，我国DNA数据库在这方面的功能还没有受到重视。而在美国，定罪后通过DNA检测对保护无辜者发挥了积极作用。在2000年，美国通过DNA检测推翻的有罪判决案件中，有81%的案件是因为其他常规鉴定方法的错误造成的。②

三、DNA鉴定数据库的困境

（一）DNA数据库立法规范不健全

近年来，我国的DNA数据库建设实践虽然发展较快，但DNA数据库的立法规范尚不健全。全国各级公安机关为推动相关规范和标准

---

① 参见姜先华：《中国法庭科学DNA数据库》，载《中国法医学杂志》2006年第5期，第260—262页。

② 参见李喆：《DNA检验新技术应用学术交流会在广州举行 去年DNA数据库直接认定案件5.8万起》，载《人民公安报》2011年4月9日，第4版。

化工作,先后制定了《公安机关2009—2013年DNA数据库建设规范》和《法庭科学DNA数据库建设规范》,为推动DNA数据库的规范化提供了依据,许多地方的公安机关也在上述文件的基础上,制定了地方DNA数据库建设实施方案。例如,山西省大同市于2009年制定了有关规范。但这些文件大多属于从技术规范层面制定的行业规范或内部管理规定,呈现出行政化管理的特征,与司法程序公正之特质存在差距。而且对DNA样本的采集办法、DNA数据库的管理办法、DNA数据库在刑事诉讼中的适用范围等还没有制定完备的制度规范。从域外法治国家的经验来看,英国在《警察与刑事证据法》《刑事审判与公共秩序法》《样本提取条例》等法律规范中,对提取人身样本的程序性规范作出了较为详尽的规范。美国也于1994年通过了联邦《DNA鉴定法》(DNA Identification Act)赋予联邦调查局建立国家DNA检索系统,批准侦查机关采集被判刑和被逮捕人员DNA样本的权力。① 由此可见,域外法治国家在推广DNA数据库的同时,都非常注重DNA数据库立法规范的运作。我国在这方面的立法完善做得还不够,由于缺乏全国性的统一规范,造成了各地对DNA数据库的样本提取程序、入库范围、信息销毁期限、管理方式等方面存在做法不一的现象,不利于DNA数据库的规范化运作。

(二) DNA样本采集与程序正当的冲突

DNA数据库信息的录入有赖于DNA检测,而检测有赖于生物检材的提取,因此,妥善解决采样行为引发的法理问题,是DNA数据库法治化运作的先决条件。DNA检测采样是基于收集鉴定检材的需要,从犯罪嫌疑人、被告人、被害人及第三人身体上提取生物检材获取相

---

① Michael E. Kleinert. Improving the quality of justice: the Innocent Protection Act of 2004 ensures post-convintion DNA testing, better legal representation, and increased compensation for the wrongfully imprisoned. The University of Louisville Brandeis Law Journal, winter, 2006. 44 Brandeis L. J. 491.

关的遗传信息作为同一性认定的依据。① 从目前的技术水平看,提取DNA生物检材的方法主要包括抽取血样、提取毛发、采集口腔拭子等等。这些手段需要当事人的配合,强制采集会在一定程度上侵犯个人的健康、隐私,因此需要审慎对待,区分不同情形适用差别条件。② 就DNA检材的提取而言,以检材的用途为标准,可分为犯罪现场库的提取、犯罪嫌疑人前科库的提取;以采样的对象为标准,可分为犯罪嫌疑人、被告人的采样,被害人的采样和第三人的采样。③ 就犯罪现场检材的提取而言,由于犯罪嫌疑人作案时往往在现场周围、被害人身上遗留下诸如血斑、毛发、体液、表皮组织及其他微量痕迹的检样,因此该环节的检材提取主要通过现场勘验,经被害人、第三人同意进行的人身检查的方式进行操作。就此而言,在被害人、第三人同意的情况下,一般不存在违背当事人意愿的强制采样问题。

但在下列情况下,存在强制提取DNA检材的问题:一是在办理串并相关的案件中,侦查人员在案件线索尚不充分的情况下对嫌疑人强制采样;二是当DNA检材必须在被害人、第三人身上提取,而在他们

---

① 虽然我国《刑事诉讼法》并不允许从第三人身上提取生物样本检材,但在以往的司法实践中,存在着"撒网式"提取生物样本的做法,例如在湖北,警方为了侦破一宗强奸杀人案件,深入部分村落,对其中1 000多人做了常规血样检测,并通过犯罪现场提取的犯罪嫌疑人精斑与血样进行比对,最终抓获凶手。参见张先国、傅君清:《流窜作案的"杀人淫魔"张光旗在湖北被抓捕归案》,载新华网网址:http://news.xinhuanet.com/legae/2004-07/20/content_1620738.htm.,访问日期:2013年3月15日。

② 正是因为在人身检查方面,被检查对象的不同决定了其检查适用的条件存在差异,所以我国台湾"刑事诉讼法"吸收了《德国刑事诉讼法》的合理成分,对此进行界分区分。在鉴定人鉴定的身体检查方面,就实体要件而言,对被告人的检查条件较为宽松,仅要求"因鉴定之必要",而关于犯罪嫌疑程度、程序关联前提或无损健康的要求并不做限制。对第三人的检查则要求"有相当理由认为必要"。参见林钰雄:《刑事法理论与实践》,中国人民大学出版社2008年版,第234页。

③ 值得一提的是,在我国台湾"刑事诉讼法"中,对DNA检材提取的程序规制主要依照"人身检查"制度的规定操作,该制度见于"刑事诉讼法"中"搜索与扣押"一章。依照基本权干预的程度差异,分为单纯的检查处分和侵犯性的检查处分(如提取体液、开刀取子弹等)。参照类似标准作出的区分,还包括非穿透性检查或刺穿性检查、体表检查或体内检查。这些分类的意义在于依照比例原则,适用不同的条件。此外,依照检查处分的主体标准,分为法官、检察官所为之身体检查处分以及警察所为之采样和确认身份处分。参见林钰雄:《刑事法理论与实践》,中国人民大学出版社2008年版,第334页。

不同意的情况下采取强制采样。依照现行《刑事诉讼法》第 130 条的规定，侦查人员可以对犯罪嫌疑人强制采样，而对被害人、第三人不得强制为之。这主要是鉴于采样行为会干预当事人的健康、隐私和尊严，对待犯罪嫌疑人、被害人和第三人应当体现差异。在实践中，办案人员对嫌疑人进行强制抽取血样的过程，通常不需要经过报请批准的程序。① 但以程序理念检视，即使对犯罪嫌疑人、被告人强制提取 DNA 检测，也存在违背"不得强迫自证其罪原则"之嫌。不得强迫自证其罪是对犯罪嫌疑人、被告人的诉讼权益给予保障的一项重要刑事司法原则，其基本含义是指犯罪嫌疑人、被告人具有反对自我归罪的特权，而西方学者对其基本含义又扩张解释为：被告人没有义务向控方提出任何可能使自己陷于不利境地的陈述；控方不得采取非人道、有损人格尊严的方式强迫被告人作出陈述或提供证据。② 据此可知，被告人享有两项基本的权利：一是被告人对陈述享有不受强迫的权利；二是被告人对是否提供不利自己的证据（包括血样等 DNA 检材）享有选择权。③ 在 DNA 生物检测的提取方面，除去当事人自愿接受采样的情形外，更为常态的是在被告人、犯罪嫌疑人不同意的情况下，需要对他们采取一定的强制手段，使他们配合检测。这种采取强制手段的方式，迫使被告人提供有罪证据的做法，与不得强迫自证其罪的原

---

① 实证研究发现，各地公安民警在办理刑事案件中采集嫌疑人血样的做法不一。以上海为例，该市公安局制定的《关于进一步加强违法犯罪嫌疑人员信息采集工作的规定》（沪公发〔2011〕36 号）对此有所规定，在采集血样方面，由各看守所的专职采集员负责采集，办案民警将 FTA 血样采集卡随同被采集者一并移送监所。参见陈邦达：《实证和比较法视野下的强制采样研究》，载《中国刑事法杂志》2011 年第 9 期，第 34—42 页。
② 参见宋英辉：《外国刑事诉讼法》，法律出版社 2006 年版，第 30 页。
③ 理论界对此存在不同的观念，一种观点认为，不得强迫自证其罪主要针对犯罪嫌疑人的供述。例如，《美国联邦宪法》第 5 条将不得强迫自证其罪规定为公民的宪法权利，但根据美国联邦最高法院的解释，不得强迫自证其罪的权利只针对口供等言词证据，而不包括诸如提取体液、指纹、声音样品等实物证据。参见宋英辉：《外国刑事诉讼法》，法律出版社 2006 年版，第 30 页。另一种观点认为，强制提取 DNA 检样行为违背第五修正案的规定。See David H. Kaye. *DNA database trawls and the definition of a search in Boroian v. Mueller*. Virginia law review in brief. August 4, 2011; See Michael P. Jewkes. Just scratching the surface: DNA sampling prior to arrest and the fourth amendment. Suffolk University Law Review, 2001. 德国也有学者认为，DNA 强制采样违反不自证其罪的原则。参见朱富美：《科学鉴定与刑事侦查》，中国民主法制出版社 2006 年版，第 280—282 页。

则存在一定张力与价值冲突。而如何处理强制采样与不得强迫自证其罪的矛盾,是健全 DNA 数据库配套制度必须回应的问题。

(三)信息保存与隐私权保护的冲突

当侦查人员、鉴定人完成检材提取工作之后,检测 DNA 信息的鉴定接踵而至,这一过程将可能进一步暴露公民的隐私信息。正如台湾学者所质疑的:"身体检查的授权是否已经包含 DNA 的检测在内?"该学者认为,抽血不是自我目的,抽血是为了供作检测用途以厘清案情。所以德国实务界向来认为,抽血处分的授权当然包含对该血样的检测在内。DNA 技术带来了革命性的进展,它提供了许多超乎证物个性化目的的信息,没有比 DNA 更能彻底暴露个人信息。① 由于 DNA 检测的 STR 遗传信息中包含人体遗传信息,其信息如果保存不当,或执法人员滥用权力、疏忽大意,可能给当事人的生活带来诸如基因歧视等隐患。例如,某些特殊的用人单位可能得知应聘人员的 DNA 信息曾被收录于数据库中,但数据库中又没有证明其已被确定无罪的记录,从而拒绝录用该应聘者;某些保险公司可能因为知道其投保人、被保险人存在发生某种疾病的高概率风险而拒绝投保,或者收取高额的投保费用②;再如,某些收养子女的家庭,如果因为父母与子女的 DNA 信息泄露,则可能遭遇家庭分崩离析的不幸。③ 可见,虽然 DNA 数据库

---

① DNA 检测技术带来革命性的进展,该技术对证物个体化的努力有莫大的贡献,但它也提供了许多超乎证物个体化目的的信息,它透露了个人所有的深层隐私,包括其父系、母系、手足乃至不为外人所知悉的遗传特征和生理缺陷。参见林钰雄:《干预处分与刑事证据》,北京大学出版社 2010 年版,第 24 页。

② 在美国,前总统布什于 2008 年签署了《基因信息非歧视法案》(the Genetic Information Non-discrimination Act),该法案规定,雇主、保险公司不得对那些在基因检测中被认定为先天性疾病患者、慢性疾病倾向者,采取拒绝雇佣、晋升或健康投保等行为。See Derek Regensburger. DNA databases and the fourth amendment: the time has come to reexamine the special needs exception to the warrant requirement and the primary purpose test. Albany Law Journal of Science & Technology, 2009. 19 Alb. L. J. Sci. & Tech. 319.

③ 当然,从打击拐卖儿童的角度看,对收养子女的父母进行 DNA 检测也是配合打拐活动的需要,是今后完善收养法律、法规必须解决的问题。参见郑静、朱敏:《公安部要求建打拐数据库 抱养收养孩子今后要测 DNA》,载凤凰网(http://news.ifeng.com/gundong/detail_2011_04/17/5793430_3.shtml),访问时间:2011 年 11 月 21 日。

有助于确定侦查方向,提供锁定犯罪分子的有利线索。但如果运用不当也容易引发伦理、道德问题。在美国,联邦法律只允许储存保留已决犯的 DNA 信息、犯罪现场遗留的样本、未查明的人体检材以及失踪人员家属 DNA 信息,而不允许将被逮捕者、嫌疑人的 DNA 样本编入联邦 DNA 数据库(Combined DNA Information System,简称 CODIS)。① 而在英国,国家 DNA 数据库(National DNA Database,NDNAD)于 2008 年被欧洲人权法院判决认定:该数据库侵犯民众隐私权,法院要求英国政府采取妥当的方式建立国家 DNA 数据库。英国政府表态将删除已被证实无罪的民众留下的 DNA 数据库档案,这将涉及 510 万份 DNA 档案中的 80 多万份档案数据。② 部分欧盟国家对 DNA 数据库中嫌疑人 DNA 信息的录入与移出作出了一定的限定(见表 3-3-3)。③ 但在我国,立法上没有对 DNA 数据库不得用于执法、司法以外的其他用途作出限制,并且在防止 DNA 数据库信息被外界获取、被不法利用等方面的配套制度还不够健全。缺乏严厉的责任追究制度,造成执法人员对

---

① 美国所有州以及联邦政府通过立法建立 DNA 数据库,CODIS 是由联邦调查局(FBI)管理的国家刑事犯罪数据库,在 2003 年 1 月,CODIS 已经收录大约 130 万份 DNA 样本信息。按照目前的美国立法,只有法院判决有罪的成年犯之 DNA 信息,才能存入国家数据库。See Bonnie L Taylor. Storing DNA samples of non-convinced persons & the debate over DNA database expansion. Thomas M. Cooley Law Review, Michaelmas Term, 2003, 20 T. M. Cooley L. Rev. 509.

② 在此前的英国司法实践中,一旦被检测者的 DNA 存入 NDNAD,执法部门可以无期限保存。在马普诉约克郡警察局[R (S & Marper) v. Chief Constable of the Yorkshire Police]一案中,两名被检测人诉至法院,主张政府这一行为违背《欧洲人权公约》第 8 条、第 14 条关于隐私权和非歧视的规定。这一诉请被法院驳回以后,他们向欧洲人权法院提起上诉,后者于 2008 年 12 月判决认为:英国目前的 NDNAD 违背上诉人第 8 条的隐私权。英国政府必须考虑采取妥当的方式使 DNA 数据库建立在不侵犯公民隐私权的基础上。欧洲法院在判决中讨论了四项议题:(1) 数据库保留无罪者的样本、信息是否有具体、合理的时限?(2) 是否根据指控犯罪的严重程度区分检材保存的范围?(3) 无罪人员是否享有通过明确、合理程序提请删除信息的动议?(4) 未成年人是否享有区别于成年犯的特别处遇?上述标准是英国政府改革国家数据库必须考虑的。See Craig Nydick. Comment: The British Invasion (of privacy): DNA databases in the United Kingdom and United States in the wake of the marper case. Emory International Law Review, 2009, 23 Emory Int'l L. Rev. 609.

③ 参见章少青:《欧美国家 DNA 数据库的应用现状及前景》,载《中国司法鉴定》2006 年第 6 期,第 76—78 页。

数据库信息保密的义务难以落实到位。经过侦查、审判被排除犯罪嫌疑的清白者提出删除其 DNA 信息的请求欲诉无门。虽然目前的数据库在技术上可以做到记录删除,但删除记录必须经过公安部国家 DNA 数据库有关部门的批准,并由专员操作,但由于立法对 DNA 记录删除的情形、条件未予明确,执法部门可以永久保存这些信息。这些问题都表明,我国在建立 DNA 数据库打击犯罪的立法、执法观念中,忽视了对公民的隐私权保护,这与国家尊重保障人权的法治目标是相悖的。

表 3-3-3　欧盟国家 DNA 数据库的数据控制　　（N = 14 个）

国家	嫌疑人录入条件	罪犯录入条件	记录移出条件
英格兰	任何不良记录	全部	不能
奥地利	任何不良记录	全部	宣告无罪后
克罗地亚	任何不良条件	全部	不能
斯洛文尼亚	任何不良记录	全部	宣告无罪后
瑞士	任何不良记录	全部	宣告无罪后
德国	可能 1 年以上徒刑	法庭宣判后	宣告无罪后
丹麦	可能 1 年半以上徒刑	1 年半以上徒刑	宣告无罪后
挪威	多种严重犯罪类型	法庭宣判后	不能
匈牙利	可能 5 年以上徒刑	5 年以上徒刑	宣告无罪后
瑞典	无	2 年以上徒刑	被证实犯罪后 5—40 年
荷兰	无	4 年以上徒刑	被证实犯罪后 5—40 年
比利时	无	法庭宣判后	被证实犯罪后 5—40 年
法国	无	严重犯罪类型	被证实犯罪后 5—40 年
芬兰	可能 1 年以上徒刑	1 年以上徒刑	宣告无罪后

（四）数据库推广与司法资源有限的矛盾

从目前 DNA 数据库的建立来看,需要在司法经费方面提供保障,而在一些技术条件尚未成熟的地方,要实现 DNA 检测的推广,还存在一定的困难。据有关调查显示,目前侦查中利用 DNA 数据库检测一名犯罪嫌疑人的成本约为 50 元人民币。据报道,内地一地级市公安局建立 DNA 数据库投入在实验室配套设备、技术人员、配置等方面的耗费将近 120 余万元。① 沿海地区投入的人力、物力还要更多。② 我们从美国联邦 DNA 数据库建立过程中所需的资金数额便可窥见一斑。美国国会于 1994 年通过了《DNA 鉴定法案》,该法案同意联邦政府将建立 DNA 数据库的经费纳入国家财政预算的范围,并由联邦政府向各州提供全额拨款。2003 年美国前总统布什签署了表决法案授予该项目的经费补助。拨款 10 亿美金用于全国各州和联邦的 DNA 数据库,然而这一资助也引起了美国相关专家的担忧,如有官员认为:"在几年以后,阿拉斯加州将不再享有联邦政府的资金资助,由于 DNA 数据库的扩大而削弱了政府在公共安全方面投入的经费,这将导致阿拉斯加州不得不削减治安警察和维稳警察的人力投入。"③此外,数据库的维护费用也是惊人的。有专家称:FBI 国家 DNA 数据库(CODIS)每年投入 1 200 多万美元用于 DNA 数据库的维护、升级和培训等。④ 可以预期,在我国,DNA 数据库的建立及其在全国的推广,仍需一笔雄厚的资金作为支撑后盾。个别地方的 DNA 数据库由于缺乏持续的资金资助,已经暴露出 DNA 实验室基础设施和人员配备条件有限的问题。例如,实验室空间无法满足区域检测需求,设备未能及时更新换代,无法满足检测的质量和效率的要求。对这种司法资源的投入,我们必须审慎分析 DNA 数据库运作与实现经济诉讼目标是否相符合。经济学家加里·贝克尔将"利益最大化动机"运用到诸多学科领域,他认为,

---

① 义丽、张慧娟:《市公安局投入一百二十余万元建成 DNA 实验室》,载 2011 年 6 月 15 日《晋中日报》,第 003 版。

② 例如,苏州市公安局对 DNA 专业硬件建设和人员投入,先后投入 1 600 余万元,用于引进设备和人员。参见尤莉、周斌伟、何琳:《苏州 DNA 破案数全省第一》,载《江苏法制报》2010 年 9 月 8 日,第 A05 版。

③ Marika R. Athens, Alyssa A. Rower. Practicum: Alaska's DNA database: the statute, its problems, and proposed solutions. Alaska Law Review, December, 2003, 20 Alaska L. Rev. 389.

④ 参见葛百川、王海鸥、陈连康等:《赴美国考察 DNA 数据库及 DNA 实验室的情况介绍》,载《刑事技术》2010 年第 3 期。

经济分析的方法在社会、法律和政治等领域同样适用。① 在刑事司法过程如何实现利益的最大化？波斯纳通过研究认为,要达至诉讼程序的经济目标,就必须使两类成本最小化,即错误的司法判决成本与诉讼制度的运行成本。② 据此,可以认为 DNA 数据库的资源投入在刑事诉讼中也存在着诉讼成本、诉讼收益的问题,建库资金、数据库维护和人员培训的费用,都可以纳入其成本范围,而有效打击犯罪、纠正冤假错案的效果可以归入诉讼收益。二者必须维持一定的平衡。如果投入的司法资源增加,而诉讼中待处理的案件量大幅度增加,而且超过了诉讼资源投入的增长率,就会造成诉讼资源的"相对恶化"③,而在刑事诉讼中司法资源的稀缺性、易耗性,决定了刑事诉讼总是以最小的诉讼资源投入产生最大的案件数量。因此,如果要将 DNA 数据库在刑事侦查中进一步推广,必须将经济性作为一个重要的衡量标准。

四、DNA 鉴定数据库的进路

我国公安部既已将 DNA 数据库作为"金盾工程"的重点项目,数据库的建立、推广也如火如荼地进行,数据库相关的制度规范必将在不远的未来纳入立法议程。虽然数据库存在诸多理论和实践的困境,但只要权衡利弊,精密打造,DNA 数据库必将如虎添翼。

（一）立法模式的选择

考察域外法治国家关于 DNA 数据库的立法模式,大致有两种:一为单独立法模式。例如,美国 1994 年制定《联邦 DNA 鉴定法》,对联邦调查局建立国家 DNA 检索系统作出规制。德国 1998 年制定《DNA

---

① 加里·贝克尔认为,经济分析是一个统一的方法,适用于解释全部人类行为,包括种族歧视、生育、教育、犯罪、婚姻、社会相互作用以及其他社会的、法律的、政治的问题。参见〔美〕加里·S.贝克尔：《人类行为的经济分析》,王业宇、陈琪译,上海三联书店、上海人民出版社 1995 年版,第 11 页。

② 参见〔美〕理查德·A.波斯纳：《法律的经济分析》(下),蒋兆康译,中国大百科全书出版社 2004 年版,第 267 页。

③ 参见左卫民：《刑事诉讼的经济分析》,载《法学研究》2005 年第 4 期,第 122—132 页。

身份确认法》,赋予警方收集和储存已决罪犯的 DNA 样本,允许采集血样建立 DNA 数据库,并将此项内容增加到《德国刑事诉讼法》第 81 条 g 款。二为附带于刑事诉讼法进行规定的立法模式。例如,《法国刑事诉讼法典》第二十编"信息化处理的全国遗传印迹记录",对收录被判刑者的生物与遗传印迹,以便人身识别,作了规定。①

就这两种立法模式的区别而言,单独立法除了满足刑事诉讼需要之外,还可以调整将 DNA 鉴定应用于其他更为广泛的诉讼用途,甚至非诉讼用途领域的法律关系。例如,可用于社会治安防控、民事亲子鉴定、流浪失踪人员身份识别,等等。附带性立法主要从程序规范角度,对刑事诉讼中 DNA 鉴定的运用进行规制。就我国而言,从长远看,为了满足 DNA 数据库合理充分地运用于执法、司法领域,采取单独制定 DNA 鉴定法律的方式,对我国具有更为积极的意义。但由于 DNA 鉴定涉及的专业性强,在短期内,法律工作者和技术人员都难以驾驭技术规范、法律规范两个领域;同时立法必须理顺与现行司法鉴定法律、法规的关系,以免叠床架屋。鉴于我国目前有些地方已经制定了 DNA 数据库管理规范,例如,山西省大同市 2009 年制定《大同市公安机关 DNA 数据库建设实施方案》、上海市公安机关于 2004 年颁布了《关于进一步加强违法犯罪人员信息采集工作的规定》,等等,所以,可对既有规范加以整合、完善,由国务院制定行政法规,条件成熟后再进入人大立法。

(二) DNA 数据库立法的原则

1. 法律保留原则

法律保留原则是德国行政法学家奥托·迈耶首创的公法原则,其旨意在于捍卫个人的基本权利神圣不可侵犯,对个人及其财产权利的限制必须基于公共利益因素的考虑,并得到立法机关以法律形式表达的认同,即"无法律即无行政"的原则。② 随着时代的变迁,法律保留

---

① 参见《法国刑事诉讼法典》,罗结珍译,中国法制出版社 2006 年版,第 500—504 页。
② 参见〔德〕奥托·迈耶:《德国行政法》,刘飞译,商务印书馆 2002 年版,第 38 页。

原则提出后逐渐上升为宪法原则,并对宪法"测振器"的刑事诉讼立法产生巨大的影响。它要求对警察权与司法权侵犯公民权利的行为必须受到"法律保留"的约束。从西方法治国家的立法分析,多国刑事司法中确立了该项原则,从法律规定上对强制措施的适用进行限制。例如,德国基本法就规定,对有损公民的法定权利时,必须有法律明文规定的授权;在国家公权力涉及公民权利时,必须在法律规定的幅度范围内进行。① 而按照《公民权利和政治权利国际公约》的规定,对隐私权的保护要求方面,一是国家有义务保护个人隐私免予遭受其他个人或组织的非法干扰;二是国家在侦查犯罪时,司法人员不得非法干扰个人的隐私,成员国的有关立法必须详细具体说明可以容许这种干涉的明确情形。② 在侦查中,对犯罪嫌疑人进行 DNA 信息提取与保存虽然可以达到比对 DNA 数据,实现打击犯罪、警戒再次违法的效果,但这一过程也会侵犯到被检人的隐私权,需要对其启动条件进行限制。近年来,我国公安机关为了推动相关规范和标准化工作,先后制定了《公安机关 2009—2013 年 DNA 数据库建设规范》和《法庭科学 DNA 数据库建设规范》,为推动 DNA 数据库的法治进程树立了里程碑,但目前对 DNA 检样采集对象的范围、数据库应用范围及限制、司法机关权限职责等问题仍属于立法空白。笔者认为,法庭 DNA 数据库中前科库样本的保留必须限定于特定性质的案件,如针对恶性暴力犯罪、性犯罪、危害国家安全犯罪、恐怖活动犯罪等方面进行限制。

2. 比例原则

比例原则是公法上的"帝王条款",其思想可追溯到《英国大宪章》中"人民不得因轻罪而受到重罚"的规定。刑事诉讼中的职权行为在对公民基本权利进行限制时,必然涉及公权力与私权利之间的利益冲突,必须在追究犯罪与保障人权之间寻求平衡点。所以在刑事诉讼

---

① 参见〔德〕赫尔曼:《〈德国刑事诉讼法典〉中译本引言》,载《德国刑事诉讼法典》,李昌珂译,中国政法大学出版社 1995 年版,第 18 页。

② 参见杨宇冠:《人权法:〈公民权利和政治权利国际公约〉研究》,中国人民公安大学出版社 2003 年版,第 126 页。

中贯彻比例原则,成为司法文明的基本表征。在刑事诉讼中引入比例原则,对侦查行为进行控制,就是要限制国家权力,尽量减少它对私权的侵犯,国家追溯犯罪的活动,必须切实做到公权力的强弱、范围、幅度与犯罪行为的情节轻重和危害大小相适应。通常表述为"反对以大炮打小鸟"。对强制措施适用的限制是贯彻比例原则的体现,与无罪推定原则也是紧密相连的。从法理上分析,既然任何人未经法庭审判应当推定为无罪,也就应尽可能使用人身和财产不受限制的手段。在法庭 DNA 信息的检测、录入数据库等行为中引入比例原则,首先,要求侦查中必须对 DNA 检材提取的方式进行规制。尽量采取对公民身体健康损害最小、对公民隐私及人格尊严伤害最轻的方式进行。其次,必须充分考虑提取 DNA 检材进行遗传信息分析的必要性,提取、保存 DNA 信息的情形只能限于它与待证案件事实具有相关性、不可替代性。再次,对 DNA 检测尽量采取非密码区的基因信息。最后,对数据库信息的保留期间必须规定一定的时限,与犯罪行为的危害程度相适应。

3. 令状原则

令状原则是当今法治国家在刑事司法中确立的重要原则,作为司法权力抑制和人权保障的一项基本原则,它通过中立第三方对侦查行为进行控制、衡量,达到抑制权力扩张、防止侦查权滥用的目的。[①] 我国传统刑事司法观念中赋予侦查机关相对畅通的权力行使空间,随着国际人权运动的推动、刑事司法文明的发展,令状原则在我国刑事诉讼立法中得到一定的贯彻和体现。然而,实际上我国刑事诉讼中并未实行实质上的司法令状主义。立法对干预公民个人隐私较为严重的侦查手段的控制方面,如技术侦查手段的规定,体现了"行政令状主

---

① 如在日本刑事诉讼中需要强制采集尿样时,警察会要求犯罪嫌疑人主动提供尿样,拒绝提供尿样的,将实施从 1977 年开始施行的由医师强制进行尿样采集的规定,但这时应当获得法官签发的令状。过去主要是鉴定处分许可状措施,但日本最高法院在 1980 年的判例中认为,对重大的犯罪,在侦查迫不得已的情况下,要在充分考虑犯罪嫌疑人人身安全和保护人格的基础上,允许用尿管强制采集尿样。参见〔日〕松尾浩也:《日本刑事诉讼法》(上卷新版),中国人民大学出版社 2005 年版,第 85 页。

义"的特征。① 当然,这种由侦查机关自我内部控制的模式到底能发挥多大的权力控制作用,仍然受到一定的质疑,但不管如何,已经是立法的一大进步。在 DNA 数据库的运作中贯彻令状原则,就要求对采取 DNA 检测、储存 DNA 信息进行令状控制,至少也要经过公安机关负责人严格把关的审批程序。

(三)具体的立法建议

1. 细化采样程序

为了健全 DNA 数据库的配套制度,需要细化规定 DNA 样本采集程序。可在现行《刑事诉讼法》第130条"人身检查制度"规定的基础上,进一步明确用于 DNA 信息检测的情形,并对样本提取、样本交接、样本保管程序进行规制。可以规定:"为了进行人身识别,查明案件事实,可以由专业技术人员按照相关的卫生管理规定,在不严重伤害犯罪嫌疑人身体健康的前提下,对犯罪嫌疑人的口腔拭子或血液进行 DNA 检测。如果犯罪嫌疑人不同意,经过侦查部门负责人批准,可以采取强制的方式进行检样提取。""从被害人或者与案件无关的第三人身体上提取 DNA 样本进行检测,必须经过被害人、第三人的同意。""提取的 DNA 检测样本应当及时送交技术人员分析检测,样本应当一式两份进行封存和固定,并由当事人和办案人员签字或捺印。""样本

---

① 例如,我国2011年公布的《刑事诉讼法修正案(草案)》第56条对该法第150条作出"为了查明案情,在必要的时候,经县级以上公安机关负责人决定,可以由特定人员实施秘密侦查","根据侦查犯罪的需要,经过严格的批准手续,可以采取技术侦查措施"的规定。参见《刑事诉讼法修正案(草案)条文及草案说明》,载中国人大网(http://www.npc.gov.cn),访问日期:2011年9月1日。这体现了"行政令状主义"的特征,即由侦查机关自行决定采取技术侦查手段,但如何避免内部控制易演化为权力滥用之倾向?若采取司法令状,由中立的司法机构对技术侦查进行判断、控制,其实践的效果如何?仍有待实证研究加以判断。从理论的角度分析,在科层式的侦查权力结构中,通过层级式的控制,侦查部门的领导起到把关作用,既承担追诉功能,又承担监督之责,二者职能难免存在冲突。如果侦查部门为了打击犯罪,容易造成它们尽可能同意使用技术侦查手段的后果。而如果将权力控制的任务由中立的第三方完成,与侦查部门自我决定相比,前者的审查与案件的侦查结果之间的利害关系显然更小,能够发挥中立审查的功能。有关科层制的权力特征,参见〔美〕米尔伊安·R.达玛什卡:《司法和国家权力的多种面孔——比较视野中的法律程序》,郑戈译,中国政法大学出版社2004年版,第27—35页。

的保管应当符合 DNA 鉴定技术的行业规范,防止样本蜕变、污染。""检测结果应当由所属单位技术室负责搜集,汇总到刑侦部门的 DNA 数据库。"

2. 明确数据库的入库范围

由于没有全国性的 DNA 数据库工作规定,全国各地公安机关对入库样本的采集范围缺乏统一的规范。例如,2009 年公安部颁布了《全国公安机关 2009—2013 年 DNA 数据库建设规划》,其中提到要对"十类案件""八类人员"进行 DNA 采样建库。上海市公安局联合有关部门制定的《关于印发〈违法犯罪嫌疑人员信息采集工作规定〉的通知》,对采样范围作出了列举,其中除了包括暴力犯罪、毒品犯罪、性犯罪等人员以外,还包括受过治安行政拘留处罚以上处理的违法人员。还有的地方规定,对监狱、看守所、劳教场所羁押人员,被采取强制措施人员,以及服刑人员的信息进行录入,而刑满释放人员则未作为入库对象。各地做法不一的现象,会造成全国数据库录入条件失范,也会给数据信息的分类、管理和运用增加难度。

从美国的 DNA 数据库立法经验看,各州的立法将性犯罪纳入提供 DNA 信息的情形,越来越多的州则趋向于将暴力重罪纳入其中。例如,杀人、绑架、纵火、抢劫。然而,大部分州规定必须是被宣判有罪者信息,才会被录入 DNA 数据库。阿拉斯加、密歇根、佛蒙特、威斯康星等州明确禁止将犯罪嫌疑人的 DNA 信息录入州数据库。只有路易斯安那州和德克萨斯州允许将被逮捕者的 DNA 样本录入州数据库。[1] 可见,美国各州对 DNA 数据库的录入范围考虑的因素主要有:犯罪侦查对 DNA 检测的依赖程度、案件性质的严重程度、当事人是否未成年人。至于是否能将犯罪嫌疑人的信息录入,由于各州的社会安全防控形势以及公民私权保护程度不同,做法存在差异。

---

[1] Bonnie L. Taylor. Storing DNA samples of non-convicted persons & the debate over DNA database expansion. Thomas M. Cooley Law Review, Michaelmas Term, 2003, 20 T. M. Cooley L. Rev. 509.

笔者认为,数据库分犯罪现场库、犯罪人员前科库两大部分,二者录入范围应有所差别。前者的信息录入,主要取决于案发现场发现的痕迹。从保护证据的角度看,对其录入范围不必限制。而后者涉及对犯罪嫌疑人、犯罪服刑人员 DNA 信息的录入,应对其录入条件加以控制。可综合考虑案件性质、犯罪危害程度和有利于犯罪分子改造等因素,规定具体的录入条件。在这方面,我国有学者认为,依据《刑法》破坏市场经济秩序罪案件、职务犯罪案件以及《刑事诉讼法》规定的两类自诉案件以外,其余的案件都可以录入 DNA 数据库。[①] 这为今后立法提供了根据刑法罪名确定 DNA 入库范围的思路。同时,对于 DNA 采样的对象,应当包括犯罪嫌疑人和宣判有罪的人。之所以要包括犯罪嫌疑人,是因为在案件尚未侦破之前,暂时性地保留这部分信息,有助于实现串并案侦查,确定侦查方向,提高办案效率;而在一定期限内储存宣判有罪的人的信息,可以威慑罪犯在服刑完毕之后不敢实施同种或相关的犯罪,另外也可以达到查清宣判有罪的人有无漏罪的目的。而对于案件性质很少涉及用 DNA 进行人身识别的犯罪、轻微刑事犯罪、经过查明排除犯罪嫌疑等情形不予录入数据库,也可减少数据库的资源耗费。

3. 健全信息保密及救济机制

通过 DNA 检测可以得到个人遗传信息、健康资料、家族病史以及关系到被检测者隐私的信息,这些信息一旦泄露或不当利用,将会引发伦理、道德及法律层面的诸多隐患。而随着数据库规模不断扩大,DNA 检测技术暴露的个体遗传信息内容增加。法律必须对个人信息保密提供有效的保障。目前我国立法对 DNA 数据库的用途、信息销毁期限、技术人员保密义务、信息库管理部门职责等方面的规定有待完善。今后立法必须明确数据库的用途,规定信息保密制度,在考量犯罪嫌疑人、被告人犯罪严重程度的基础上,对 DNA 信息销毁期限作出进一步的规定。

---

① 参见陈学权:《DNA 证据研究》,中国政法大学出版社 2011 年版,第 136 页。

（1）立法应当明确DNA数据库的用途。例如，规定只能服务于侦查中的人身识别、社会治安防控等情形，在刑事诉讼中使用DNA鉴定，只能用于侦查中的"人身识别"目的。这既是为了打击犯罪，也是为了防止无辜者被错判服刑。应防止将DNA信息用于其他非法用途。在这方面，德国立法规定DNA分析只能为血亲认定或者确认犯罪痕迹、物证；禁止为分析精神、性格或疾病方面的人格特征或处理财产能力的目的，这种通过立法明确DNA数据库适用范围的做法，足以为我国今后立法所借鉴。

（2）应当规定DNA数据库的信息保存和销毁期限，并对未成年人罪犯的DNA信息进行删除。有专家建议，在DNA数据库启动阶段，应当允许对鉴定样本进行短期的保存，当数据确定下来且检测技术也达到成熟阶段时，样本必须及时销毁，防止因管理疏漏而为外界所不当利用。立法时可采纳该建议。在信息的保存期限方面，对经过侦查可以确定排除犯罪嫌疑的，或者经过法院审理认定无罪的情形，应当及时销毁其DNA信息。对此，可以借鉴上文介绍之境外立法，例如，在法院宣判无罪后将记录移出；被证实犯罪若干年后移出。鉴于未成年人罪犯尚处于身心发展阶段，从有利于他们接受改造的因素考虑，应当给予其特别处遇，所以应当销毁未成年人罪犯的DNA信息。这样也符合现行《刑事诉讼法》确立的"未成年人犯罪记录封存制度"的旨意。

（3）应当规定违法使用DNA信息的制裁措施。为防止数据库工作人员粗心大意、管理疏漏，或者基于不正当之目的将数据库信息泄露，在规范保密制度的同时，还必须健全责任制度。有必要通过追究相关责任人员的行政责任、刑事责任予以保障，例如，通过《刑法》第243条之一"提供个人信息罪"追究相关人员的刑事责任。还可通过国家赔偿的方式救济，从而使国家、受害人、工作人员之间找到合理的平衡点，以保障公民取得国家赔偿的权利与促进国家机关依法行使职权的宗旨。① 从目前《国家赔偿法》的规定看,赔偿范围仅局限于错误拘捕、刑讯逼供等违法职权行为,尚未对公民在刑事诉讼中隐私权遭受司法机关侵害提供救济的规定,这将为立法的完善提出新的要求。

4. 强化质量控制及监督机制

近年来,我国具备DNA检验资质的鉴定机构由原来全国仅有的几家,发展到今天如同雨后春笋一样遍布全国。DNA实验室普及到地市一级,为建立全国DNA数据库提供了硬件。② DNA数据库在质量控制和监督方面也暴露出了一些问题:有的违法犯罪人员信息登记不全、出现缺漏;有的样本混装、漏装,登记信息与实际信息不符;有些样本采量过少,导致检验工作难以进行;有些工作人员未能严格按照采样规定要求进行收集。在现场库运行过程中,同样存在类似的问题:选择用于提取检材的载体带有随意性;现场提取生物检材时的防污染意识不强;现场提取生物检材不进行起码的澄清、甄别;保存、送检方式不正确等。③

上述问题启示我们:要保证DNA技术的精确性,离不开严格的质量控制、完善的监督机制等配套制度的同步跟进。由于数据库的主要功能是通过信息录入与比对,将被检测者信息与现场库、前科库进行同一性认定,如果在运行环节由于管理疏忽、信息错误,将导致比对失误的后果。

在强化质量控制方面:① 要建立、健全严格防污染措施和相应的污染检测体系,以防止DNA检材污染蜕变。② 要加强DNA鉴定机构的质量认证认可,保证鉴定机构具备DNA检测的资质。对DNA实验室的等级评定、国家认证认可要求进行规范化。③ 要提高技术装备和人员队伍整体水平,使数据库满足DNA检测的质量和效率的需求。

---

① 从国家赔偿制度的目的看,虽然国家赔偿与民事赔偿具有同源性,但国家赔偿对防止公权力滥用,具有不可替代的作用。参见江必新:《国家赔偿法原理》,中国人民公安大学出版社1994年版,第36—40页。

② 参见吴梅筠:《法庭生物学》,四川大学出版社2006年版,第367页。

③ 参见张斌、俞卫东:《南京地区法庭科学DNA数据库建设现状、问题及对策》,载《中国法医学杂志》2006年第5期,第319—320页。

在强化监督机制方面:① 要加强对技术人员收集生物样本的监督,重点监督采样过程的合法性。为防止生物样本的调包、污染,提取生物样本以后,必须监督有无被检样人或见证人签名、捺印。监督技术人员在采集卡上正确填写时间、地点、当事人姓名和办案人员等基本信息。为防止样本蜕变,必须在规定的时间内移送给刑侦技术部门进行检测。样本提交刑侦技术部门之后,必须具备样本交接登记等相关的备案工作,填写送至鉴定实验室检测的时间、地点、数量、标准等信息。② 要加强对DNA检测的监督,监督检测的标准是否符合行业规范、检测的过程有无疏漏。

五、结论

人类司法证明方法由"神证""人证"到"物证"的转变,如今的转变标志着"司法证明方法开始走向科学的历程"。① 当下,我国刑事侦查理念逐渐减少了对口供的依赖,逐步重视司法鉴定的运用。以鉴定技术为载体的DNA数据库将在未来的刑事诉讼中进一步发挥提高侦查能力、推动刑事司法文明发展的作用。近年来,我国DNA数据库在规模、技术、配备与应用等方面的进步值得首肯,但仍然存在着诸如行政化管理、程序公正缺失的不足,而与此相关的程序规范、管理机制、监督机制亟待完善。DNA数据库在运用中,也存在着如何做到程序正当、隐私保护、司法高效等方面的困惑,但只要合理权衡打击犯罪与保障人权的利弊,科学铸造侦查中的这把"双刃剑",DNA数据库将成为促进侦查法治化、提升司法文明的有力助推剂。

---

① 何家弘:《神证·人证·物证》,大众文艺出版社2003年版,第3页。

第四章 提升司法鉴定意见质证与采信的正当性

在上文,笔者论证了如何提高在侦查中运用司法鉴定手段的正当性问题之后,接踵而至的问题是如何提高审判中鉴定意见质证、采信的正当性?提升鉴定意见质证和采信的正当性需要从程序规范、证据标准等制度进行完善。本章将围绕提升鉴定意见质证和采信的正当性这一主题展开研究,认为通过建构鉴定意见庭前开示程序,完善鉴定人出庭作证机制,贯彻"有专门知识的人"参与刑事诉讼制度,达到增强鉴定意见庭审质证效果的目的,并通过健全法官采信鉴定意见标准,最终实现提高鉴定意见质证与采信正当性的目标。

第一节 鉴定意见的开示程序

一、问题的提出

(一)相关制度的内涵

鉴定意见开示是证据开示的特殊种类,因此,研究鉴定意见开示程序,还必须对证据开示程序作一番了解。所谓"证据开示",乃源自英美国家审判中的"Discovery",《布莱克法律辞典》解释道:"证据开示是一种审判前的程序和机制,用于诉讼一方从另一方获得与案件有关的事实情况和其他信息,从而为审判做准备。"①据此可知,证据开示在刑事诉讼中指控辩双方在开庭审判前或者审判过程中,按照一定的程序和方式,相互披露各自掌握或控制的诉讼证据和有关资料的活动。②证据开示制度所涉及的证据范围,在英美国家的立法上经过了一个发展变化的过程,证据开示的范围逐步扩大,开示的主体也由控方逐步扩大至控辩双方。证据开示之目的,是为了防止审判过程中出现证据突袭,影响事实的发现。诚如有的学者所言:"证据展示可以防止证据的突袭,开示程序的目的是为了让事实本身,而不是突袭或者技巧决定审判的命运,开示程序能够让诉讼各方在审前仔细推敲证据。"③

鉴定意见的开示程序是证据开示程序中针对鉴定意见而特别设置的一种证据揭示程序。根据以上"证据开示"的定义,我们可以给鉴定意见的开示程序初步下一个定义,即专门就刑事审判中控辩双方所掌握的鉴定意见,在开庭审判前或者审判过程中,依照一定的程序和方式相互披露,从而让控辩双方知悉鉴定意见的内容,就出具鉴定意见的鉴定机构、实施鉴定的鉴定人、鉴定的实施过程、鉴定所依据的原理等方面的问题交换意见的诉讼程序。

(二) 鉴定意见开示的功能

我们从鉴定意见开示制度在两大法系国家的发展过程可以发现:鉴定意见开示具有一般证据开示的共同功能,即它对防止鉴定意见证据突袭、提高控辩双方诘问鉴定意见的效率、提高刑事审判效率等方面都发挥了不言而喻的作用。

1. 防止鉴定意见证据突袭,保证审判活动的顺利进行

包括专家证言在内的证据开示制度,最早发源于英美法系国家,在英美法系当事人主义之下,刑事诉讼对抗式庭审的进程很大程度上

---

① See Bryan A. Garner Black's Law Dictionary 1399 (Eighth edition., Thomson West Publlishing Co 2009).
② 参见孙长永:《当事人主义刑事诉讼与证据开示》,载《法律科学》2000 年第 4 期,第 83 页。
③ 龙宗智:《刑事诉讼中的证据开示制度研究》(上),载《政法论坛》1998 年第 1 期,第 3—10 页。

是由控辩双方主导推进的,法官采取消极居中的态度主持庭审活动,与大陆法系职权主义之下采取"卷证并送"的做法所不同的是,英美法系国家并不存在所有案卷必须在起诉前移送给法官、法官必须依赖案卷驾驭庭审的问题。最初检控方并不存在证据开示的义务,但随着实践中出现检察官利用证据突袭的手段,使辩护方在法庭上对检方突如其来的证据措手不及。为了防止控辩双方在审判过程中利用证据突袭的诉讼伎俩影响案件真实的发现,英美法系国家在证据法中确立了包括专家证言在内的证据开示制度,作为防止诉讼突袭、发现案件事实真相的重要手段。

2. 保证辩方对鉴定证据内容的知悉权

2. 在采取"起诉书一本主义"的国家,鉴定意见开示作为"起诉书一本主义"的配套制度,发挥着保证辩方对鉴定证据内容知悉权的作用。在大陆法系国家,职权主义模式主导下的刑事审判过程由法官驾驭,为保证法官能够在庭审过程中对案情的梗概有所了解,从而能够自如地安排庭审工作,确定调查证人的先后顺序,针对控辩询问提出案件细节与核心问题等,必然在程序设置上要求检察官向法院起诉时做到"卷证并送"。这样一来,法官可以在开庭之前通过阅卷大致了解案件的内容,从而安排庭审传唤鉴定人出庭、调查鉴定意见的顺序。① 同时,辩方也可以在开庭之前到法院阅卷,了解控方掌握的鉴定证据,为庭审鉴定意见质证做好准备。由于起诉时案卷材料全部移送给了法院,且辩方可通过阅卷了解对方掌握的证据材料,所以,通常在大陆法系国家刑事诉讼中并不存在"证据开示"的必要。然而,由于卷宗毕竟是由警察、检察官在前期的诉讼阶段所制作,法官可能在阅卷时,基于卷宗内容而于审判前过早形成心证,导致审判中对案件的事实产生

---

① 笔者曾于2012年9月赴台湾中正大学法律系研习交流,其间与台湾嘉义市地方法院的法官、嘉义市地方法院检察署的检察官座谈时发现,许多法官对"卷证并送"以及"庭前阅卷"持肯定的态度。他们认为,法官在开庭前阅卷十分必要,许多法官会在阅卷的时候根据案卷内容做好相关的记录、整理,确定案件的焦点,从而为庭审中确定传唤证人顺序、制定询问及讯问策略、核实检验证据做好充分的准备。他们甚至认为,庭前阅卷是法官庭前"备课"的一项任务,也是评价法官工作优劣的标准之一。

先入为主的影响,容易对其他证据视而不见。① 所以,部分由职权主义向当事人主义改造的国家,例如日本,也意识到全部案卷移送主义存在弊端。"二战"后,日本刑事诉讼融入了当事人主义的成分,没有采取"卷证并送"制度,而采取"起诉书一本主义"制度,这是为了防止法官在审判前过多接触到控方提供的证据,从而形成不利于被告人的预断。同时,为了防止控辩双方证据突袭,日本还采取了"证据开示"的配套制度。因采"起诉书一本主义"的缘故,第一次审判期日前,卷宗及证物均还在检察官手中,故为保障被告人及辩护人法庭上攻防准备,贯彻审判公平原则,日本立法增设了"证据开示"制度,规定有被告或辩护人之请求,检察官应将卷宗及物证提供其检阅、抄录或者摄影。而且审判期日检察官提出调查之证据,当开示之证据是专家证人证言时,应事先告知该专家证人的姓名及住所;当开示之证据是物证或书证时,则应给予当事人阅览的机会。②

鉴定意见开示程序在发挥着上述一般证据开示相似功能的同时,由于鉴定意见相较于普通证据而言具有一些特殊之处,这就决定了其开示程序又发挥着有别于一般证据开示的特殊功能,主要体现在下列几个方面:

(1) 鉴定意见涉及专业性较强的知识,要实现其充分、有效的质证,就必须赋予控辩双方充足的准备时间。鉴定意见所涉及的鉴定科学技术知识的专业问题十分复杂,作为缺乏鉴定专业知识背景的公诉人、当事人及其辩护人、诉讼代理人均难以针对鉴定意见的客观性、真实性和关联性提出有效的质疑,甄别鉴定意见之真伪、正误绝非易事。由鉴定意见的开示,可以使控辩双方,尤其是当事人及其辩护律师提前掌握鉴定意见的形成过程,从而为庭审质证做好准备。所以,要保证控辩双方能够在法庭上对鉴定意见进行充分的质证,帮助法官采信

---

① 参见王兆鹏:《搜索扣押与刑事被告的宪法权利》,台北元照出版公司2003年版,第344页。
② 参见"最高法院"学术研究会编印:《"刑事诉讼起诉状一本主义及配套制度"法条化研究报告》(上),载《"最高法院"学术研究会丛书》(六),第16页。

科技证据,鉴定意见的开示程序就显得尤为重要。特别是 2012 年《刑事诉讼法》增加了"有专门知识的人参与刑事诉讼"的制度,要发挥"有专门知识的人"辅助当事人对鉴定意见展开质证的作用,就要在程序上保证当事人在庭审前可以咨询有专门知识的人,从而对鉴定意见所依据的科学原理、鉴定标准、与待证事实的关联性有更为全面的认识,进而在法庭审理阶段通过交叉询问指出部分有瑕疵的鉴定意见谬误之处,为法官采信科学可靠的鉴定意见提供依据。可见,鉴定意见的开示程序可以与有专门知识的人参与刑事诉讼制度配套运作、相得益彰,共同增强鉴定意见质证的效果。

(2)鉴定意见的开示有助于使得当事人对重新鉴定、补充鉴定的申请建立在对鉴定结果冷静分析、客观认识的基础上,从源头上减少非理性的重复鉴定频频提出。重新鉴定是当事人对鉴定结果不服的救济途径,它对防止鉴定意见"一言堂"、增强当事人对鉴定结果的信服力,具有其积极、合理的一面。但是,如果当事人仅仅根据鉴定意见对自己的诉讼结果是否有利来决定要不要提出重新鉴定的申请,这样的重新鉴定将是非理性的,它会造成多次鉴定、重复鉴定的后果,既浪费了司法资源,又使法官面对不同结论的鉴定意见时如何采信产生困惑。

造成重复鉴定的原因有很多方面,包括但不限于鉴定机构多头管理、司法机关鉴定启动权配置问题、当事人对鉴定意见不满,等等。① 其中,当事人因为对诉讼结果不满而频频提出重新鉴定申请是造成重复鉴定的一个主观因素,要避免这一因素,就要使当事人对鉴定结果有更客观、更理性的认识,只有当他们对鉴定结果有一定程度的认识,才能避免一些不必要的重新鉴定频频提出。鉴定意见的开示程序正是实现这一功能的必要手段,鉴定意见开示,可使当事人对鉴定意见的认识有更为充足的时间,判断鉴定意见是否存在瑕疵,从而决定有

---

① 有关重复鉴定成因的不同解释观点,可参见章礼明:《论刑事鉴定权》,中国检察出版社 2008 年版,第 82—87 页。

无必要申请重新鉴定、补充鉴定。

(3) 鉴定意见的开示,可以使当事人及早知悉鉴定机构及鉴定人的基本情况,从而决定有无必要申请鉴定人回避。与书证、物证、证人证言的开示效果不同,鉴定意见的开示,将使得控辩双方及时了解实施鉴定活动的鉴定机构、鉴定人,从而使当事人可以提前掌握鉴定人是否与案件存在利害关系。在以往的司法实务中,鉴定人、鉴定机构往往等到开庭的时候才被当事人所知悉,这样一旦当事人提出要求鉴定人回避的申请,将导致法庭审理中断。

二、我国鉴定意见开示发展及存在的问题

鉴定意见开示必须兼顾两大目标,即在做到防止法官预断的同时,保证辩方对证据的知悉权,进而确保审判公正进行。从鉴定意见开示制度在法治国家或地区的运作状况分析,它同两项具体的诉讼制度紧密相关,亦即案卷移送制度和律师阅卷制度。前者使法官在开庭之前掌握案件事实的有关材料,从而做好驾驭庭审的准备。后者使辩护人知悉控方的指控罪名和掌握的主要证据,进而做好辩护防御的准备。而刑事案卷移送的方式以及律师阅卷的范围,都将决定诉讼中有无必要建立鉴定意见开示制度。基于此,本部分对鉴定意见开示相关的两大制度——案卷移送制度和律师阅卷制度进行分析,以期对我国的鉴定意见开示有更为清晰的认识。

(一) 相关制度的演变

我国 1979 年《刑事诉讼法》确立了"全部案卷移送主义",根据该法第 108 条的规定①,人民法院对提起公诉的案件要进行全案审查才决定是否开庭。这就要求检察机关提起公诉时要一并移送"全部案卷"材料。这一规定,使法官在开庭审理之前已经掌握了控方提供的

---

① 1979 年《刑事诉讼法》第 108 条规定:"人民法院对提起公诉的案件进行审查后,对于犯罪事实清楚、证据充分的,应当决定开庭审判;对于主要事实不清、证据不足的,可以退回人民检察院补充侦查;对于不需要判刑的,可以要求人民检察院撤回起诉。"

案卷材料,由于法官习惯于在开庭之前阅读卷宗,了解案情,从而安排庭审工作。因此,他们在开庭前青睐于对案卷进行细致阅读,并在此基础上整理出案件争议的焦点。在这个过程中,法官也容易受到司法队伍的同僚——检察官指控犯罪事实的影响,先入为主地对案件的事实形成判断。这种法官审判前的预断问题,被许多专家、学者所诟病。

在律师阅卷权方面,1979年《刑事诉讼法》赋予律师一定的阅卷权。[1] 依据该法的规定,辩护律师可以查阅本案材料,了解案情。由于全部案卷既包括对被告人不利的证据,也包括有利于被告人的证据,这样一来,辩护人的阅卷过程在一定程度上就可以运用"证据开示"功能——使辩方知悉检控方掌握的证据,从而为庭审质证、辩论做好准备。

1979年《刑事诉讼法》虽然使律师通过阅卷了解案件的基本情况,却也存在法官预断的弊病,为了改变司法实践中这一"先判后审""先定后审"的现象,同时也为了防止法庭审理走过场,进而实现法官居中裁判,增强控辩对抗性,提高司法公正性。1996年《刑事诉讼法》的修改确立了"主要证据复印件主义",即检察机关向法院移送案卷时,只要移送"附有证据目录、证人名单和主要证据复印件或者照片"的卷宗,而不必全部案卷移送。该条款修改之目的主要在于防止法官先入为主、形成不利于被告人的预断。[2] 这是因为,起诉书毕竟是侦查人员、检察人员在侦查、审查起诉阶段制作的,用以追究被告人刑事责任的司法文书,基于指控犯罪的职能倾向,他们难免会对不利于被告人的证据进行遴选,而有意无意地将有利于被告人的证据进行剔除。与这一改革举措接踵而来的问题是——由于辩护方只能通过阅览检

---

[1] 1979年《刑事诉讼法》第29条规定:"辩护律师可以查阅本案材料,了解案情,可以同在押的被告人会见和通信;其他的辩护人经过人民法院许可,也可以了解案情,同在押的被告人会见和通信。"

[2] 参见陈卫东、郝银钟:《我国公诉方式的结构性缺陷及其矫正》,载《法学研究》2000年第4期,第101—115页。

察院移送给法院的"主要证据复印件和照片"来了解控方掌握的证据,而检察官在移送主要证据复印件和照片时,往往忽略,甚至隐藏对被告人有利的证据。相关司法解释也没有对"主要证据"的范围作出明确而协调的界定,加之实务中检察官并不同意辩护方到检察院阅览他们尚未移送给法院的所有案卷材料。① 一方面,实践中暴露出"主要证据复印件主义",非但不能解决法官预断的问题,而且还会造成法官庭审前接触到有罪证据,影响法官以纯白之心居中裁判。另一方面,"主要证据复印件主义"还造成律师的阅卷范围受到一定的限制,只能限于"主要证据复印件和照片",无法像1979年《刑事诉讼法》确立的"全部案卷移送主义"那样获取更多的与案件有关的证据。这实际上是不利于辩方防御准备的。这一时期,备受学者呼吁的"证据开示程序",在这种情况下显得尤为必要。

2012年《刑事诉讼法修正案》第172条规定将"主要证据复印件主义"修改为"卷宗移送主义",检察机关在提起公诉时,应当移送全部的案卷材料及未能装订入册的证据(例如各种实物证据等)。但2012年《刑事诉讼法》的该项修改又与1979年《刑事诉讼法》确立之"全部案卷移送主义"不同:① 依照现行《刑事诉讼法》的规定,由于辩护人、被害人及其诉讼代理人提出书面意见应当附卷,法官可以全面看到控辩双方收集之有罪、无罪,以及罪重、罪轻的证据;② 1979年《刑事诉讼法》规定,法院在庭审前对证据进行"全案审查"的实质性审查,而现行《刑事诉讼法》规定,法院在开庭前对证据只是进行形式性审查,只要起诉书有明确的指控犯罪事实,即应当决定开庭审理;③ 现行《刑事诉讼法》增强了辩护人的阅卷权,扩大了辩方知悉控方证据的范围。

现行《刑事诉讼法》作出这些修改的理由,主要是考虑到"主要证据复印件主义"既浪费了人力、财力等诉讼资源,又容易给检察官对部

---

① 参见孙长永:《当事人主义刑事诉讼与证据开示》,载《法律科学》2000年第4期,第86页。

分有利于被告人的证据不予移送留下开口。当然,现行《刑事诉讼法》该项规定的实施效果如何,仍有待于今后通过实证分析加以检验。

(二)存在的问题

正如上文所指出的,鉴定意见开示涉及一对矛盾的平衡,即如何恰到好处地做到防止法官预断的同时,保障辩方知悉权。我国《刑事诉讼法》对公诉案件的卷宗移送制度经过两次修改,历经了简单效仿西方法治国家,到根据我国实践进行本土化改造的过程。1979年《刑事诉讼法》在案卷移送制度问题上,主要借鉴大陆法系国家职权主义模式,法官对庭审的驾驭要求检察院移送案卷材料,1996年《刑事诉讼法》吸纳了当事人主义的合理成分,对应地将"全部案卷移送主义"修改为"主要证据复印件主义",但对"起诉书一本主义"的配套制度——证据开示制度并没有完全借鉴移植,造成实践中总是问题多多。因为1996年修法时采取主要证据复印件主义,而且辩护人在案件进入检察院审查起诉阶段,享有查阅、摘抄、复制案件诉讼文书及技术性鉴定材料的权利①,但由于检察院只移送了主要的证据复印件和照片,辩护人通过阅卷获悉的证据范围也因此大大受到限制。证据开示程序制度的阙如,造成了控辩双方在法庭庭审前无法就鉴定意见的瑕疵、争议的焦点交换意见。2012年《刑事诉讼法》恢复了"全部案卷移送主义"之后,鉴定意见等所有证据都将在案卷中出现。② 律师阅卷范围也将比旧法规定的范围有所扩大,在这样的背景下,证据开示程序的主张,似乎已经没有旧法实施时学者们"千呼万唤"的紧迫性。但

---

① 1996年《刑事诉讼法》第36条规定:"辩护律师自人民检察院对案件审查起诉之日起,可以查阅、摘抄、复制本案的诉讼文书、技术性鉴定材料,可以同在押的犯罪嫌疑人会见和通信。其他辩护人经人民检察院许可,也可以查阅、摘抄、复制上述材料,同在押的犯罪嫌疑人会见和通信。"1997年最高人民检察院《人民检察院刑事诉讼规则》第319条规定:"技术性鉴定材料包括法医鉴定、司法精神病鉴定、物证技术鉴定等由有鉴定资格的人员对人身、物品及其他有关证据材料进行鉴定所形成的记载鉴定情况和鉴定结论的文书。"

② 2012年《刑事诉讼法》第38条规定:"辩护律师自人民检察院对案件审查起诉之日起,可以查阅、摘抄、复制本案的案卷材料。其他辩护人经人民法院、人民检察院许可,也可以查阅、摘抄、复制上述材料。"律师的阅卷范围得到进一步的拓展。

新法如何防止法官形成预断,防止法官在开庭前重阅卷而在开庭时轻听审,仍然没有实现大的改观。

(三)初步的结论

由上述内容可知,受传统职权主义的影响,在我国刑事诉讼中法官意欲主导诉讼、指挥庭审,对全部案卷移送主义尤为青睐,而在控辩对抗的诉讼模式中发挥积极作用的"起诉书一本主义",在我国移植、借鉴的效果并不理想。我们可以对《刑事诉讼法》相关条款的修改归纳如下:1979年《刑事诉讼法》采取的"全部案卷移送主义",由于辩方提出的有利于被告人的意见和证据不能进入法官视野,难免造成法官产生预断。1996年《刑事诉讼法》采取的"主要证据复印件主义"被随后的实践证明:它非但不能防止法官预断,而且造成法官在庭审时对案件知之甚少而难以驾驭庭审活动。更为甚者,由于律师阅卷范围受限、证据开示制度阙如,造成辩方在庭审时展开辩论、防御陷于被动。2012年修订的《刑事诉讼法》恢复了"全部案卷移送主义",但辩方意见进入案卷、辩方阅卷范围扩大,可以预期新法对改变法官形成预断的问题有一定的帮助。但证据开示制度的阙如问题依然存在,其实施效果如何亟待今后进一步的实证分析。

三、鉴定意见开示的制度比较

在下文,笔者之所以选取美国、日本和我国台湾地区进行制度比较,主要考虑到美国是当事人主义对抗制运作比较成熟的法治国家,其专家证言、鉴定报告书等证据的开示程序作用尤为充分,配套措施更为健全。而日本在"二战"后吸收了当事人主义的特点,起诉书一本主义和证据开示的捆绑运作,为我们探究职权主义国家吸纳当事人主义制度的经验和教训提供了借鉴的范本。而我国台湾地区自2002年"刑事诉讼法"采取"改良式的当事人主义"以来,移植了部分对抗式因素,能为我国大陆的改革提供经验。因此,以下将就美国、日本及我国台湾地区的证据开示程序(侧重于鉴定意见的开示程序)作一评介。

（一）美国的专家证言开示

作为刑事诉讼模式采当事人主义的典型国家,美国以成文法、判例法的形式确立了刑事诉讼中的包括专家证言在内的证据开示制度,然而这一制度并不是当事人主义刑事诉讼与生俱来的,而是经过了一个"怀胎十月"的发展过程。在美国,包括专家证言在内的证据开示最初源于民事诉讼,在早期的刑事诉讼中,"竞技性司法理论"位居主导思想,控辩双方为了在法庭审理中居于有利的地位,各自收集证据,任何一方都不能在审判之前获知对方掌握的科学鉴定证据,否则就被认为违背了公平竞赛的精神。[1] 刑事诉讼中的起诉书只载明诉因,并不过多涉及犯罪事实和证据,所以辩方也不知道控方掌握着什么样的证据,这样对被告人十分不利。这种做法在实践中暴露出一些问题:例如,检控方根据侦查中搜集的、对被告人不利的科学鉴定证据进行诉讼突袭;控辩双方在庭审中未能迅速确定专家证言观点分歧的焦点,造成诉讼拖沓,甚至旷日持久;证据常常成为诉讼突袭的武器,不利于案件事实真相的发现。

随着当事人主义诉讼的基础理论发生变化,特别是《美国联邦宪法》第五条和第十四条修正案关于正当程序的条款,为被告人提供了获得政府掌握的特定证据的权利,最高法院在布伦迪诉马里兰(Brady v. Maryland)案件中判决道:"无论控方是出于善意还是恶意,封锁有利于被告人的证据都违反了正当程序条款,如果该证据对定罪或处刑都具有实质意义的话。"[2] 通说的司法理论认为,审判应该针对当事人争议的事实进行澄清,而不能任当事人自由举证,甚至纠缠于细枝末节的问题。审判结果的公正性应当建立在揭示案件事实真相的基础上,而不是取决于控辩双方竞技技巧的高低,认为"审判必须强调对事

---

[1] 参见〔日〕平野龙一:《侦查与人权》,有斐阁1981年版,第241页。
[2] 〔美〕约书亚·德雷斯勒、艾伦·C.迈克尔斯:《美国刑事诉讼法精解》(第二卷·刑事审判),魏晓娜译,北京大学出版社2009年版,第139页。

实的探求,而不应是竞技"。① 与这种观念相呼应的立法活动是,1946年《美国联邦刑事诉讼规则》(Federal Rules of Criminal Procedure)第 16条将包括专家证言在内的证据开示纳入立法内容②,并逐步扩大了专家证言开示的范围,由控方的单方开示逐步扩大到控辩双方的开示。专家证言开示的目的就是要使控辩双方知道对方掌握的鉴定证据,从而为调查鉴定证据的可采性、准确性作出评估。所以,专家证言开示可以防止对方通过证据突袭、隐匿证据的方式获得胜诉或拖延诉讼,促进案件真相的发现。③

美国在刑事诉讼中确立了包括专家证言在内的证据开示制度,刚开始也引起了一些争议,它的反对者们认为:一方面,专家证言开示会导致被告对专家证人的贿赂或恐吓,使本来不愿意出庭作证的专家证人制度雪上加霜;另一方面,宪法赋予被告人免予自证其罪的权利,结果将导致检察官需要提供证据给辩方,但被告人却没有义务向检察官揭示证据的不公平结果。

针对反对者的这些观点,对专家证言开示持肯定态度的学者提出两点反驳意见:一是专家证人虽然因为被揭示身份容易招致恐吓,但该问题完全可以通过相关的制度得以解决。例如,法院可以发表"证人保护令"保护专家证人,或者仅对辩护律师予以揭示专家证人,但禁止其转告被告人;或者不揭示专家证人的住所,而请辩护律师到检察院办公室询问他们;或者由检察官向法官解释为何某位特定的专家证人如果被揭示将会招致不测,故需排除揭示的适用。二是检控方与辩方侦查取证的力量差别悬殊,证据开示恰恰能使当事人主义落到实处。此外,佛罗里达州最高法院曾于 1988 年成立委员会进行有关刑事证据开示的研究,其成员包括法官、检察官、律师及大学教授,结果他们也认为,刑事诉讼

---

① 该观点的代表性人物是布伦南法官。See Brenman. The criminal prosecution: sperting event or quest for turth? 1963 Wash. U. L. Q. 279(163).
② See Federal Rules of Criminal Procedure, Rule 16 (G).
③ See William Bradford Middlekauff, What practitioners say about broad criminal discovery practice: more just-or just more dangerous? 9 A. B. A. SEC. CRIM. JUST. 14 (Spring 1994).

采开示程序较为符合公平原则及诉讼经济原则。

美国目前证据开示的范围,依据《联邦刑事诉讼法规》第 16 条规定主要包括:第 16 条(a)(1) 规定被告有权请求检察官揭示下列五项证据:被告的供词(Statement of Defendant)、被告前科记录(Defendant's Prior Record)、书证及物证(Documents and Tangible Objects)、检验报告(Reports of Examinations and Tests)及专家证人(Expert Witness)。第 16 条(b)并规定,当被告人要求检察官揭示书证、物证、检验报告及专家证人时,自己也负有开示该项证据的义务。如果有一方未依法开示证据,法院有权命令其开示、检查证据(Inspection of the Evidence)、禁止其于审判中提出该项证据或作其他适当处置。证人、专家证人是否应为该审判前开示? 因为怕被告人恐吓证人、专家证人或有其他不当的影响,因此,第 16 条(a)(2) 规定检察官没有开示证人证词的义务,该条也未规定检察官应开示证人、专家证人名单。尽管这样,该法并不禁止检察官自愿把证人、专家证人名单提供给对方,法院甚至还鼓励扩大开示范围。《联邦刑事诉讼规则》第 12 条之 2 规定:被告人欲主张精神丧失免责事由时,应于审判前相当时间内先对检察官开示专家证言,否则法院可禁止其提出答辩或申请专家证人,或作其他适当的处置。①

美国各州也相继推广了包括专家证言在内的证据开示程序,对证据开示研究颇有建树的密尔顿·C.李教授(Milton C Lee, Jr.)统计表明:美国目前有 37 个州的开示范围比联邦法律规定的还要宽,其开示范围甚至包括证人、专家证人资料。甚至有 25 个州有开示证人证词、专家证言的规定。② 美国联邦规则和美国律师协会标准都要求开示政府掌握的科学检测和精神或身体检查结果。联邦规则的要求是,如果控方打算在审判中使用该项证据,或者该项证据对辩方而言具有"实

---

① Fed. R. Crim. P. 12.2(a)(b)(d).
② 参见吴巡龙:《新刑事诉讼制度与证据法则》,台北学林文化事业有限公司 2003 年版,第 323 页。

质性",控方就应当开示这项证据。①

(二) 日本的鉴定书开示

"二战"前的日本刑事诉讼采职权主义模式,实行"卷证并送主义",即检察官在向法院提出起诉书的同时,也将司法警察制作的移送书、笔录、检察官制作的笔录、扣押物、鉴定书在内的其他证据书类,甚至侦查报告书、陈报状、陈情书等均送到法院。② 日本1922年制定的《大正刑事诉讼法》第44条规定:"辩护人于被告案件被付公判后,得于法院阅览关于诉讼之书类及证据物,并得誊写该书类。于预审时辩护人得在场,并得阅览关于预审处分的书类及证据物,亦得誊写该书类。辩护人得审判长或预审法官之许可,得誊写证据物。"当时,日本学者认为,"全部案卷移送主义"有利于法院有效地进行诉讼指挥,有利于事实裁判者发现案件真相,但法官或多或少带有对被告人先入为主的偏见,通常是带着有罪的偏见开始审理的。③ 同时,辩护人通过行使阅卷权,发现案件中包括鉴定书在内的全部证据。辩护人可以在审判日之前阅览检察官侦查中搜集取得的鉴定证据,并从中发现有利于被告人的鉴定证据。

"二战"后,日本刑事诉讼吸纳了当事人主义诉讼的因素,废除了预审制度,上述《大正刑事诉讼法》第44条预审部分的规定删除后,其他内容仍然出现在现行《日本刑事诉讼法》第40条第1项关于辩护人对文书及证物的阅览和抄录权的规定中,即"辩护人于公诉提起之后,可以在法院阅览和抄录与诉讼有关的文书及证据物。但关于抄录证据物,应当经过审判长许可"。由于法官在审判期日前被控方提出的证据所说服,对控方提供的鉴定书也倾向于信赖,相信被告人确有起诉事实所指的犯罪行为,亦即产生预断。这是因为,卷证中大都包括

---

① 参见〔美〕约书亚·德雷斯勒、艾伦·C.迈克尔斯:《美国刑事诉讼法精解》(第二卷·刑事审判),魏晓娜译,北京大学出版社2009年版,第149页。
② 参见张永宏:《刑事证据开示之研究——兼论日本新证据开示制度》,台北文瑞印刷文具股份有限公司2009年版,第3页。
③ 参见〔日〕松尾浩也:《日本刑事诉讼法》(上卷),丁相顺译,中国人民大学出版社2005年版,第192页。

检察官收集的不利于被告的证据，多数情况下法官仍然受到追诉被告罪行的卷证影响而产生不利于被告的预断。因此日本采用"起诉书一本主义"（有关"起诉书一本主义"的模版可参见图4-1-1）。包括鉴定书在内的证据，只能等到证据调查完毕以后，才需向法院提出。该法第256条第6项规定："起诉书内不得附添可能使法官就该事件产生预断之虞的书类或其他物品，也不得引用该文书等的内容。"检察官在起诉时，只能向法院提出有关被告人年籍资料、起诉事实及罪名的起诉书，不能另行提出证据。这样，辩护人在第一次公判期日前，依照第40条第1项的规定，无法阅览获得被告人的证据，等到可以阅览到证据时，该证据多已完成证据调查了。因此，要求检察官开示证据以有利于被告人防御的呼吁由此产生。

日本自2005年11月1日开始实施新的公判前整理程序及证据开示规定。在此之前，《日本刑事诉讼法》中关于证据开示的规制，只存在于第299条第1项："检察官、被告人及辩护人申请询问证人、鉴定人、通译或翻译前，应预先给予对造方知悉被询问人的姓名及住所的机会。在申请调查书类证据或实物证据前，应预先给予对方阅览的机会。但对方对此无异议时，不在此限。"据此，法律并不允许当事人要求开示检察官申请调查证据之外的其他证据。① 但是，检察官将其掌握的、不准备在法庭调查的证据向辩方开示，对于保障当事人的防御权、维护当事人对等主义具有积极的作用。所以，日本实务界对鉴定书等证据开示的态度从"全面否定"逐步转向支持"个别开示"，即从最初的只要检察官没有打算在审判期日申请调查的鉴定书等证据，就可以拒绝向被告人及其辩护人开示，禁止他们阅览、誊写，逐步发展为后来的"只要不违背法规之明文及诉讼之基本构造，法院就具有借由适当的裁量以公正地行使诉讼指挥，就个别特定的证据命令检察官为

---

① 参见〔日〕石井一正：《証拠開示の在り方》，特集・公判前整理手続、刑事法ジャーナル、2号，2006年版，第15页。

证据开示"。① 鉴定书成为必须开示的八种类型性证据②之一（对于鉴定书的开示样式可参见图4-1-2）。检察官预定请求询问证人、鉴定人的时候，也要给辩护方了解证人、鉴定人的姓名、住所等机会。关于鉴定书等证据开示的时间，1969年的判例指出的内容，只涉及主询问结束后的情况，在主询问结束以前是否可以开示鉴定书等证据，对此判例没有彻底解决问题。关于开示的范围，应当是在申请开示"一定证据"的要求下开示鉴定书等证据的范围。

（三）我国台湾的鉴定报告开示

台湾目前刑事诉讼中实行"卷证并送主义"的案卷移送方式。③同时，我国台湾"刑事诉讼法"还赋予辩护人在审判中的阅卷权。④ 因此，一般情况下检察官于起诉之后，辩护人可以对检察官起诉时移送给法院的所有卷宗及鉴定报告进行检阅、摘抄或复制，除个别特殊的案件中检察官在起诉时有意隐藏有利于被告人的证据以外，在台湾刑事诉讼中实行"卷证并送主义"的情形下，并不存在"证据开示"的问题。因此，在台湾司法实务界保守的观点认为，其现行之"卷证并送主义"运作得当，符合刑事诉讼实践需求，没有必要引进"起诉书一本主义"之后再引入"证据开示"制度。

但在我国台湾"刑事诉讼法"变革时采取"改良式的当事人主义"的思潮中，学界及实务界有很多观点主张台湾刑事诉讼应当相应地将"卷证并送"改为"起诉书一本主义"。其理由主要有：

（1）"卷证并送主义"会使法官受到不利于被告人的卷证内容影

---

① 张永宏：《刑事证据开示之研究——兼论日本新证据开示制度》，台北文瑞印刷文具股份有限公司2009年版，第40页。

② 八种类型性证据包括：(1) 证物；(2) 法院或法官的勘验笔录；(3) 检察官的勘验笔录及警察机关的勘查报告；(4) 鉴定书；(5) 记录检方证人陈述内容的文书；(6) 记载被告以外的人陈述的文书，且其内容与检察官申请调查证据的待证事实有关者；(7) 记载被告供述内容的书面资料；(8) 记载调查时状况的书面资料。

③ 我国台湾"刑事诉讼法"第264条第3项规定："起诉时，应将卷宗及证物一并送交法院。"这就是台湾诉讼法学理上所称的"卷证并送主义"。

④ 我国台湾"刑事诉讼法"第33条规定："辩护人于起诉之后，即得对检察官于起诉时送交法院之所有卷宗及证据进行检阅、抄录或摄影。"

响,从而产生不利于被告人的预断。虽然检察官侦查后,基于检察官客观义务的要求,其证据中往往包含被告人提出或者通过其他方式收集的有利于被告人的科学鉴定证据,但毕竟检察官主要是收集了不利于被告人的证据而制作起诉书,因此在绝大多数情况下,法官难免受到不利于被告人的卷证影响而产生预断。

(2)卷证并送会造成法官忽视控辩双方在法庭上的举证、辩论情况,使"重阅卷、轻听讼"的倾向尤为明显,而采取"起诉书一本主义",由控辩双方主导证据调查,法院审判的对象更加明确,当事人进行主义和审判中心主义才能得到更加充分的贯彻和彰显。

但在1999年司法改革会议中,"起诉书一本主义"因我国台湾"法务部"的反对而未能达成一致的意见,立法过程考虑到的障碍因素主要集中在:"起诉书一本主义"牵涉到检察官的属性定位,增加检察官的工作量,法官与检察官人力资源如何协调,诸如传闻法则、交叉询问及证据开示等配套制度如何设计与运作,乃至包含辩护人指定的法律扶助费用与诉讼资源及时间成本耗费等问题。① 时至今日,台湾学界和实务界仍然有人主张应当将"卷证并送主义"改为"起诉书一本主义",并增设"证据开示"程序作为其配套改革制度。

(四)制度比较的结论

由上文对美国、日本及我国台湾地区有关专家证言、科学鉴定证据开示制度的评介观之:

(1)证据开示可以防止法官预断,切断案卷笔录在侦查、审判两个阶段的贯通关系。

(2)证据开示能够保证辩护方对鉴定意见、专家证言在内的证据享有知悉权,防止证据突袭对发现案件事实真相的影响。

(3)美国、日本及我国台湾对鉴定意见、专家证言的开示内容主要包括:对被告人具有实质性影响的鉴定意见、专家证言的内容、鉴定人、专家证人的姓名及住所等信息、鉴定意见、专家证言在统计学上的

---

① 参见陈恒宽:《证据开示制度之研究》,台湾"司法院"2011年版印制,第91页。

耦合率,等等。而对于被告人主张的精神丧失免责事由的专家证言,辩方需于审判前向检控方披露。这些做法对我国鉴定意见开示程序的建立、健全有一定的借鉴意义。

四、我国鉴定意见开示程序的建立

(一)我国亟须建构鉴定意见开示程序

1. 旧法有关鉴定意见等证据开示的情况

1996 年《刑事诉讼法》将 1979 年《刑事诉讼法》确立的"全部案卷移送主义"修改为"主要证据复印件主义"之后,学界和实务界有许多观点主张应当建立证据开示制度,其中也不乏专门针对鉴定意见开示的主张。① 这是因为,1996 年《刑事诉讼法》吸收了当事人主义元素的"主要证据复印件主义",但却没有借鉴和移植起诉书一本主义的配套制度——证据开示制度,造成了实践中出现的检察机关只移送对被告人不利的证据,剔除了对被告人有利的证据;辩护方通过审前阅卷只看到了部分证据,无法知悉包括鉴定意见在内的所有证据;法官在审前阅卷时只片面接触到检控方提供的有罪证据,容易据此造成先入为主的弊端。所以,笔者认为在 1996 年《刑事诉讼法》实施过程中,证据开示程序是缺失的,鉴定意见的开示更是如此。

2. 新法实施后有关鉴定意见等证据开示情况

笔者认为,在分析这一问题之前,必须认识证据开示与案卷移送制度、律师阅卷权之间的关系。在实行全部案卷移送主义,并允许辩护律师在案件进入审查起诉阶段查阅、摘抄、复制阅卷材料的情形下,

---

① 笔者在中国知网(CNKI)检索了 1997 年以来主张"鉴定结论(意见)开示"的文章,代表性的文章主要有:龙宗智:《刑事诉讼中的证据开示制度研究》,载《政法论坛》1998 年第 1 期;孙长永:《当事人主义刑事诉讼与证据开示》,载《法律科学》2000 年第 4 期;樊崇义、郭华:《鉴定结论质证问题研究》(上),载《中国司法鉴定》2005 年第 1 期;樊崇义、郭华:《鉴定结论质证问题研究》(下),载《中国司法鉴定》2005 年第 3 期;周湘雄:《鉴定结论开示程序研究》,载《社会科学研究》2007 年第 5 期;赵长江:《论我国司法鉴定质证程序的困境与出路》,载《中国司法鉴定》2011 年第 3 期;王素芳:《论司法鉴定结论的认证》,载《西南农业大学学报》(社会科学版)2011 年第 3 期。

证据开示似乎已经在这两个环节得以实现。当案卷采取主要证据复印件主义,律师只能通过检察院向法院移送的主要证据复印件掌握案件主要证据,其阅卷权得不到充分的保障,在这种情形下,证据开示显得尤其必要。2012年修订的《刑事诉讼法》改变了"主要证据复印件主义"而采取"全部案卷移送主义",似乎检察官在起诉时已经将前期收集的所有指控犯罪事实的证据都移送给法院,而辩护律师可以通过阅卷活动知悉侦控方掌握的证据,也有机会从中发现有利于被告人的证据,或针对这些有罪证据提前做好防御准备。从这个角度看来,鉴定意见开示已经由律师的阅卷过程得到实现。然而,笔者认为,鉴定意见相较于一般的证据而言,它涉及的鉴定科学技术知识较为复杂,非一般人所能理解和把握。为有效实现鉴定意见的庭审质证,有必要将鉴定意见开示加以特别指出,这样才能促使当事人及辩护律师对鉴定意见质证准备工作的重视。

3. 有关鉴定意见开示的思考

笔者认为,我国《刑事诉讼法》确实存在一些类似鉴定意见开示的制度,然而通过分析发现,专门针对鉴定意见量身定做的证据开示程序尚未建立,并且迫切亟待建立。

第一项制度是侦查阶段鉴定意见告知制度。1996年《刑事诉讼法》第121条规定:"侦查机关应当将用作证据的鉴定结论告知犯罪嫌疑人、被害人。如果犯罪嫌疑人、被害人提出申请,可以补充鉴定或者重新鉴定。"笔者并不认为侦查阶段这一告知程序可以视为鉴定意见开示的方式。理由主要有:

(1) 该项规定的主要出发点在于确保犯罪嫌疑人、被害人对鉴定意见有不同看法的,可以提出重新鉴定的申请,而不在于通过鉴定意见开示程序增强鉴定意见的质证效果。笔者这一判断的依据,主要在于我国刑事诉讼立法对鉴定意见的认识观念经过一个发展变化的过程。在1996年《刑事诉讼法》修法之初,理论界和实务界观念中均认为,刑事诉讼中的"鉴定结论"是由公安机关、检察机关的鉴定机构出具的,所以其可靠性通常是不容置疑的①,忽视庭审中通过质证对鉴定意见制作过程进行甄别的考量。

(2)实务中,侦查人员也没有将所有鉴定意见都告知犯罪嫌疑人。笔者从一些实务部门工作人员了解到,实务中侦查机关享有鉴定启动权和侦查取证的权力,可以在犯罪现场、被害人、犯罪嫌疑人身上搜集提取鉴定样本,再委托鉴定机构获得鉴定意见。但侦查机关并没有将所有鉴定意见都向犯罪嫌疑人公开,基于指控犯罪的职能倾向,他们只告知犯罪嫌疑人"用作证据"的、不利于犯罪嫌疑人的鉴定意见,而对犯罪嫌疑人有利的、不作为证据处理的鉴定意见,基本上不予告知。

(3)由于检察院在审查起诉阶段还可以补充鉴定,所以侦查人员告知的只能限于侦查程序收集的鉴定意见,而无法包括检察院在后续程序收集的鉴定意见,开示的范围显然不够全面。

第二项制度是审查起诉阶段的律师阅卷制度。1979年《刑事诉讼法》第29条规定:"辩护律师可以查阅本案材料,了解案情……其他辩护人经过人民法院许可,也可以了解案情……"1996年《刑事诉讼法》修改为"主要证据复印件主义"之后,该法第36条第1款规定:"辩护律师自人民检察院对案件审查起诉之日起,可以查阅、摘抄、复制本案的诉讼文书、技术性鉴定材料",其他辩护人则"经人民检察院许可,也可以查阅、摘抄、复制上述材料"。这一规定,限制了辩护人查阅、摘抄和复制材料的范围,在审判阶段仅限于指控的犯罪事实材料,在审查起诉阶段仅限于本案的诉讼文书和技术性鉴定材料,而不包括有关的证据材料。这种规定,限制了辩护权的行使,"阅卷范围受到限制"的问题仍然存在。2012年修订后的《刑事诉讼法》恢复了原来的"全部案卷移送"制度,该法第38条规定:"辩护律师自人民检察院对案件审查起诉之日起,可以查阅、摘抄、复制本案的案卷材料。其

---

① 参见徐静村:《论刑事诉讼中鉴定权配置模式的选择》,载《中国司法鉴定》2006年第5期。

他辩护人经人民法院、人民检察院许可,也可以查阅、摘抄、复制上述材料。"据此可知,在审查起诉阶段,辩护律师可以通过查阅、摘抄、复制案卷材料获得有关鉴定意见的内容。但这一过程能否披露全部鉴定意见,例如同一鉴定事项经过几次鉴定,其中的一份鉴定报告对被告人有利,司法机关会不会告知全部鉴定意见的内容呢?实践中恐怕难以做到。

第三项制度是审判阶段的审前会议制度。现行《刑事诉讼法》第182条第2款确立了"审前会议制度"。在开庭以前,审判人员可以召集公诉人、当事人和辩护人、诉讼代理人,对回避、出庭证人名单、非法证据排除等与审判相关的问题,了解情况,听取意见。在审前会议中,控辩双方会对需要回避和出庭的证人名单、鉴定人名单、非法证据排除规则相关的内容进行了解情况。该规定在列举了解情况、听取意见事项时采用"等"字的措辞,意味着审判人员听取意见不限于法条列举的情形,还包括其他与审判相关的程序性问题。例如,鉴定意见的内容、鉴定机构和鉴定人的情况、鉴定人是否有必要出庭、同一鉴定事项数份不同鉴定意见的区别如何等问题。① 审前会议是在开庭以前多长时间之内提出?对此,现行《刑事诉讼法》并未明确规定。如果时间过于仓促,该项制度对当事人开示鉴定意见等证据而言,并无太多的价值。

因此,我们不能仅仅依据我国《刑事诉讼法》的上述规定,认为构造刑事诉讼中鉴定意见开示程序是一种叠床架屋的举措。否则,忽视鉴定意见开示将导致鉴定意见质证效果虚化的现象延续下去。

(二)我国鉴定意见开示程序的构想

1. 开示的主体

鉴定意见开示的主体应为控辩双方还是控辩单方?笔者认为,鉴

---

① 2012年12月25日公布的最高人民法院《关于适用〈中华人民共和国刑事诉讼法〉的解释》第184条,对审前会议审判人员向控辩双方了解情况的具体内容进行了规定。

定意见的开示主体选择何种模式,必须结合我国鉴定启动主体的因素加以考量。在本书第一章笔者已经分析指出:我国刑事诉讼中鉴定启动权控制在司法机关手中,侦查、检察和审判机关可以在不同的诉讼阶段决定启动司法鉴定,而当事人仅享有申请补充鉴定、重新鉴定的权利。因此,在公诉案件中鉴定意见的开示主体仅限于检察院,当事人及其辩护律师没有委托鉴定、出具司法鉴定意见的前提条件,自然毋庸谈及鉴定意见的开示义务。但是,2012 年《刑事诉讼法》第 40 条规定了辩护人向控方披露特定证据的义务和程序,即"辩护人收集的有关犯罪嫌疑人不在犯罪现场、未达到刑事责任年龄、属于依法不负刑事责任的精神病人的证据,应当及时告知公安机关、人民检察院"。①其中,犯罪嫌疑人未达到刑事责任年龄、属于依法不负刑事责任的精神病人的情形,通常可以经过委托鉴定机构进行骨龄鉴定、司法精神病鉴定等方式获得相关的鉴定意见,在这种情况下,当事人可以通过委托鉴定机构向法官提出鉴定意见(虽然按照《刑事诉讼法》的规定,当事人并不享有鉴定启动权)。因此,在这种情况下,辩护人负有开示鉴定意见的义务。

而在自诉案件中,由于自诉人有权委托鉴定机构出具鉴定意见,被告人也有权委托鉴定机构进行鉴定,双方享有平等的举证、质证等诉讼权利,因此自诉案件的鉴定意见开示主体应当包括控辩双方。

2. 开示的方式

鉴定意见的开示可以和其他种类的证据一并进行,也可以单独进行。主张单独开示的学者认为,由于鉴定意见的准备时间与普通证据的收集时间不一致、鉴定意见具有复杂性和专业性,如果和其他证据

---

① 本条规定是 2012 年《刑事诉讼法》增加的条款,部分参与修法的专家、学者考虑到,在保障辩护方阅卷权的同时,也必须防止辩护方采取证据突袭的方式来达到其诉讼目的。对犯罪嫌疑人不在犯罪现场、未达到刑事责任年龄、属于依法不负刑事责任的精神病人的这三类特殊情形,一旦在刑事诉讼阶段提出,必须先进行调查。如果辩护律师怠于提出该类证据,将不利于及时终结错误的刑事追诉活动,导致刑事诉讼资源的浪费,因此新法确立了辩护人向控方披露特定证据的义务。

一并开示,既不利于诉讼效率的提高,也会给当事人带来诸多不便。因此主张单独进行鉴定意见开示。① 笔者认为,鉴定意见固然和其他证据存在诸多差别,例如在鉴定技术原理的专业性和复杂性方面,鉴定意见涉及科学技术知识绝非一般人所能理解和掌握,为有效实现质证,当事人及辩护律师、诉讼代理人往往需要咨询相关的专家。但证据开示程序通常是在检察机关向法院移送案卷材料之后,法庭开庭审理之前,在这个阶段鉴定意见和其他证据都已经出具、收集完毕,没有必要另行确定时间单独交换鉴定意见。如果为了让控辩双方有更加充足的时间就鉴定意见涉及的问题进行甄别和判断,可以增加证据开示的次数或延长每次证据开示的时间,甚至将证据开示的时间提前即可。

3. 开示的内容

鉴定意见开示的内容至少应当包括以下两个方面:

(1)鉴定机构和鉴定人的资质、专业背景信息。当前我国鉴定机构主要采取司法行政部门备案登记管理的方式,国务院司法行政部门负责全国司法鉴定机构的登记备案管理工作,而侦查机关、检察机关内设鉴定机构则主要通过机关内部登记实现管理。对鉴定机构及鉴定人的主体资格审查应当采取"庭前登记为主,庭上审查为辅"的原则,而"庭上审查为辅"主要通过控辩双方对鉴定人的教育背景、鉴定人是否中立、应否回避、有无受贿、对专业性问题有无门户偏见等问题进行推敲。通过开示鉴定机构和鉴定人的上述信息,才能实现鉴定意见的庭上审查判断。

(2)鉴定意见所依据的鉴定原理、推理过程、鉴定材料的获取方式等有关鉴定意见形成过程的资料。通过开示鉴定意见的上述内容,控辩双方可以了解到鉴定人采取鉴定手段所依据的基本原理和科学实验方法,甚至了解到鉴定样本的获取方式是否合法、样本有无被调包、污染的可能性存在。在以往的司法实践中,控辩双方对鉴定意见

---

① 参见周湘雄:《英美专家证人制度研究》,中国检察出版社2006年版,第313页。

的掌握仅仅停留在表面层次,即仅仅关注鉴定报告书的几句结论性判断,而忽视了判断鉴定意见的形成过程。这其中既存在盲目迷信鉴定意见的主观因素,也存在受专业知识的鸿沟所限,无法有效甄别真伪的客观因素,在今后,随着鉴定意见开示的推进,以及有专门知识的人参与刑事诉讼作用的发挥,鉴定意见的形成过程将成为判断鉴定意见可采性的重要方面。

4. 开示的时间

鉴定意见开示的时间,究竟安排在侦查阶段还是审判阶段?主张鉴定意见开示的时间不应限于审判阶段的观点认为,为了有效协助被告人及其辩护人行使辩护权,必须让辩方掌握相关的有罪证据,赋予辩护人在侦查阶段就享有阅卷的权利。而主张鉴定意见开示必须限制于审判阶段的观点则认为,辩护人在侦查中仅有提供法律帮助的权利,基于侦查不公开的原则,为了避免被告人毁灭有罪证据,案件侦查中应当不允许辩护律师阅卷。① 如果鉴定意见和其他证据同时开示,在侦查阶段容易对侦查工作的保密性造成不良影响。所以,安排在检察院向法院移送起诉书之后,法院开庭审理之前的阶段开示比较合理。在实行全部案卷移送主义的条件下,也可以在审查起诉阶段允许律师到检察院阅卷了解案件的有关证据,通过记录、摘抄、复印案卷的有关材料,知悉控方已经掌握的鉴定意见。而辩方收集的有关犯罪嫌疑人不在犯罪现场、未达到刑事责任年龄、属于依法不负刑事责任的精神病人的鉴定意见(包括其他证据),则应当及时告知公安机关、人民检察院。自诉案件的鉴定意见开示,可以参考民事诉讼法有关"证据交换"的规定,安排在法庭开庭审理之前由双方在法官的主持下进行。

---

① 参见陈恒宽:《证据开示制度之研究》,台湾"司法院"2011年印制,第73页。

> 平成18年检第3510号
>
> 起　诉　状
>
> 平成18年12月18日
>
> 水户地方法院　台启
>
> 　　水户地方检察厅
>
> 　　　检察官　检事　黑　泽　　修
>
> 就以下被告案件提起公诉。
>
> 记
>
> 本籍　水户市生田原1丁目23番地
> 住居　同市松崎1丁目10番地14号　曙庄201号室
> 职业　餐厅助理
> 　　　在押　青　木　真　吾
> 　　　昭和33年5月1日生
>
> 公诉事实
>
> 　　被告企图对大桥尚子所有、现为饭塚光雄等人居住、地址为水户市松ヶ崎丁目7番地8号之木造灰泥铁皮屋顶2层楼共同住宅之"都庄"（地板面积合计约139平方公尺）放火，于平成18年10月29日下午8时许，侵入都庄102号室饭塚之住处内，以携带之简易型打火机点燃上开住处的房间内北方角落堆积之瓦楞纸箱而放火，火势延烧至同栋建筑之梁柱，因此烧毁现供人居住使用之上开建筑物1楼部分约0.7平方公尺。
>
> 罪名及所犯法条
>
> 侵入住宅，放火烧毁现住建筑物　　刑法第130条前段，第108条

图4-4-1　起诉书一本主义之下起诉状格式①

---

① 图4-1-1的资料来源于张永宏：《刑事证据开示之研究——兼论日本新证据开示制度》，台北文瑞印刷文具股份有限公司2009年版，第3页。

> 证明预定事实记载书
>
> 侵入住宅,放火烧毁现住建筑物　　青木真吾
> 　　关于上列被告之上述被诉案件,检察官拟以证据证明之事实如下。
> 　　　　　　　　　　　　　　　　　　　平成 19 年 1 月 15 日
> 　　　　　　　　　　水户地方检察厅　检察官检事　野村信孝
> 水户地方法院　公鉴
> （中间内容省略）
> "犯人血型、DNA 与被告人之血型、DNA 一致。都庄 102 号室之玄关大门之外侧门把玄关后方地板与厕所中间之门板处之血痕,以及被告之血液,均为 A 型血,且 DNA 型别均为 HLADQ 型中之 3-3 型、TH01 型之 7-9 型、LDLR 型中之 AA 型、GYPC 型中之 AB 型、GC 型中之 AC 型,此等型别完全一致之几率仅有 267 000 分之一。"

图 4-1-2　证明预定事实记载书的格式范例①

第二节　鉴定人出庭作证程序

一、问题的提出

鉴定意见的庭审质证是法庭采信鉴定意见的必要前提和主要途径。当前鉴定意见的庭审质证程序存在一些较为突出的问题,鉴定意见庭审质证的对抗性不够充分,鉴定意见"质证"几乎沦为"纸证",法官对鉴定意见进行书面审查并基于此甄别鉴定意见的真伪正误,这种做法有失正当。而在鉴定人出庭质证的情况下,又存在着控辩双方对鉴定意见展开的辩论不是让真理越辩越明,而是让法官面对不同的鉴定意见无所适从,恨不得用抓阄的方法作出取舍。上述现象反映了我国当下鉴定意见的庭审质证机制存在不尽合理之处,需要构建一种体

---

① 图 4-1-2 的资料来源于《刑事第一審公判手続の概要——参考記録に基づいて——》,第一分类,第 5—6 页。转引自张永宏:《刑事证据开示之研究——兼论日本新证据开示制度》,台北文瑞印刷文具股份有限公司 2009 年版,第 106 页。

现程序正当的鉴定意见质证机制。

鉴定意见的庭审质证除了要求鉴定人出庭制度得以贯彻落实以外,还要求鉴定意见的质证必须有效。因此,鉴定人出庭作证机制的实证研究对完善鉴定意见庭审质证具有重要意义。1996年《刑事诉讼法》对鉴定人出庭作证并没有作强制性规定[①],在实践中,鉴定人往往认为出具鉴定意见即完成了本职工作。近年来,随着刑事诉讼中冤假错案暴露出存在瑕疵的司法鉴定意见造成法官对案件事实认定产生错误的问题,使目前的鉴定人不出庭现象备受指摘,社会各方呼吁鉴定人出庭质证的声音不绝于耳。[②] 2011年8月30日,全国人大常委会公布的《刑事诉讼法修正案(草案)》规定,控辩双方对鉴定意见存

[①] 1996年《刑事诉讼法》第156条规定:"公诉人、当事人和辩护人、诉讼代理人经审判长许可,可以对证人、鉴定人发问。"第157条规定:"对未到庭的鉴定人的鉴定结论等应当庭宣读,审判人员应当听取公诉人、当事人和辩护人、诉讼代理人的意见。"

[②] 笔者以鉴定人出庭作为相关标题和关键词,在中国学术期刊网(CNKI)上检索从2005年至2012年3月16日将近7年的期刊论文,符合条件的文章共有131篇,如有论者认为,鉴定人出庭是对鉴定结论进行质证的一种正当程序和必要方式,对实现鉴定结论的法律价值具有重要意义,建立完善鉴定人出庭制度是我国司法诉讼制度改革的当务之急。参见陈飞翔、叶树理:《完善鉴定人出庭制度的若干思考》,载《南京社会科学》2007年第3期。有学者认为,鉴定人出庭对其出具的鉴定意见的合法性和科学性等有关问题接受双方当事人和审判人员的询问,是鉴定人的法定义务,也是实现审判程序公正、审判结果公正的必然要求。参见杜志淳、廖根为:《论我国司法鉴定人出庭质证制度的完善》,载《法学》2011年第7期。还有学者针对《刑事诉讼法修正案(草案)》的规定,认为证人出庭作证的条件以及不出庭的后果没有理由和鉴定人不同,立法上人为地将两者分开实属不当。参见高一飞、林国强:《论〈刑事诉讼法修正案(草案)〉证据部分》,载《重庆理工大学学报》(社会科学)2012年第1期。有学者主张,鉴定人拒不出庭的,鉴定意见不得作为定案的依据。参见戴玉忠:《刑事鉴定制度修改完善的几个关键问题》,载《中国司法鉴定》2011年第6期。还有学者认为,从冤假错案发生的原因分析,其中一个重要原因就是案件的关键证人和决定关键事实定性的鉴定人不能依法出庭作证,"质证"变成了"纸证",造成法官不能全面了解案件事实,从而导致误判。参见叶青:《论刑事司法正义之实现——证人、鉴定人出庭作证保障问题研究》,载《太平洋学报》2011年第4期。还有学者主张,刑事诉讼中至少要确立"鉴定人出庭作证为原则,不出庭为例外"的原则。参见胡锡庆、肖妤、陈邦达:《略论提高司法鉴定意见权威性——以刑事诉讼为视野》,载《中国司法鉴定》2009年第1期;胡国忠、冯辉:《论鉴定人出庭质证的积极意义》,载《求实》2004年第4期。

在异议的,鉴定人必须出庭接受庭审质证。① 而在《刑事诉讼法(草案)》第二次审议时,删去了对鉴定人强制出庭和拘留处罚的条款,其理由是《关于司法鉴定管理问题的决定》已经对此作了规定。② 保障鉴定人出庭要注意哪些环节的制度构建与完善?鉴定人参与庭审发挥的作用又有多大?本节试图分析鉴定人出庭的影响和制约因素,对鉴定人出庭的效果到底如何做一番实证研究,从而为提高我国刑事诉讼中鉴定意见质证程序的正当性,提供参考性意见。

二、鉴定人出庭率及出庭效果的分析

(一) 鉴定人出庭率及其影响因素

1. 以鉴定案例为基数的鉴定人出庭率不合理

当前庭审中鉴定人出庭质证的比率相当低。据有关的统计,在2000年以前的刑事案件的审理中,鉴定人的平均出庭率不足5%③,民事诉讼中鉴定人的出庭比率更低。据2002年12月21日在厦门举办的民事诉讼证据研讨会上的统计资料显示,鉴定人出庭参加庭审的比例不到2%。④ 江苏省苏南某基层法院2007年审理的刑事案件320

---

① 《刑事诉讼法修正案(草案)》规定:"经人民法院依法通知,证人应当出庭作证。证人没有正当理由不按人民法院通知出庭作证的,人民法院可以强制其到庭,但是被告人的配偶、父母、子女除外。""证人没有正当理由逃避出庭或者出庭后拒绝作证,情节严重的,经院长批准,处以十日以下的拘留。被处罚人对拘留决定不服的,可以向上一级人民法院申请复议。复议期间不停止执行。""鉴定人出庭作证,适用前两款的规定。"参见全国人大常委会:《刑事诉讼法修正案(草案)条文及草案说明》,载中国人大网(http://www.npc.gov.cn/npc/xinwen/lfgz/2011-08/30/content_1668503.html),访问日期:2013年2月13日。

② 对鉴定人出庭的规定方面,草案进入第二次审议时删去了对鉴定人出庭作证适用强制到庭和拘留处罚的规定。相关负责人解释表示:对于鉴定人不依法履行出庭作证义务的行为,全国人大常委会《关于司法鉴定管理问题的决定》已经明确了法律责任,刑事诉讼法不必再作规定。参见黄庆畅、彭波:《刑诉法修正案草案进入二审》,载《人民日报》2011年12月27日。

③ 参见陈瑞华:《刑事诉讼的前沿问题》,中国人民大学出版社2000年版,第63页。

④ 参见余汉春:《影响鉴定人出庭质证的因素与对策》,载《中国司法鉴定》2006年第4期。

起,涉及司法鉴定的268起,占案件总数的83.75%,无一例案件的鉴定人出庭作证。① 以江苏省苏州市为例,2008年度,苏州市两级法院审理经过司法鉴定的案件6 009起,通知鉴定人出庭的案件86起,实际出庭33件,不足0.6%。② 有的鉴定人介绍自己办理鉴定案件的出庭率,只有0.4%,最多的也不足1%。

鉴定人出庭率低的现象,引起了法学界、实务部门的广泛关注。然而,现有研究成果对鉴定人出庭率低抱以诸多指责的时候,认为鉴定人不出庭是影响法官对鉴定意见审查判断的障碍,鉴定人出庭,有助于法官审查判断鉴定意见,实现去伪存真。笔者认为,简单、片面地把鉴定人出庭率作为判断当前鉴定意见审查机制是否合理、鉴定意见庭审对抗是否充分的标准是欠妥的。

(1) 从制度设立的初衷看,鉴定人出庭是以鉴定案件具有出庭必要性为前提的,并非所有出具鉴定意见的鉴定人都有出庭的必要。例如,双方当事人对鉴定意见不存在争议,或者鉴定意见对案件定罪量刑关系不大等情形。鉴定人出庭率的计算不应当将所有经过司法鉴定的案件都纳为基数。

(2) 鉴定人出庭发挥的程序功能是为了让当事人当面对质,从而为法官对鉴定意见准确地形成心证提供依据。我国立法并未赋予被告人与不利于己的证人、鉴定人对质之权利。③ 在当下相关的鉴定意见质证规则尚未完善之前,忽视庭审质证的效果而一味追求鉴定人出庭,无异于"叶公好龙"。

因此,在合理检视我国鉴定人出庭率之前,必须对鉴定人出庭的标准、鉴定人出庭的效果有一个清晰的认识。

---

① 参见宁红:《刑事鉴定人出庭率为何低》,载《江苏法制报》2008年3月20日,第7版。

② 参见施晓玲:《鉴定人出庭质证的相关法律问题》,载《中国司法鉴定》2010年第3期,第87—89页。

③ 有学者认为,中国刑事诉讼中没有赋予当事人对质权,而是通过赋予司法机关相对广泛的自由裁量权来确保刑事诉讼中事实发现和打击犯罪的目标。参见易延友:《中国刑诉与中国社会》,北京大学出版社2010年版,第172页。

2. 以法院通知出庭为基数的出庭率更合理

为全面充分地认识当前鉴定人出庭的标准,笔者先从立法层面进行分析。《司法鉴定程序通则》第 7 条规定:"司法鉴定人经人民法院依法通知,应当出庭作证,回答与鉴定事项有关的问题。"《关于司法鉴定管理问题的决定》第 11 条规定:"在诉讼中,当事人对鉴定意见有异议的,经人民法院通知,鉴定人应当出庭作证。"《办理死刑案件审查判断证据若干问题的规定》第 24 条规定:"对鉴定意见有疑问的,人民法院应当依法通知鉴定人出庭作证或者由其出具相关说明,也可以依法补充鉴定或者重新鉴定。"在 2007 年"两高"、公安部及司法部联合制定的《关于进一步严格依法办案确保办理死刑案件质量的意见》中规定,法院应当通知鉴定人出庭的主要情形为:控辩双方对鉴定意见有异议,且鉴定意见对定罪量刑有重大影响的;法院认定不出庭的鉴定人的书面鉴定陈述无法确认的,不能作为定案的根据。

可见,判断鉴定人出庭作证的标准主要包括:

(1) 当事人对鉴定意见存在争议。

(2) 鉴定意见对案件定性有影响。如果鉴定意见对案件事实仅起到很小的证明作用,那就没有要求鉴定人出庭的必要。[①]

(3) 经过法院审查决定。立法规定必须经过法院的审查通知,但对法院是否"应当"通知,还是"可以"通知,法律赋予了法官自由裁量的空间。这样的标准合理吗?鉴定意见肯定是有利于控辩一方而不利于另一方的情况居多,只要一方不满意就可以要求鉴定人出庭,容易造成当事人基于鉴定意见与诉讼结果的利害关系考虑而滥用诉权。

另外,鉴定人出庭的依据是人民法院的通知,法院被赋予很大的自由裁量权。法官可以通过其他证据审查形成证据链条,从而不依赖

---

① 值得一提的是,2012 年《刑事诉讼法》并没有将"鉴定意见对案件定性有影响"作为鉴定人出庭的条件之一。该法第 187 条第 3 款规定:"公诉人、当事人或者辩护人、诉讼代理人对鉴定意见有异议,人民法院认为鉴定人有必要出庭的,鉴定人应当出庭作证。经人民法院通知,鉴定人拒不出庭作证的,鉴定意见不得作为定案的根据。"笔者认为,为减少鉴定人不必要的出庭作证负担,鉴定意见对案件定性有重大影响,也是必须考虑的一项因素。

鉴定意见定案,也就没有让鉴定人出庭的必要。

实际上,并非所有经过鉴定的案件都有鉴定人出庭的必要。鉴定人出庭率必须以符合出庭标准的案件为基数,在此基础上计算的出庭率才是合理的。当前学界对于它的认识,却是将鉴定人出庭的案件数与所有经过司法鉴定的案件数之比计算得出的,如果出庭率不能反映客观实际需要,这样的数字无法为客观研究鉴定人出庭的积极性、制约出庭的因素等提供准确的数据支撑,也就没有实质性的意义。

3. 影响鉴定人出庭的因素

当然,在法院确定通知鉴定人出庭作证的情况下,鉴定人出庭作证的情况也并不乐观。以 2008 年江苏省苏州市为例,该年度苏州市中级人民法院和各基层人民法院通知鉴定人出庭的案件共有 86 起,实际出庭共有 33 起,不足 40%。[①] 究其原因,可概括为以下几个方面的因素:

(1) 保障鉴定人出庭的配套机制不健全,最突出的表现问题即鉴定人的人身安全无保障。由于许多鉴定意见关乎刑事被告人的定罪量刑,而法官对案件事实的认定也建立在对鉴定意见的采信基础上,从这个意义上讲,关键的鉴定意见直接影响被告人刑事责任的认定。因此鉴定人往往担心自己或者家属成为犯罪分子打击报复的对象。而现行法律对鉴定人的人身权益保障还不充分,在这种司法保障力度不足的环境下,鉴定人出庭的安全保障隐患常使部分鉴定人望而生怯。在此次《刑事诉讼法修正案(草案)》中,就有代表明确提出,要加强对鉴定人的人身安全保障制度完善的立法建言。[②] 2012 年《刑事诉讼法》对鉴定人本人及其近亲属人身安全面临威胁时提供司法保护作出了一些规定,体现了立法的进步。

(2) 受传统的庭审模式影响,法官习惯于对案卷进行书面审,根

---

① 参见施晓玲:《鉴定人出庭作证的相关法律问题》,载《中国司法鉴定》2010 年第 3 期,第 87—89 页。

② 全国人大常委会委员丛斌曾表示,曾经有鉴定人亲身经历过这样的危险,有人拿着枪威胁鉴定人。参见陈丽平:《司法鉴定机构应当由主管部门指定》,载《法制日报》2011 年 9 月 29 日,第 03 版。

据案卷笔录认定案件事实。法官不重视鉴定的过程,只重视鉴定的结论,很少对鉴定意见的真实性提出质疑。2005年全国人大常委会颁布的《关于司法鉴定管理问题的决定》,将"鉴定结论"修改为"鉴定意见",其修改目的就在于明确鉴定意见必须经过审查判断才能作为认定案件事实的依据。但执法观念的转变还需要一个相对漫长的过程。长期以来,法官往往直接将鉴定意见作为认定案件事实的依据并对它形成过分依赖,而一旦鉴定意见出错,法官对案件事实认定错误的责任也推卸给不堪重负的鉴定机构。这种制度的缺陷,造成法官主观上不愿意传唤鉴定人作证。

(3)鉴定人出庭的积极性保护存在欠缺。对鉴定人出庭的误工费用、食宿补偿缺乏全面的弥补。根据有关的调查,鉴定人出庭的庭上时间一般只有十几分钟,有的甚至出庭作证不到5分钟的时间,但是鉴定人为了出庭,却花费了包括车旅费、误工费、饮食费等在内的大量无用功。但目前的法律、法规并未对此作出明确的规定。① 另一方面,鉴定人出庭时身处尴尬的法庭位置,同样反映出对鉴定人出庭的积极性保护缺乏必要关照。② 鉴定人出庭的法庭位置很别扭(见图4-2-1),有的鉴定人出席法庭坐在被告人席位的旁边,有的坐在证人的席位上,而法官通知鉴定人出庭使用"传鉴定人出庭"的言语,难免让鉴定人感觉到他在法庭上得不到必要的尊重。

此外,鉴定人不出庭的法律后果形同虚设。虽然目前法律对鉴定人不出庭的处罚问题作了规定,如《关于司法鉴定管理问题的决定》规

---

① 个别地方的司法行政部门出台相关规定,但执行效果无力。例如,江苏省司法厅规定苏价费〔2007〕403号《关于规范我省司法鉴定收费管理的通知》第11条第1款规定:"司法鉴定人在提供鉴定服务过程中,在人民法院指定日期出庭作证,发生的交通费、住宿费、生活费和误工补贴……具体由人民法院按照国家规定标准向当事人代为收取并交给鉴定机构,司法鉴定机构不得再以此向当事人重复收费。"但由于"按照国家规定标准"如何操作无所适从,使得该项规定难以落实。参见施晓玲:《鉴定人出庭质证的相关法律问题》,载《中国司法鉴定》2010年第3期。

② 按照最高人民法院《关于法庭的名称、审判活动区布置和国徽悬挂问题的通知》的规定,鉴定人的位置被设置于与公诉人同侧下席,直接面对辩护人,远离于审判台。参见邹积超:《浅论鉴定人的法庭位置》,载《中国司法鉴定》2010年第1期。

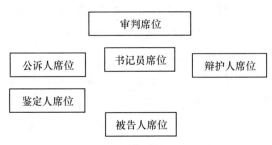

图 4-2-1 刑事庭审席位分布图

定,可以"给予停止从事司法鉴定业务三个月以上一年以下的处罚;情节严重的,撤销登记",但此类处罚不利于法院对鉴定活动所涉及专业问题的调查。而实践中,鉴定人由于不出庭而造成以上处罚的,比较少见。这不利于促使鉴定人积极出庭。此次从《刑事诉讼法修正案(草案)》的内容我们可以看到"拘留、拘传、罚款和不采纳鉴定意见"等处罚手段,但是现行《刑事诉讼法》并没有采纳这些修正意见。

(二)鉴定人出庭作证的效果与功能考察

鉴定人出庭对辅助法官认定案件事实的作用有多大?为客观地认识这一问题,需要对鉴定意见的审查机制作深入剖析,从中发现鉴定人出庭的作用机制运作效果如何。以下笔者将从不同角度进行分析。

1. 询问主体的考察

在刑事诉讼中,询问鉴定人的主体包括法官、检察官、当事人和辩护人、诉讼代理人。法官虽然在长期的审判实践中积累了审查判断鉴定意见的经验,也具有主导控辩双方询问的庭审驾驭能力,但由于司法鉴定的种类涉及方方面面,例如包括指纹鉴定、笔迹鉴定、DNA 鉴定、声纹鉴定等,法官难免存在科学知识的鸿沟,对鉴定意见的科学性进行审查判断,永远是法官在庭审中面临的难题。而法官对鉴定机构的审查判断,往往依据鉴定机构的等级,认为等级越是权威的机构,其作出的鉴定意见就更具有权威性。必须承认,相对而言,鉴定机构的权威性越高,其借以检验的仪器水平就越高①,专家的业务水平也具有相对优势,但是不能据此认为这种鉴定机构出具的鉴定意见准确性就更胜一筹。这样的审查判断将容易使法官对鉴定意见的审查标准片面地建立在鉴定机构等级的判断上。② 难怪有人认为,"鉴定意见、勘验检查笔录具有当然效力,产生争议时往往以鉴定主体的级别高低作为标准"。③ 况且,在法院内部有鉴定机构的名册,许多法院对长期委托的鉴定机构也形成了相对信任的态度。他们对鉴定意见具有先入为主的信赖心理。

当事人和辩护律师对鉴定人的质证效果如何? 由于鉴定意见对当事人存在利害关系,他们会尽力挑出鉴定意见的毛病,但由于当事人毕竟不是相关专业的专家,也无法接触、了解鉴定活动的操作过程。他们与律师往往围绕着鉴定委托程序上的问题,而对具体鉴定过程、方法、标准等技术问题无从提出有效质疑。

2. 质证内容的考察

鉴定意见的质证应从鉴定意见的客观性、合法性、关联性和科学性等角度进行质证,就科学性而言,鉴定人出庭应当对自己如何作出鉴定意见,从科学原理和实验依据的科学性(包括检材的来源、取得、保管、送检是否合法,相关的提取笔录、扣押物品清单等记载的内容是否相符、检材是否充足可靠)、鉴定仪器的准确度(鉴定的程序、方法、分析过程是否符合专业的检验鉴定规程和技术方法要求)、技术方法

---

① 2010 年,中央政法委召开司法鉴定改革工作会议,研究了国家级司法鉴定机构遴选以及名单公布的事项,目前,包括最高人民检察院司法鉴定中心、司法鉴定科学技术研究所司法鉴定中心在内的 10 家鉴定机构,首获国家级司法鉴定机构的资格。

② 如湖南黄某死因鉴定一案,被害人委托的鉴定机构出具的鉴定意见与法院委托最高人民法院司法鉴定中心的鉴定意见存在矛盾。最终合议庭作出如下认定:"因最高人民法院司法鉴定中心已经排除了……对黄某的死因鉴定作了肯定性结论,故对这两个非经司法机关委托不具备程序效力,没有作出肯定性结论,不具备实体意义的鉴定不予采信。"显然是以"级别论高低"的认证方式,而不是通过法庭调查、辩论来确定鉴定意见的去伪存真。参见湖南省湘潭市雨湖区人民法院刑事附带民事判决书(2004)雨刑初字第 6 号。

③ 房保国:《刑事证据规则实证研究》,中国人民公安大学出版社 2010 年版,第 60 页。

的可靠性、鉴定标准的统一性等方面对鉴定意见进行说明,并在庭审中接受对方当事人、辩护律师的交叉询问。通过这一过程,实现鉴定意见的去伪存真。也就是说,鉴定人出庭的目的是为了使鉴定意见的认定建立在更为全面、可靠和权威的基础上,鉴定人帮助法官采信鉴定意见。然而,实践中的状况如何?笔者访谈某鉴定机构鉴定人出庭的10则案例,将其中当事人、律师对鉴定人询问的主要问题进行梳理、归类如下(见表4-2-1)。

表4-2-1　庭审中询问鉴定人的主要问题　　　　(N=10件)

类型	鉴定主体的资格	鉴定程序合法性			鉴定方法科学性				其他		
内容	鉴定机构有无资格	鉴定人资格、受教育情况、工作年限等是否合法	鉴定机构、鉴定人是否回避	鉴定委托程序是否合法	检样调包、污染、来源如何	死亡多久进行法医鉴定才有效	鉴定花费的时间是否过短	鉴定器材是否可靠	鉴定标准是否合格	鉴定内容是否存在矛盾	专业知识相关的问题	鉴定人的工作态度	鉴定人的品德

如表4-2-1所示,对鉴定人的询问集中于以下几个方面:

(1)与案件的实体或程序关联性较小的问题。某些问题与鉴定无关,甚至是对鉴定人的人身攻击。案件的当事人对鉴定意见不认可,但是又无法、不知如何提出强有力的质疑,在司法鉴定人解释了鉴定意见如何得出的过程之后,当事人无法提出有效的质问,从而使质证流于形式。

(2)否定鉴定人资质的问题。鉴定主体资格不合法足以否定鉴定意见的效力,这从《关于办理死刑案件审查判断证据若干问题的规定》可以看到刚性的规定,即对于不具备鉴定主体资格的,其鉴定意见不得作为证据使用。问题在于实践中大多数的鉴定意见已经载明鉴定机构的资质证书、执业证书的编号。所以当事人企图通过质疑鉴定主体资质进而否定鉴定意见也是徒劳的。

(3)司法鉴定的具体程序问题。鉴定意见的形成过程和程序合法是鉴定意见科学可靠的重要方面,但由于当事人无法判断鉴定意见是否程序合法,使用的技术是否规范、方法是否得当,因此无法通过这一环节提出有效的质疑。

(4) 鉴定人是否应当回避的问题。例如某一案件中,当事人提出鉴定机构与被害人(单位)存在利害关系,鉴定人必须回避。

(5) 鉴定技术是否科学的问题。

总之,当事人对鉴定人的发问主要围绕着鉴定委托程序、鉴定过程、方法、标准等技术问题。由于我国缺乏对鉴定人质证的证据规则,通过鉴定人作证质问出瑕疵的情况很少。

3. 质证效果的考察

从制度设定的初衷分析,鉴定人出庭作证是为了接受控辩双方当庭质证,就鉴定过程的合法性、鉴定意见的科学性、鉴定意见与待证事实的关联性等方面接受对质抗辩。然而,通过和法官、鉴定人的访谈,笔者认为,鉴定人出庭作证对证明质证鉴定过程的合法性、鉴定意见与待证事实的关联性方面具有一定的作用,但对于帮助法官认定鉴定意见科学性方面的作用不大,甚至流于形式。

为了解鉴定人出庭对法官采纳鉴定意见的影响,笔者从近年来最高人民法院公布的全国法院刑事判决书中,收集了鉴定人出庭的判决书 6 份、鉴定人未出庭的判决书 3 份(见表 4-2-2)。通过法院在判决书中对鉴定人出庭的鉴定意见采信情况的了解,从而有助于我们认识鉴定人出庭质证对法官认定鉴定意见的影响。

通过考察鉴定人出庭的案例 01—06,其中案件 01—05 经过鉴定人出庭质证,回答了当事人、辩护律师对鉴定意见的异议,在案件 02 中,检察院还提出鉴定意见与一般人的经验、直觉存在矛盾,建议法庭不予采信。最终合议庭认为该鉴定意见形式合法,虽然与法官的直觉和感性认知存在不一致,但法官应当慎重考虑,而不能依据裁量权简单加以排除。案件 03 通过鉴定人出庭,法官驳回当事人重新鉴定的申请。案件 06 比较特殊,鉴定人虽然出庭,但法庭对其鉴定意见不予采信,而采纳了公诉机关出具的鉴定意见。

表 4-2-2 被调查的案例基本情况①

(N = 9 件)

编号	案件性质	鉴定种类	控方/辩方异议	鉴定人出庭情况	法官对鉴定意见的采信情况	判决结果
01	生产销售伪劣产品案	价格鉴定	被告人认为鉴定得出的价格过高,要求重新鉴定	鉴定人出庭	认定第 01 号鉴定书所做的鉴定结论,符合该市市场中同类物品价格,对鉴定书予以采信	驳回上诉,维持原判
02	故意杀人案	精神病鉴定	公诉人认为被告人作案后思维清晰,言词清楚,同常人无异,建议合庭对移送证据中高某具有精神病的鉴定结论不予采信	鉴定人出庭	审判人员在听取鉴定人的详细解释后,对鉴定结论予以采信	以被告人有从轻情节作出"判处死刑缓期两年执行,剥夺政治权利终身"的判决
03	故意伤害案	伤残鉴定	辩护人提出一审判决采信的鉴定有严重瑕疵,二审中提交重新鉴定申请	鉴定人出庭	鉴定合法有效,依法应当不予支持	驳回上诉,维持原判
04	故意杀人案	法医鉴定	公诉机关申请鉴定人出庭	鉴定人出庭	采信鉴定意见	判处死刑,缓期两年执行,剥夺政治权利终身

① 该表格的案件信息来源于近年来最高人民法院公布的法院刑事判决书。

（续表）

编号	案件性质	鉴定种类	控方/辩方异议	鉴定人出庭情况	法官对鉴定意见的采信情况	判决结果
05	故意毁坏财物案	价格鉴定	辩护人提出鉴定结论程序违法，不真实	鉴定人出庭	采信鉴定意见	判决故意毁坏财物罪，免予刑事处罚
06	故意杀人案	精神病鉴定	两份鉴定书意见相反	其中第12号鉴定书的鉴定人出庭	第12号鉴定忽视了……不够科学。公诉机关出具的鉴定意见书虽然未出庭，但足以采信	犯故意杀人罪，判处有期徒刑10年，剥夺政治权利2年
07	故意伤害案	死因鉴定	上诉人（原审附带民事诉讼原告人）要求鉴定人出庭，至少来函作补充说明	鉴定人未出庭	司法鉴定已经明确，没有必要通知鉴定人质证	驳回上诉，维持原判
08	以危险方法危害公共安全案	价格鉴定	被告人提出鉴定属于非法证据，应予排除，燃气灶具连接用的软管未作鉴定，应由专门鉴定机构作出物证检材不符合鉴定条件的说明意见	鉴定人未出庭	软管表面呈阴阳不平整的表面，无法提取具备指纹，不具备侦查勘验条件	驳回上诉，维持原判
09	销售假药案	伤残鉴定	鉴定人未到庭说明，不宜采信鉴定意见	鉴定人未出庭	可根据具体情况准许诉鉴定人不出庭，而且上诉人的一、二审辩护人未提出鉴定人出庭的书面申请	驳回上诉，维持原判

案件07—09为鉴定人未出庭的案件,法官认为根据业已掌握的证据或鉴定人的书面报告,不必再通知鉴定人出庭。

由此可见,鉴定人出庭起到了一定的程序性作用。具体而言,包括以下几个方面:

(1)可以进一步彰显刑事诉讼程序正义的理念,即通过鉴定人出庭质证,帮助法官达到兼听则明,形成正确的心证,从而作出准确的判断。鉴定人出庭能消除当事人对鉴定意见未经质证就予以采信的不满情绪(即使当事人提出要求鉴定人出庭存在滥用诉权之嫌)。

(2)鉴定人出庭有助于减轻法官的裁判责任风险。通过鉴定人出庭,鉴定过程可能出错的环节得以进一步澄清、明确,当事人也不会因为鉴定人不出庭而对鉴定意见的结果不服。

(3)有利于避免随意启动重复鉴定。《刑事诉讼法》赋予当事人申请重新鉴定的权利,但是启动重新鉴定的权力还保留在司法机关手中,当事人对鉴定意见结果不满意的,选择申请重新鉴定作为救济手段,如果司法机关随意同意重新鉴定,就容易造成重复鉴定的顽疾。

(三)鉴定人作证功能为何虚化

造成当前鉴定人出庭作证没有达到预期效果的成因何在?笔者将从鉴定人出庭的宏观、微观层面逐一分析成因。

1. 功能虚化的宏观因素

影响鉴定人出庭效果的原因是多方面的,这与立法对鉴定人出庭积极性保护不周、庭审对抗性不足、质证规则尚未健全等因素有关。从宏观层面分析,我国刑事诉讼中职权主义模式下的鉴定人制度,是造成我国鉴定人出庭质证效果缺失的根本原因。可通过两大法系鉴定制度的比较得知一二。

(1)两大法系固有的制度差异。鉴定意见的质证、交叉询问制度似乎在对抗制庭审构造中发挥的作用更为淋漓尽致。在英美法系国家,专家证人可谓特殊的证人,其资格准入采取"法庭审查"的方式,只要具备相关领域的知识或技能的人都能成为专家。专家证人由当事人聘请,当事人往往从有利于自己的方面寻找专家证人,而不是追求鉴定意见的客观准确。因而,美国证据学家 Langbein 将专家证人比喻为"萨克斯风",律师演奏主旋律,指挥专家证人这种乐器演奏出令律师倍感和谐的曲调。① 法官对专家证言具有天然的怀疑态度,对双方提供的专家意见也是通过庭审质证进行合法性、科学性和关联性的审查判断。庭审中对专家证人的交叉询问试图质疑其鉴定意见的偏见性,常常针对以下问题进行发问:专家证人在该案中由于提供服务而应得的报酬,包括他作证进行准备所花费的补偿;被同一当事人雇用的次数;以前为同一当事人或律师提供专家证言的事实;同一当事人以前所给的补偿数额;专家证人为一个当事人或者一类当事人作证所获报酬与专家证人的全部收入之间的关系;其他相似情况的人和组织所作证言中的情况;等等。②

大陆法系国家的鉴定人身份是法官认定鉴定科学知识的辅助人,其资格采取法定登记主义,鉴定人由司法官指定、委聘,以其专业知识协助法官就证据问题加以判断,法官对鉴定人完成的鉴定必须自己加以独立判断,不得任由鉴定人的鉴定结果不经过检验即用于判决中。③ 以法国为例,鉴定人应当从列入最高司法法院指定的全国性名册的自然人或法人中挑选,或者从列入上诉法院的有关司法鉴定人中挑选。预审法官指定负责进行鉴定的鉴定人。如案情证明有此必要,预审法官得指定多名鉴定人。经过预审法官的批准,鉴定人可以通过各种途径直接向负责执行查案委托的司法警察报告其鉴定报告书的结论。预审法官传唤当事人及他们的律师以后,将鉴定人所做的结论告知各方当事人及他们的律师。④ 由于鉴定人选任制度、职权主义庭审模式

---

① J. Langbein. The German Advantage in Civil Procedure,(1985)52(4) University of Chicago Law Review 835. 转引自徐昕:《专家证据的扩张与限制》,载《法律科学》2001 年第 6 期,第 88 页。
② 参见〔美〕约翰·W. 斯特龙:《麦考密克论证据》,汤维建等译,中国政法大学出版社 2004 年版,第 33—35 页。
③ 参见〔德〕克劳思·罗科信:《刑事诉讼法》,吴丽琪译,法律出版社 2003 年版,第 265 页。
④ 参见《法国刑事诉讼法典》,罗结珍译,中国法制出版社 2006 年版,第 169 页。

等方面与英美法系国家的专家证人制度存在差异,在大陆法系国家,庭审中对鉴定人的质证并不像英美法系国家那样激烈。

(2) 鉴定制度移植引发的张力。任何一种制度都无法做到完美无缺,而两大法系的鉴定制度相互借鉴日益成为改革趋势。在英美对抗式庭审中,专家证言的交叉询问也存在诸多弊端,英国伍尔夫大法官曾经坦言:"如果科学证据的技术性非常强,那么允许法官在两个冲突的观点中作出选择是否公平,还远没有搞清楚。虽然建议保留对抗式程序的优越性,但是将对抗式程序变成提供和分析科学证据的论坛是不适当的。"①美国也有学者认为,在刑事诉讼中,胜算较小的诉讼当事人可能会决定最能取胜的机会,就是通过提供不可靠或特别复杂的专业证据混淆视听,而我们不真正知道这种诡计到底多么有效。由于当事人滥用专家证人导致过度对抗,引起诉讼资源的耗费和时间的拖延,因此英美法系国家对专家证人的改革思路是减少对抗,提高效率。

大陆法系鉴定制度的缺陷在于当事人没有参与鉴定质证,导致法庭对鉴定意见的过分依赖。司法机关执掌委托鉴定的权力,而一旦鉴定结果稍有差池,则容易酿成事实认定的错误。因此,引入适当的对抗制度,实现当事人对鉴定意见的有效质证,成为大陆法系国家刑事鉴定改革的方向。②

我国当前的鉴定制度与大陆法系国家的鉴定制度存在诸多契合之处,近年来,随着刑事制度的改革,传统鉴定制度借鉴了英美法系国家鉴定制度的某些有利因素。1979 年《刑事诉讼法》对鉴定结论的审查判断,基本建立在法官对案卷书面审理的基础之上,1996 年《刑事诉讼法》修改吸纳了当事人主义的合理成分,进一步强化了庭审控辩对抗、法官居中裁判的现代司法特征。然而,这些改革并没有从根本上改变长期以来职权主义模式主导下的中国刑事庭审结构。此次《刑事

---

① 〔英〕詹妮·麦克埃文:《现代证据法与对抗式程序》,蔡巍译,法律出版社 2006 年版,第 214 页。
② 参见汪建成:《专家证人模式与司法鉴定模式之比较》,载《证据科学》2010 年第 1 期,第 17—28 页。

诉讼法》修改,也采纳了近年来学界对鉴定制度改革的一些有益思路,比如强化法官对鉴定意见的审查判断、允许当事人对存在争议的鉴定意见申请重新鉴定、特定的情况下鉴定人必须出庭作证,等等。但这种源于制度移植的改革举措,必然与中国司法传统的制度、观念之间产生一定的张力,从而在一定程度上造成当下鉴定人出庭功能的虚化。

2. 功能虚化的微观原因

(1) 当下庭审存在"案卷笔录中心主义"弊端之下,法官对鉴定意见的采信,主要建立在轻信鉴定意见书面报告的基础上,而鉴定意见未经充分质证就被采纳。我国刑事诉讼中长期以来存在着案卷笔录中心主义的问题,法官在庭审中往往以调查讯问的方式进行事实调查,案卷成为法官审理的事实复核依据,单方面阅卷成为法官审判的基础,案卷在使用上贯通于侦查、起诉和审判阶段,并对裁判结果具有某种"决定力"。① 且法官采信鉴定意见与否没有明确的标准。在案卷笔录中心主义之下,侦查案卷对审判过程具有先入为主的影响。法官对案件事实的认定许多依靠阅读案卷得以完成。在这样的前提下,侦查案卷中的鉴定意见大多是根据指控犯罪事实的需要而委托鉴定机构(包括侦查机关内设鉴定机构)完成的,这部分证据到了法庭审理阶段,成了对当事人定罪量刑起到关键作用的证据,法官不对这部分证据加以审查就采信。

(2) 由于法官与鉴定人存在专业知识上的鸿沟,鉴定人出庭质证的专业术语难以让法律人理解。鉴定人出庭的效果难以达到预期的目标。鉴定人出庭对法官认定鉴定意见有多少帮助?笔者认为可以通过主观和客观相结合的评估方法,以过程作用与结果作用为核心的评价指标体系。客观评估方法主要分析鉴定人出庭的案件中,法官对鉴定意见的采信情况,以及对判决结果的影响,鉴定人出庭有没有改

---

① 参见左卫民:《中国刑事诉讼运行机制实证研究(二)——以审前程序为重心》,法律出版社2009年版,第191—195页。

变法官对鉴定意见的采信等。在上文已通过这种方法对法院刑事判决书进行了分析。在主观调查中，我们通过调研问卷、访谈的方式对法官进行走访。问题是："您认为鉴定人出庭对帮助法官采信鉴定意见的作用如何？"问卷调查结果表明：法官普遍认为，鉴定人出庭作证起到了程序上的作用，但对帮助法官理解鉴定意见是否科学客观方面，作用不大。当我们对鉴定人的访谈中，问及"您认为出庭就鉴定意见进行质证，对帮助法官采信鉴定意见的作用有多大？"时，鉴定人的回答是：作用不大，甚至有的鉴定人认为出庭作证好比"秀才遇到兵，有理说不清"。这说明，即使鉴定人出庭，在庭审质证中的作用并未能到达预期效果。

（3）审查判断鉴定意见的相关证据规则尚未健全，造成鉴定人质证的内容五花八门，对法官审查判断鉴定意见科学性的帮助不大，鉴定人质证的内容一般包括对鉴定意见的质证、对鉴定人事实依据的质证。但从鉴定人实际上受到质问的内容来看，效果并不是很理想。一部分鉴定人出庭，回答当事人提出的问题都是很简单的，不足以让法官对鉴定意见的客观真实作出判断。

三、结论

通过上述分析，我国鉴定人出庭率低的现象背后存在着深刻的制度根源，这种根源既有鉴定体制的宏观因素，也有鉴定人出庭相关的一系列配套改革尚未跟进到位的微观因素。鉴定人出庭的效果如何？笔者认为鉴定人出庭对消除当事人对鉴定意见的疑问，增强法官准确形成鉴定意见的心证具有一定作用，但这种作用在目前看来仍有相当的局限性。

2012年《刑事诉讼法》最终取消了《刑事诉讼法修正案（草案）》中关于强制鉴定人出庭作证的条款，体现了立法对鉴定人强制出庭制度确立的谨慎态度。在今后刑事诉讼中提高鉴定人出庭比例，应当防止片面地将出庭率高低作为机制优劣的判断标准，在鉴定意见的审查判断方面，应当进一步增强质证的实质效果，而不是一味追求鉴定人出庭,否则鉴定人出庭作证流于形式,非但不利于法官发现案件事实,还会降低庭审效率,浪费司法资源。

第三节 有专门知识的人出庭质证

一、问题的提出

鉴定意见质证程序的正当性,客观上要求强化控辩双方对鉴定意见庭审质证的对抗性,除了健全鉴定人出庭作证机制之外,还需要建立相关的配套制度。"有专门知识的人"参与刑事诉讼,正是一项旨在提高鉴定意见庭审质证效果的新举措。因此,要提高鉴定意见质证程序的正当性,还必须发挥"有专门知识的人"出庭辅助鉴定意见质证的功能。

2012年《刑事诉讼法》第192条第2款规定:"公诉人、当事人和辩护人、诉讼代理人可以申请法庭通知有专门知识的人出庭,就鉴定人作出的鉴定意见提出意见。"由此确立了"有专门知识的人"参与刑事诉讼的制度。此项制度对帮助控辩双方对鉴定意见展开庭审质证,辅助法官对是否采信鉴定意见作出判断,进而防止有瑕疵的鉴定意见成为认定案件事实的依据等方面,都具有积极的功能和价值。刑事诉讼法司法解释颁布实施后[①],要使这项制度的积极作用得以奏效,一些立法规定不明确的地方仍须明确和完善。例如,有关"有专门知识的人"的诉讼地位、中立性保证、意见效力、选任资格以及该制度的决定程序等方面仍然存在亟需明确和完善的问题。实践中适用这项制度应当注意哪些问题?本节将就这些问题进行研究。

[①] 2012年《刑事诉讼法》颁布以后,最高人民法院制定了《关于适用〈中华人民共和国刑事诉讼法〉的解释》,最高人民检察院制定了《人民检察院刑事诉讼规则(试行)》,公安部制定了《公安机关办理刑事案件程序规定》。公安部发布的规定,虽然不是严格意义上的司法解释,本书笼统地将以上文件称为"刑事诉讼法司法解释"。

二、解读"有专门知识的人"

现行《刑事诉讼法》确立了"有专门知识的人"参与刑事诉讼制度,它与我国的鉴定人制度、与2002年《民事诉讼证据的若干规定》中确立的"有专门知识的人",以及与英美的专家证人、欧陆的技术辅助人制度存在哪些区别和联系?澄清这些问题对于明确有专门知识的人之诉讼地位、诉讼权利与义务都具有重要的意义。以下笔者将"有专门知识的人"与我国鉴定人、民事诉讼中的"专家"以及域外的专家证人、技术辅助人制度进行比较,以期对"有专门知识的人"进行庖丁解牛。

(一)与鉴定人的比较

现行《刑事诉讼法》有两处使用"有专门知识的人",分别指代不同身份的专家。前者是第144条规定的:"为了查明案情,需要解决案件中某些专门性问题的时候,应当指派、聘请有专门知识的人进行鉴定。"这里的"专门知识的人",即通常我们所说的"鉴定人"。后者是第192条第2款规定的:"公诉人、当事人和辩护人、诉讼代理人可以申请法庭通知有专门知识的人出庭,就鉴定人作出的鉴定意见提出意见。"此处的"有专门知识的人",即为参与刑事诉讼、针对鉴定人作出的鉴定意见发表观点的专家。后一种专家的身份众说纷纭,由于立法表述存有"暧昧"之嫌,理论和实务中对它的认识不一而足。例如,有认为是专家辅助人的,也有认为是专家证人的,甚至还有认为是特殊证人的。①

笔者以为,"有专门知识的人"与鉴定人存在以下区别:

(1)诉讼中的功能不同。鉴定人是根据专业知识对诉讼中案件涉及的专门性问题进行分析判断,其主要工作是从事司法鉴定活动,

---

① 例如,2011年8月30日公布的《刑事诉讼法修正案(草案)》第69条规定:"公诉人、当事人和辩护人、诉讼代理人可以申请法庭通知有专门知识的人作为证人出庭,就鉴定人作出的鉴定意见提出意见。"对此,有学者认为,这条规定实际上扩充了证人证言的范围,将专家证人的证言,也作为证人证言的一种类型。参见龙宗智、苏云:《刑事诉讼法修改如何调整证据制度》,载《现代法学》2011年第6期,第116页。

以鉴定样本为依据,对案件的专门性问题作出判断,最后向司法机关出具书面的鉴定报告,并在法庭通知其出庭的情况下,负有出庭接受质证的义务。而"有专门知识的人"是根据其自身掌握的专业知识对鉴定意见进行判断,其主要工作是出席法庭,针对鉴定人制作的鉴定意见,以口头的方式发表意见、看法,回答法官和控辩双方的提问。

(2)任职资格不同。鉴定人必须取得鉴定人执业资格,并经过司法行政管理部门登记管理;而"有专门知识的人"在目前立法还没有具体的职业资格要求。

(3)参与诉讼的方式不同。鉴定人是由司法机关"指派"或者"聘请"而成为案件的鉴定人,他们可能存在于侦查、起诉、审判阶段;"有专门知识的人"是通过公诉人、当事人及其辩护人、诉讼代理人的申请,由法庭决定而加入到诉讼中来,他们只存在于案件的审判阶段。

尤值一提的是,2012年12月28日,最高人民法院颁布了《关于适用〈中华人民共和国刑事诉讼法〉的解释》,其中第87条第1款赋予"有专门知识的人"另一项诉讼功能,"对案件中的专门性问题需要鉴定,但没有法定司法鉴定机构,或者法律、司法解释规定可以进行检验的,可以指派、聘请有专门知识的人进行检验,检验报告可以作为定罪量刑的参考"。根据这一解释的内容,有专门知识的人可以进行司法鉴定活动,向法庭出具检验报告,并且这种报告可以作为"定罪量刑的参考"。笔者以为,这一条司法解释之目的在于填补当下司法鉴定种类的真空地带。因为2005年全国人大常委会《关于司法鉴定管理问题的决定》规定了"三大类"以外的鉴定事项由司法部商最高人民法院、最高人民检察院决定。[①] 至今,"商而未决"的"三大类"之外的鉴定事项成为司法机关委托鉴定的尴尬。此处有专门知识的人提供的

---

① 2005年颁布的全国人民代表大会常务委员会《关于司法鉴定管理问题的决定》第2条规定:"国家对从事下列司法鉴定业务的鉴定人和鉴定机构实行登记管理制度:(一)法医类鉴定;(二)物证类鉴定;(三)声像资料鉴定;(四)根据诉讼需要由国务院司法行政部门商最高人民法院、最高人民检察院确定的其他应当对鉴定人和鉴定机构实行登记管理的鉴定事项。"

帮助,类似于鉴定人的鉴定活动。但对这一司法解释所指的"有专门知识的人"究竟是鉴定人,还是《刑事诉讼法》第192条创设的"有专门知识的人"?司法解释对此并未明确。

(二)与民事诉讼中"有专门知识的人"的比较

"有专门知识的人"参与刑事诉讼与民事诉讼中"有专门知识的人"参与民事诉讼,既有区别又有联系。在2002年《民事诉讼证据的若干规定》第64条就有关于"当事人可以向人民法院申请一至二名具有专门知识的人出庭就案件的专门性问题进行说明"的规定,由此确立了民事诉讼中专家参与民事诉讼的制度。最高人民法院民事审判庭编写的《民事诉讼证据司法解释的理解与运用》一书当中,将这种有专门知识的人定义为专家辅助人,具体指"在科学、技术以及其他专业知识方面具有特殊的专门知识或经验的人员,根据当事人的聘请并经法院准许,出庭辅助当事人对诉争的案件事实中涉及的专门性问题进行说明或发表意见和评论的人"。① 经过十余年实践的检验,民事诉讼中的专家辅助人制度在诉讼中发挥了积极作用。例如,在提高鉴定意见的质证效率方面,据一些资深的鉴定人分析,一般(当事人及律师对鉴定意见)的质证,可以说至少95%以上的提问都围绕着鉴定意见的基本程序和表面形式进行,根本达不到通过质问进行查证效果的目的。② 但是通过专家辅助人的参与,庭审质证可以击中鉴定意见的核心问题,准确发现鉴定意见是否存在瑕疵。

现行《刑事诉讼法》对参与刑事诉讼的"有专门知识的人"与民事诉讼中的"有专门知识的人"制度存在一些相同、相似的地方。

(1)二者均为诉讼中吸纳专家参与法庭审理,通过专家的专业特长就案件中鉴定意见提供见解,弥补事实裁判者鉴定专业知识的欠缺。

---

① 黄松有主编:《民事诉讼证据司法解释的理解与适用》,中国法制出版社2002年版,第296页。
② 参见赵杰:《论民事诉讼中专家辅助人的法律定位》,载《中国司法鉴定》2011年第6期,第7页。

(2)二者各自在诉讼中都没有明确的诉讼地位。民事诉讼中的专家辅助人属于诉讼参与人的哪一类？司法实务中存在以下不同观点：有的观点认为，专家辅助人是律师特聘的专业辅助助理，认为他只需向法庭备案即可，无须法庭审核批准；另有观点认为，专家辅助人是证人，在开庭时应当回避，只有涉及相关问题的时候才出庭；还有观点认为，专家辅助人是鉴定人，不能发问只能回答问题。而刑事诉讼中有专门知识的人同样存在诉讼地位不明的问题。

两种专家又存在不同之处：二者在诉讼中解决的问题不完全相同。民事诉讼中"有专门知识的人"除了对鉴定人作出的鉴定意见进行解释、质疑之外，还可以就"专门性问题进行说明"，可见其法庭活动的范围并不限于就鉴定人作出的鉴定意见发表意见，还包括诉讼中遇到的其他"专门性问题"。而根据《刑事诉讼法》第192条的规定，刑事诉讼中"有专门知识的人"仅针对鉴定人作出的鉴定意见提供意见。当然，根据最高人民法院的司法解释，"有专门知识的人"还可以出具检验报告。

(三) 与域外制度的比较

笔者认为，刑事诉讼中增设"有专门知识的人"制度是对英美法系专家证人制度、欧陆技术顾问制度的借鉴和改造，这一制度糅合了英美法系国家对抗制与大陆法系国家职权主义的特征，有利于强化鉴定意见的庭审质证效果。我们可以从我国刑事诉讼中的专家与英美法系的专家证人制度、大陆法系的技术顾问制度相比较，对"有专门知识的人"作一个比较维度的解析。

长期以来，我国刑事诉讼中的鉴定人制度主要是借鉴大陆法系国家以及苏联职权主义之下鉴定制度的产物，鉴定人被认为是辅助司法官员认定案件事实的专家。他们由司法机关指派或聘请产生，而且法院青睐于长期以来形成委托关系的鉴定机构和鉴定专家。这种鉴定人制度的优点在于，能够保持鉴定主体的中立性，但它却容易造成司法官对鉴定意见先入为主，对长期委托的鉴定机构和鉴定人"开绿灯"，控辩双方对鉴定意见展开质证、辩论的对抗性不足等消极后果。而英美法系的专家证人是由当事人聘请产生的，他们出庭的职责是为了对己方的鉴定意见进行解释,对他方的鉴定意见予以挑刺、揭短,从而否定对方专家的意见,达到服务于重金聘请他们的当事人之目的。也正是因为如此,法官对专家证人先天性地带有一种怀疑的态度,认为他们是"律师的萨克斯乐器"演奏出令自己和谐的旋律。专家证人制度的优点在于能够通过控辩双方聘请的专家证人在法庭上针锋相对,达到对专家证言真伪判断的目的,当然其缺陷也是显而易见的,它容易引发"鉴定大战",造成部分专家在当事人重金聘请之下丧失忠于科学的道德底线以及鉴定人客观中立的职业立场。

"有专门知识的人"在许多方面具有专家证人的特征:

(1)他们的产生是由控辩双方向法庭提出申请为前提条件。作为单方受聘的专家,当事人在选任专家方面必然会根据有利于自己的诉讼结果提出申请,专家在产生之初就代表了当事人一定的立场。

(2)他们主要根据专家的专业知识对鉴定意见提出意见。通过这种制度的引入和改造,加强了控辩双方对鉴定意见庭审质证的对抗程度。这一新制度的优点在于,能够辅助公诉人、当事人及辩护律师、诉讼代理人对侦控方提供的鉴定意见提出合理质疑,能弥补法官对专业知识的不足,提醒法官谨慎处理采信鉴定意见的心证。因为此前笔者的实证研究也表明:在我国刑事诉讼中,控辩双方对鉴定意见的庭审质证效果并不是很充分,即使在鉴定人出庭的情况下,鉴定意见的质证也主要围绕着鉴定主体资格、鉴定人回避、鉴定意见与待证事实的关联性等无关痛痒的问题进行提问。[①] 因此,有专门知识的人参加到诉讼中,可以提高鉴定意见庭审质证的效果。

三、专家参与刑事诉讼的功能和价值

"有专门知识的人"参与刑事诉讼制度具有积极的意义,主要表现

[①] 当事人对鉴定人的发问,主要围绕鉴定委托程序、鉴定过程、方法、标准等技术问题,由于我国缺乏对鉴定人质证的规则,当事人质证击中瑕疵的鉴定意见核心问题的情况很少。参见陈邦达:《鉴定人出庭作证新论——兼论新〈刑事诉讼法〉的相关条款》,载《中国司法鉴定》2012年第3期,第19—24页。

为以下几个方面：

（一）保障当事人对鉴定意见的质证权

质证权是当事人在诉讼中一项重要的权利，任何证据都必须通过当庭出示、控辩质证等法庭调查程序并经查证属实，才能作为定案事实的依据。同样，由于鉴定意见对案件事实的证明具有关键的作用，对鉴定意见进行充分的质证和审查判断，是法庭审判任务的一项重要内容。尽管鉴定意见是通过科学鉴定手段获取的技术性证据，但是它一样必须经过质证程序才能保证采信的可靠性。实际上，一份科学、可靠的鉴定意见取决于鉴定检材的来源、保管、鉴定程序、技术方法、质量控制、鉴定标准等因素。这些专业性问题并非检察官、法官、当事人及其辩护人、诉讼代理人所能理解和把握，因此在既往的庭审过程中，当事人由于受制于专业知识的局限，无法针对鉴定意见的客观性、合法性、关联性展开富有成效的质证，其质证权的实现效果并不理想。① 通过"有专门知识的人"出庭，解答控辩双方对鉴定意见的有关困惑，就鉴定意见的科学性发表意见，可以辅助控辩双方对鉴定意见进行质证，从而保障当事人对鉴定意见的质证权落到实处。在我国司法机关垄断鉴定启动权的背景下，这项赋予当事人申请"有专门知识的人"出庭权利的制度，也符合现代刑事诉讼构造强调的控辩双方平等对抗的基本理念。②

（二）辅助法官对是否采信鉴定意见作出判断

法官对鉴定意见的审查判断必须尽到"守门人"角色的职能，而不

---

① 笔者曾经就鉴定人出庭作证的问题进行过实证研究，统计结果发现：鉴定人出庭作证对证明质证鉴过程的合法性、鉴定意见与待证事实的关联性方面具有一定的作用，但对帮助法官认定鉴定意见科学性方面的作用不大，甚至流于形式。参见陈邦达：《鉴定人出庭作证新论——兼论新〈刑事诉讼法〉的相关条款》，载《中国司法鉴定》2012年第3期，第22页。

② 我国审判实践中存在控辩双方不平等的现象，现代刑事诉讼构造理论强调控辩双方的平等对抗。在法庭审理过程中，如果公诉人、当事人和辩护人、诉讼代理人对鉴定意见存有疑问，通过申请"有专门知识的人"出庭作证，可对有关问题展开质证，既有利于判断鉴定意见的可靠性，也有利于实现控辩平等的诉讼地位。有关刑事诉讼构造理论，可参见李心鉴：《刑事诉讼构造论》，中国政法大学出版社1998年版，第172页。

能盲目采信鉴定意见。长期以来,法官对鉴定意见的审查判断存在"外行人审内行人"的困惑,在庭审中对鉴定意见的审查判断仅仅停留于形式要件审查的层次,忽视对鉴定意见的实质性审查,难以对鉴定所使用的方法、标准、原理是否可靠基本上作出判断。近年来,媒体曝光的一些刑事错案背后,揭示出有瑕疵的鉴定意见蒙蔽法官的法眼,成为错案的帮凶。这一问题的成因来自多个层面:从宏观的层面分析,我国的鉴定人制度具有职权主义特征,鉴定人被看做"准司法人员",法官对侦控机关出具的鉴定报告持相对肯定的态度;从中观的层面分析,尽管法典和司法解释进一步健全了鉴定意见的可采信标准①,但总体上有关鉴定意见的可采性标准还不够完善,难以为法官采信鉴定意见提供依据;从微观层面分析,由于缺乏"有专门知识的人"与鉴定人在同一平台上展开对话,鉴定意见质证的庭审对抗性不强,难以为法官采信鉴定意见提供充分的依据。"有专门知识的人"出庭就鉴定意见所涉及的科学原理和实验数据的准确性、鉴定仪器的精确性、技术方法的可靠性、鉴定标准的统一性等问题进行质疑、阐释,在庭审中对鉴定人提出质问,并回答法官及控辩双方的疑惑,进而辅助法官对是否采信鉴定意见作出判断,对法官甄别鉴定意见是否可靠、对案件事实形成正确的心证具有积极的作用。

(三)使重新鉴定申请和决定依据更加充分

重新鉴定是刑事诉讼法赋予当事人对有争议的鉴定意见提出救济的途径,体现有错必纠的实事求是态度。但由于鉴定意见涉及技术方法、鉴定标准、统计分析等专业知识,当事人和司法人员一般不具备该专业知识。站在司法人员的立场看,由于当事人不理解鉴定意见的科学原理,无法在判断鉴定意见真实性的前提下提出重新鉴定的申

---

① 最高人民法院《关于适用〈中华人民共和国刑事诉讼法〉的解释》第84条规定对鉴定意见应当着重审查以下内容,包括鉴定机构和鉴定人是否具有法定资质,鉴定人是否存在应当回避的情形,检材的来源、取得、保管、送检是否符合法律规定等具体内容;《关于办理死刑案件审查判断证据若干问题的规定》第23条规定了鉴定意见应当重点审查的内容,包括鉴定主体,鉴定形式要件,鉴定的程序、方法、分析过程等内容。

请,往往是因为对鉴定意见所证明的事实难以接受,才频频提出重新鉴定。如果对当事人申请的重新鉴定不加控制,会造成重复鉴定的顽疾。① 例如,湖南黄某的死因鉴定经历 6 次,贵州李树芬的死因鉴定经过 3 次,这些案例都是由于被害人家属对侦查机关出具的死因鉴定结果不满意而反复提出重新鉴定申请,造成社会公众对司法鉴定的权威性强烈不信任的后果。而站在当事人及其辩护人的立场,由于司法鉴定启动权掌握在司法机关手中,当事人仅仅享有申请重新鉴定的权利,当事人与鉴定机构之间的"信息不对称",加剧了他们对鉴定意见的不满。② 通过"专门知识的人"就鉴定意见涉及的问题提出意见,由第三方专家从中立的立场对鉴定意见的专门性问题进行阐释、质问,才能在一定程度上弥合当事人、司法人员对鉴定意见的认知不足③,从而使重新鉴定的申请和决定建立在更加可靠的基础上。

(四) 增强鉴定人出庭质证的实质效果

近年来,刑事司法实践中诸如杜培武、孙万刚等冤假错案暴露出有瑕疵的鉴定意见如同"多米诺骨牌"效应,造成法官基于错误的鉴定意见对案件事实认定产生错误的问题,使鉴定人不出庭的现象备受指

---

① 重复鉴定具有多个方面的成因,包括多头鉴定启动主体、重新鉴定门槛不高、重新鉴定次数不限等因素。参见章礼明:《论刑事鉴定权》,中国检察出版社 2008 年版,第 82—87 页。

② 2013 年 3 月,山西省太原市中级人民法院在审理被告人武某某、高某某等故意伤害案中,被告人对太原市公安局委托公安部法医鉴定专家出具的《法医学尸体检验鉴定书》存有异议,要求一审、二审两级法院启动重新鉴定以查明被害人的死因,但均未得到法院的同意。被告人申请法庭通知"有专门知识的人"——司法部司法鉴定科学技术研究所法医学博士王某出庭发表意见。参见贾慧平:《实证分析中国刑事诉讼中有专门知识的人的出庭问题》,载 http://blog.sina.com.cn/u/2414132347,访问日期:2014 年 1 月 2 日。

③ 例如,2013 年武汉硚口区法院审理的一起故意伤害案件中,如果鉴定构成轻伤,被告人即构成犯罪;否则就不构成犯罪。但是几份鉴定意见不一,影响案件定罪。最终,法院委托专家对 3 份鉴定发表意见,庭审各方才恍然大悟:第一份鉴定根据创口的长度,认为达到轻伤标准;第二份是根据疤痕面积来鉴定的,认为不构成轻微伤(做第二份鉴定时,疤痕已经快长好了)。参见刘长、周楠:《中国式专家证人出庭 公家不再垄断司法鉴定话语权》,载《南方周末》2013 年 7 月 4 日。

摘。学界和实务界呼吁鉴定人出庭的声音愈发强烈。① 为了提高鉴定人的出庭率,刑事诉讼法修改也明确了鉴定人拒不出庭作证的后果。② 然而现有的实证研究发现,由于鉴定意见涉及的专业性问题一般人难以理解,其质证效果并不理想。在鉴定人出庭作证的情况下,控辩双方对鉴定意见的发问仅仅停留在诸如案件的实体或程序关联性较小的问题、鉴定人资质、司法鉴定具体程序等问题,较少从鉴定专业的角度对鉴定意见的可靠性展开质证。③ 这是因为,司法人员、当事人均与鉴定人存在专业知识上的鸿沟,鉴定人庭上作证的专业内容难以让其他人所理解。鉴定人感慨出庭作证如同"秀才遇到兵,有理说不清",进一步影响了他们出庭的积极性。通过"有专门知识的人"参与庭审,可以就鉴定意见所涉及的鉴定标准、鉴定方法等专业性问题进行质疑、阐释,增强鉴定人出庭作证的对抗性,可以使鉴定人出庭作证的实质功能得以发挥。

四、专家参与刑事诉讼亟须解决的问题

尽管《刑事诉讼法》修改后增加的"有专门知识的人"参与刑事诉讼制度具有上述的功能和价值,但现行《刑事诉讼法》实施以后,这项制度在实践适用中面临一些突出问题,亟须解决如下的理论困惑:

---

① 笔者以"鉴定人出庭"作为相关标题和关键词,在中国学术期刊网上检索从2005年至今的期刊论文,符合条件的文章有逾百篇,许多文章主张鉴定人出庭是对鉴定结论进行质证的一种正当程序和必要方式。

② 在2011年8月30日公布的《刑事诉讼法修正案(草案)》中,第68条规定经法院通知,鉴定人拒不出庭的,法院可以强制其到庭。后来参与立法的专家考虑到鉴定人不像证人那样具有不可替代性,如果采取强制到庭的方式,就会影响鉴定人接受委托鉴定的积极性,因此,草案进入二审时删除了该项规定。2012年《刑事诉讼法修正案》第187条第3款规定:"鉴定人应当出庭作证。经人民法院通知,鉴定人拒不出庭作证的,鉴定意见不得作为定案的根据。"

③ 在现行《刑事诉讼法》实施之前,鉴定人出庭质证近乎流于形式,缺乏有质量的质证内容。根据有关的统计,司法鉴定人参加质证程序被提问题主要集中在三类:第一类被提问题通常与案件程序和实质内容均无重大关系;第二类问题通常集中于司法鉴定人资质问题上;第三类问题主要集中于司法鉴定的具体程序上。参见杜志淳、廖根为:《论我国司法鉴定人出庭质证制度的完善》,载《法学》2011年第7期,第83页。

（一）专家的诉讼地位

由于《刑事诉讼法》对"有专门知识的人"的诉讼地位未予明确，因此如何认识"专家"的诉讼地位存在不同的观点。有学者认为是"专家证人"，认为现行《刑事诉讼法》建立了专家证人制度，解决了司法实践中需要非鉴定专家证人，但这种证人及其证言在诉讼法上缺乏根据的问题。建议将该条修改为"有专业知识的人作为证人出庭，就鉴定人作出的鉴定意见提出意见，或对案件中的某些专业问题发表意见"。① 也有观点认为是"专家辅助人"。理由是专家参与刑事诉讼，其天然与"辅助"功能密不可分。② 可见，明确"专家"的诉讼地位，对进一步明确其权利义务，发挥诉讼功能具有重要的作用。笔者认为，将"有专门知识的人"界定为"专家辅助人"比较合适，它隶属于广义上的诉讼参与人。主要理由如下：

1. 刑事诉讼中"有专门知识的人"与民事诉讼中"有专门知识的人"有相一致的专家辅助人身份

从制度沿革的历史分析，《刑事诉讼法》增设的"有专门知识的人"出庭制度，是对民事司法实践经验的总结与借鉴，在性质上保留着与民事诉讼中"有专门知识的人"相一致的专家辅助人身份。③ 纵观法律文献，我国最早使用"有专门知识的人"的规范性法律文件是2002年最高人民法院颁布的《关于民事诉讼证据的若干规定》，其中第61条规定："当事人可以向人民法院申请由一至二名具有专门知识的人员出庭就案件的专门性问题进行说明"，由此确立了民事诉讼中除司法鉴定人之外的"专家"参与庭审活动的制度。在民事诉讼中，对于案件涉及伤残等级鉴定、专利侵权责任认定等专业问题时，当事人

---

① 龙宗智、苏云：《刑事诉讼法修改如何调整证据制度》，载《现代法学》2011年第6期，第119页。

② 参见王戬：《"专家"参与刑事诉讼问题》，载《华东政法大学学报》2012年第5期，第114页。

③ 当然，从严格意义上分析，《刑事诉讼法》与《关于民事诉讼证据的若干规定》各自确立的"有专门知识的人"，二者的具体职能还存在一定差异。在刑事诉讼中仅能就鉴定意见发表意见，而不能就案件的专门性问题进行说明。

可以向法院申请"有专门知识的人"出庭,辅助自己对专门性问题作出更加专业的判断。应当说,《关于民事诉讼证据的若干规定》确立的这一制度,既有别于司法鉴定人制度,又有别于英美法系国家的专家证人制度以及大陆法系国家的技术顾问制度,它首创了我国富有特色的非鉴定人专家制度。通过近几年的民事诉讼司法实践证明,这项制度能够满足诉讼当事人的诉求,释疑案件中过于专业的技术难题,也起到了帮助法官认知和采信鉴定意见的作用。但对于这一司法解释确立的制度,究竟"有专门知识的人"在民事诉讼中居于何种诉讼地位?立法对此语焉不详,在学者相关的理论研究中也众说纷纭。但比较通说的意见是,我国《关于民事诉讼证据的若干规定》确立了专家辅助人制度。持此观点的官方编写之著述,可参见最高人民法院编写的《民事诉讼证据司法解释的理解与运用》,在该书中,论者进一步将这种"专家"身份界定为"专家辅助人"[①],有些地方司法实践部门也制定了针对专家辅助人的法律文件。[②]《刑事诉讼法》确立的"有专门知识的人",实际上是对我国以往民事司法实践经验的借鉴而来,虽然二者在工作方式、作用对象上有所区别,如在刑事诉讼中是"就鉴定人作出的鉴定意见提出意见",而在民事诉讼中是"就案件的专门性问题进行说明",但二者的功能、目的是一致的,即辅助诉讼中双方主体对鉴定意见展开更为充分的质证,从而为法官采信鉴定意见提供依据。判断一个事物的性质主要看其矛盾的主要方面,因此事实上,刑事诉讼中"有专门知识的人"也保留着与民事诉讼中"有专门知识的人"相互一致的诉讼地位。

"有专门知识的人"在身份上不同于英美法系国家的"专家证人"。专家证人是英美诉讼中控辩双方委托的具有专门知识或技能的

---

① "专家辅助人——是指在科学、技术以及其他专业知识方面具有特殊的专门知识或经验的人员,根据当事人的聘请并经法院准许,出庭辅助当事人对诉争的案件事实涉及的专门性问题进行说明或发表意见和评论的人。"参见黄松有主编:《民事诉讼证据司法解释的理解与运用》,中国法制出版社2002年版,第296页。

② 例如厦门市中级人民法院制定了《关于知识产权审判专家辅助人制度的若干规定》。参见闵凌欣:《厦门法院首推知识产权审判专家证人》,载《福建日报》2009年6月17日。

专家,他们可以就案件中的专门性问题进行鉴定,在法庭上发表自己的意见或观点。他们的意见就是专家证言,经过质证可以作为事实裁决者认定案件事实的证据;而"有专门知识的人"是具有中国特色的专家辅助人,他们只能就鉴定人出具的鉴定意见发表看法。二者的区别主要表现为以下两个方面:

(1)"有专门知识的人"向法庭发表的意见是以鉴定人制作的鉴定意见为基础的,是为了提高鉴定意见质证的效果之目的而参与到刑事诉讼中。他们无权接受控辩双方的委托进行司法鉴定,仅仅能针对鉴定意见是否准确、有无瑕疵提出一些质证方面的意见。而"专家证人"可以接受鉴定委托,根据当事人提供或者自己收集的检材,就案件事实进行鉴定,发表意见。

(2)二者发表的意见在证据法上具有不同的效力。"有专门知识的人"发表的意见不是证据,根据最高人民法院《关于适用〈中华人民共和国刑事诉讼法〉的解释》第 87 条的规定,只能作为法官采信鉴定意见的参考。而专家证人发表的意见在英美法系国家被作为专家证言,是一种具有法律效力的证据。

"有专门知识的人"也不完全同于大陆法系国家诉讼中的"技术顾问"。"技术顾问"是辅助法官认定案件专业知识的人,他们是由法官聘请的服务于法官、弥补法官知识短板的专家。[①] 他们的区别表现为:

(1)技术顾问制度是辅助法官认定案件涉及专门知识问题的专家,他们是由法官聘请的服务于法官、弥补法官知识短板的专家。而

[①] 《意大利刑事诉讼法典》第 225 条规定,在决定进行鉴定后,公诉人和当事人有权任命自己的技术顾问;而且在国家司法救助法规定的情况和条件下,当事人有权获得由国家公费提供的技术顾问的协助。技术顾问可以进行的活动有:(1) 参加聘任鉴定人的活动并向法官提出要求、评论和保留性意见;(2) 参加鉴定工作,向鉴定人提议进行具体的调查工作,发表评论和保留性意见;(3) 如果技术顾问是在鉴定工作完成之后任命的,他可以对鉴定报告加以研究,并要求法官允许他询问接受鉴定的人和考察被鉴定的物品和地点。参见《意大利刑事诉讼法典》,黄风译,中国政法大学出版社 1994 年版,第 78 页。

有专门知识的人是辅助控辩一方进行质证的,虽然也能达到弥补法官专业知识短板的目的,但其产生上具有天然的辅助控辩对抗性。

(2)二者在具体的权限上存在不同。技术顾问可以参加鉴定工作,亦即他们具有鉴定人享有的从事鉴定活动的权利;而有专门知识的人在诉讼中并无权利参加鉴定活动。

2."有专门知识的人"隶属于诉讼参与人的范畴

虽然《刑事诉讼法》第106条只规定了七种诉讼参与人,即当事人、法定代理人、诉讼代理人、辩护人、证人、鉴定人和翻译人员,如果仅仅从狭义上的"诉讼参与人"字面理解,由于"有专门知识的人"不同于鉴定人,自然不包括在诉讼参与人之列。但是对"诉讼参与人"范围的理解不应拘泥于法律条文罗列的范围,而必须从概念的内涵理解确定广义上"诉讼参与人"的外延。① 我国刑事诉讼法仅仅从外延上界定了诉讼参与人的范围,而有关诉讼参与人的内涵存在于学理上的探讨。根据刑事诉讼的基本原理,诉讼参与人是指在刑事诉讼中享有一定的诉讼权利,承担一定诉讼义务的除国家机关工作人员以外的人。通常认为,诉讼参与人的内涵实质上包含三个方面的内容:

(1)诉讼参与人是依法参加刑事诉讼活动的主体。没有参与到刑事诉讼中就不能称之为诉讼参与人,这是诉讼参与人区别于与诉讼活动无关的主体的判断标准。比如,与案件无关的公民参加庭审旁听的,就不能视为诉讼参与人。

(2)诉讼参与人是依法享有一定的诉讼权利,承担一定的诉讼义务的主体。诉讼权利和义务是由不同主体在诉讼中的不同诉讼地位所决定的。

(3)诉讼参与人是国家司法机关及其工作人员之外的主体。这是因为司法机关和工作人员具有公职性,法律赋予他们的权能与职责

---

① 对于诉讼参与人的范围问题,已有论者指出,现行的诉讼参与人范围存在涵盖不全的问题,刑事诉讼参与人具有三个特征,应当将符合这三个特征的其他主体也纳入诉讼参与人的范围。参见许江:《论刑事诉讼参与人范围的完善》,载《南京大学学报》(哲学、人文科学、社会科学版)2008年第5期,第114页。

显然不同于诉讼参与人的权利与义务。虽然刑事诉讼法以列举的方式归纳了诉讼参与人,但由于成文法固有的局限性,这种无法穷尽的列举,会造成难以满足实践的需求。从诉讼参与人的内涵可以看出其范围不应限于法条列举的类型。随着不同职能的社会群体参与诉讼活动并在其中发挥作用,这些社会群体将成为特定的对象参与刑事诉讼,并在其中发挥一定职能,诉讼参与主体的范围会在一定程度上扩大。比如,1996年《刑事诉讼法》规定了律师在侦查阶段提供法律咨询、代理申诉、控告,但直到2012年《刑事诉讼法》修改才明确其辩护人的身份;又如合适成年人参与未成年人刑事诉讼制度中的合适成年人除了本身是法定代理人的情况以外,他们的诉讼地位也难以对号入座。① 这些主体在诉讼中的出现,对诉讼参与人的开放性提出了要求。随着科学技术在诉讼中的应用,专家作为一种主体参与刑事诉讼,将其身份确定为诉讼参与人比较合适。刑事诉讼法对"有专门知识的人"身份的笼统表述,实际上与这项制度尚未成熟,缺乏实施效果考察不无关系。

因此,要进一步发挥"有专门知识的人"参与庭审的作用,在理论上还必须明确其"专家辅助人"的诉讼地位,广义上的诉讼参与人应当包括"专家辅助人"在内。

(二)专家的中立性问题

"有专门知识的人"参与刑事诉讼的目的,在于帮助控辩一方对鉴定意见进行质证,辅助法官采信鉴定意见,虽然从职业道德的角度,我们可以期待专家实事求是地对鉴定意见发表客观评价。但是从法律义务的角度,我们却很难苛求专家采取中立立场。并且目前有关"有专门知识的人"产生方式的程序设计,也难以保证专家的中立性。

---

① "合适成年人"参与未成年人刑事诉讼制度,起源于1972年发生于英国的肯费特案件,2003年正式引入我国。现在中国合适成年人参与未成年人刑事诉讼制度的改革,已形成云南盘龙模式、上海模式、厦门同安模式三种基本模式。参见姚建龙:《权利的细微关怀——"合适成年人"参与未成年人刑事诉讼制度的移植与本土化》,北京大学出版社2010年版,第6页。

1. 由于"有专门知识的人"是控辩一方向法庭提出申请而产生的,因此在诉讼中难免带有一定的倾向性

《刑事诉讼法》第 192 条第 2 款规定:"公诉人、当事人和辩护人、诉讼代理人可以申请法庭通知有专门知识的人出庭",法庭对他们的申请"应当作出是否同意的决定",但法庭如何选任专家的程序,《刑事诉讼法》和司法解释都没有明确规定。司法实践中如何操作?实践中"专家"是法庭根据提出申请一方提供的专家名单而产生的。① 可以合理推断,控辩一方既然向法庭申请专家,自然不愿聘请一位"倒戈"的,而是选取对己方诉讼结果有利的专家。专家虽然有时也会对鉴定人作出的鉴定意见进行强化论证或者作深入解释,但他们可能事先已经接受过控辩一方的咨询,出庭支持委托方的主张也就理所当然。实践中更为常态的是当事人对侦查机关出具的鉴定意见结果不满意,而向法院申请"有专门知识的人",由后者对鉴定意见提出质疑,以达到驳斥鉴定意见、启动重新鉴定之目的。因此,由控辩一方向法庭提出申请而产生的专家,很难从选任方式上保证其中立性。

2. 目前难以通过立法给"有专门知识的人"施加恪守中立立场的法律义务

如果"有专门知识的人"违背中立立场,向法庭提供虚假意见应当承担什么法律后果?由于"有专门知识的人"并非鉴定人,因此不能适用《刑法》伪证罪的规定。从犯罪构成的理论分析,伪证罪主体要件仅限于证人、鉴定人、记录人、翻译人四类,"有专门知识的人"显然不属于该罪的主体;从行为内容分析,"有专门知识的人"发表的意见只是针对鉴定意见展开质证的内容,而不是一种诉讼证明方式,因此其故意发表虚假意见的行为,不能认定为伪证罪犯罪行为;从专家立场的

---

① 笔者检索了 2013 年 1 月 1 日《刑事诉讼法》实施以来,"有专门知识的人"参与刑事诉讼的案例,发现司法实践中"有专门知识的人"产生的方式主要是控辩一方申请某位专家出庭,法院依据申请作出决定。例如,被媒体冠以"中国刑事诉讼专家证人出庭第一人"的刘良,就是担任安徽黄山民警涉嫌刑讯逼供案中的"有专门知识的人",他是由辩方律师向法庭申请而产生的专家。参见刘长、周楠:《中国式专家证人出庭 公家不再垄断司法鉴定话语权》,载 2013 年 7 月 4 日《南方周末》。

角度分析,对应被告人申请而参与到刑事诉讼中的专家,从有利于被告人的角度对鉴定意见作出解释、质疑也合乎情理,正如同理论与实务界主张赋予辩护律师刑事辩护豁免权一般,必须保证专家在法庭上发表的言论不受法律追究的权利。① 退一步说,对"有专门知识的人"也难以通过伪证罪加以规制,这主要可以从立法技术的可行性角度分析。

(1)有专门知识的人通常是由当事人申请而产生,每个专家对专业问题的看法存在一定的主观偏差,只要是在合理的限度内,应当予以容忍。

(2)专家对鉴定事项的意见,往往是从专业问题提出一些假设可能性,而不是进行真伪二元化判断的确定性结论意见。因此也无从认定意见的虚假性。②

当然,在承认专家具有倾向性、难以从刑法上规制其中立性的同时,我们也不能采取听之任之的消极态度。"有专门知识的人"参与刑事诉讼,仍然必须强调其底线客观。③ 这一点也是对域外制度的经验教训的反思,英美法系国家专家证人中立性不足的教训,值得我国引以为鉴。英美专家证人在诉讼中辅助当事人提供专家证言,当事人为获得对己有利的专家证言,通常事先听取几位专家的意见,从中聘请有利于己方诉讼结果的专家,因此英美专家证人制度先天性存在倾向性,甚至被西方学者嘲讽为"律师的萨克斯风"④。实际上,英美专家证人制度的弊端,也促使这些国家改革专家证人制度,为克服专家证人的倾向性,他们也对专家证人制度推行了一些改革举措。例如,对

---

① 参见范思力:《刑事审判中专家辅助人出庭若干问题研究——以修改后的〈刑事诉讼法〉相关规定为切入点》,载《西南政法大学学报》2012年第5期,第27页。
② 参见龙宗智、孙末非:《非鉴定专家制度在我国刑事诉讼中的完善》,载《吉林大学社会科学学报》2014年第1期,第110页。
③ 参见王戬:《"专家"参与刑事诉讼问题》,载《华东政法大学学报》2012年第5期,第114页。
④ J. Langbein. The German Advantage in Civil Procedure, (1985)52(4) University of Chicago Law Review 835. 转引自徐昕:《专家证据的扩张与限制》,载《法律科学》2001年第6期,第87页。

专家的选任制度上采取非听之任之的态度,强调专家必须对法庭负责,帮助法庭认知案件的事实,而不是帮助当事人打赢官司等。专家证人的教训对我国的此项改革提出了一种预警,完全通过对抗式来实现法官对鉴定意见的取舍,是一种不切实际的做法,必须进一步强化"专家"参与刑事诉讼的客观义务。

如何促进"有专门知识的人"的中立性呢?通过健全专家选任程序、加强职业伦理建设加以解决不失为良策。我国"专家"参与刑事诉讼制度的目的,在于帮助控辩方对鉴定意见进行质证辩论,辅助法官理解鉴定专业问题。必须从制度建构上保证专家中立,不应走英美专家证人制度的弯路,将该制度滥用为法庭竞技的手段。为了方便法院选任专家,可由各省高级人民法院牵头成立"专家库",广泛征求各专业领域具备一定资质的专家意愿,将他们纳入到专家库名单。可以由法庭根据当事人的申请从专家库中聘请、指派专家。对于"有专门知识的人"出庭产生的费用,应当纳入司法经费中,而不是由提出申请的当事人承担。建立类似于人民陪审员制度的名单,由司法经费承担专家出庭的费用,可以防止专家收受当事人的聘金而为当事人说话,一旦他们在诉讼中故意出具虚假意见,法院将不再聘请他们成为今后案件的专家。另一方面,可以通过加强专家的职业道德建设来保证中立性。这样才可以保证有专门知识的人具有中立性。

(三)有专门知识的人之资格

当前有关"有专门知识的人"的资格尚未形成统一规范的做法。《刑事诉讼法》及六部委颁布的《关于实施刑事诉讼法若干问题的规定》、最高人民法院颁布的《关于适用〈中华人民共和国刑事诉讼法〉的解释》对"专门知识的人"如何产生并无具体规定。这给实践操作带来了一些争议。在我国,鉴定人制度采备案登记主义,必须具备鉴定主体资格的人才能充当鉴定人。对"有专门知识的人"是否必须参照鉴定人的标准?理论界有学者认为,专家辅助人制度的管理应当纳入我国整体的司法鉴定管理体制之中,只有经过司法行政管理部门备案登记的司法鉴定人名册的专家,才能担任专家辅助人。① 还有学者建议,由各地有关部门采取设立行业协会的方式对"有专门知识的人"进行规范,保证"有专门知识的人"能够与鉴定人一起发表专业、科学的见解,其选任条件不应低于鉴定人的资格。② 也有学者主张,对专家资格的要求不宜过严,也不应局限于专家的学历、职称、证书等僵化的标准。③

笔者认为,没有必要参照鉴定人管理制度另起炉灶,建立一套"有专门知识的人"管理体系。其资格条件可参照民事诉讼中有关"有专门知识的人"资格,这是因为:

(1)刑事诉讼中需要"有专门知识的人"参与庭审的比率极低。据笔者对司法实践部门人员的访谈,现行《刑事诉讼法》施行以来,实践中聘请"有专门知识的人"出庭的案件极少。对于这一适用概率极低的制度,没有必要建立一套管理体系。

(2)"有专门知识的人"在日常工作中可能是分布于各行各业的专家,如工程师、医师、心理咨询师等,他们之所以成为专家参与到刑事诉讼,只是因为诉讼中司法鉴定问题需要他们提供专业意见。这种活动不具有固定性、长期性和职业性,没有必要将他们纳入到司法行政管理体系。④

为了方便法院选任专家,可由各省高级人民法院牵头成立"专家库",广泛征求各专业领域具备一定资质的专家意愿,将他们纳入专家库名单。此外,还可以借鉴英美法系国家专家证人资格审查的方式,

---

① 参见汪建成:《司法鉴定模式与专家证人模式的融合——中国刑事司法鉴定制度改革的方向》,载《国家检察官学院学报》2011年第4期,第95—115页。

② 该学者认为,鉴于"有专门知识的人"具有非专职性和不固定性,建议各地有关部门采取设立行业协会进行规范的做法。参见吴高庆、齐培君:《论"有专门知识的人"制度的完善——关于新〈刑事诉讼法〉第192条的思考》,载《中国司法鉴定》2012年第3期,第16页。

③ 参见龙宗智、孙末非:《非鉴定专家制度在我国刑事诉讼中的完善》,载《吉林大学社会科学学报》2014年第1期,第107页。

④ 目前在司法实践中,对"有专门知识的人"也没有要求必须具备鉴定人的职业资格。例如上文提及的太原市中级人民法院在审理被告人武某某、高某某等故意伤害案中,被告人申请法庭通知"有专门知识的人",是来自司法部司法鉴定科学技术研究所的一名法医学博士。

即法律并不对其主体资格进行限制,不要求他们必须具备鉴定人资格,但是一旦他们要成为专家进入法庭,就必须接受法庭的审查,判断其是否具备特定领域的专业知识。法庭通常可以从学历、职称、专业背景和执业经历等因素对专家进行考量。

（四）意见有何证据效力

"有专门知识的人"提供的意见属不属于证据？如果作为证据应当归属于哪类证据？对此主要有两种观点：

第一种观点认为,"有专门知识的人"出庭对鉴定意见提出的意见不能作为证据,但不能因此否定其针对鉴定意见能否作为证据所发表的意见的效力。① 一旦鉴定人对具有"有专门知识的人"提出的意见无法给予合理的解释,法庭结合其他证据又无法确定鉴定意见的证明力时,必然会否定鉴定意见的证据效力。从而根据案件的情况决定是否需要进行重新鉴定。当无法进行重新鉴定或者重新鉴定之后仍然存在一些不能合理解释的问题时,法庭应当决定是否采信存有异议的鉴定意见。

第二种观点认为,"有专门知识的人"发表的意见在一定条件下属于证据种类中的鉴定意见,理由主要有：

（1）被控辩双方聘请的专家绝大多数本身的职业就是司法机构中的鉴定人,只不过他们并没有接受司法机关的委托或聘请成为该案的鉴定人,一旦某个司法鉴定人受到委托成为某宗案件的"有专门知识的人",其发表的意见就应当归类于鉴定意见。

（2）专家发表的意见是就鉴定意见的科学性、关联性等方面提出的,其功能在于辅助法官作出是否采信鉴定意见的判断,与鉴定人的功能大同小异。

笔者认为,"有专门知识的人"对鉴定意见提出的意见不属于我国《刑事诉讼法》规定的证据种类。理由是"有专门知识的人"参与刑事

---

① 参见郭华：《切实保障刑事诉讼法中司法鉴定条款的实施》,载《法学》2012年第6期,第131页。

诉讼制度不同于英美国家的专家证人制度,对于他们向法庭提出的意见,不能简单等同于英美国家的"专家证言",进而认为其意见对应为我国《刑事诉讼法》规定的"鉴定意见"。我国现行《刑事诉讼法》确立的"有专门知识的人"参与刑事诉讼,与英美法系国家的专家证人制度存在一些根本性的区别,决定了"有专门知识的人"发表的意见,不同于"专家证言",不能视为证据。这些区别主要如下:

1. 二者参与诉讼的目的不同

"有专门知识的人"是为对鉴定意见进行质证,由控辩双方向法院申请而加入到诉讼中来,其参与刑事诉讼的目的是针对鉴定人制作的鉴定意见发表看法,可以支持、佐证、强化鉴定意见的真实性,也可以削弱、质疑、推翻鉴定意见的可靠性。他们的存在是以既已形成的鉴定意见为前提的。专家证人是英美法系国家诉讼中特有的证据制度,与大陆法系国家的鉴定人制度可谓相互对应。根据美国《联邦证据规则》第702条的规定,对诉讼中涉及的科学、技术等专业技术知识问题,如果这些专业性知识能够帮助事实裁判者对证据作出取舍,对案件事实作出判断,具备这方面专业知识、经验、技能、培训或者教育经历的人就可以"专家"的身份参与到诉讼中,对专门性问题发表意见,他们的身份就是"专家证人",发表的意见就是专家证言。[①] 可见,专家证人加入到诉讼中是因为专门性问题,他们既可以针对已经形成的鉴定意见进行质证,也可以根据自己掌握的鉴定检材独立地出具鉴定意见,而不依赖于已经存在的鉴定意见。

2. 二者的意见在证据法上的地位不同

从英美证据法的理论分析,英美国家将专家证人(Expert Witness)视为广义的、特殊的证人,对其资格也没有采取"法定登记主义"的前提要件,而是以"宽进严出"的方式,通过法庭审查是否具备专业知识、

---

① 美国《联邦证据规则》(Federal Rules of Evidence)第702条规定:"If scientific, technical, or other specialized knowledge will assist the trier of fact to understand the evidence or to determine a fact in issue, a witness qualified as an expert by knowledge, skill, experience, training, or education, may testify thereto in the form of an opinion or otherwise."

工作经验以满足对专门性问题的认定,以判断是否具备专家证人的资格。他们在诉讼中发表的意见就是专家证言(Expert Testimony)。英美证据法并没有将证据限定在法律规定的几种证据种类之中,专家证言被认为是特殊的证人证言,即专家证言,具有证据的效力。而根据我国刑事诉讼法对证据的分类,证据必须符合法定种类才具有形式上的合法性。鉴定意见仅限于鉴定人出具的鉴定报告,而"有专门知识的人"不同于鉴定人,其出具的意见也不能称为鉴定意见①,无法纳入法定证据的范畴,也就不具有法定证据的效力。

3. 二者发表的意见作用的对象不同

英美专家证人作用的对象既可以是案件事实,也可以是案件中的专门性问题。而我国"有专门知识的人"发表的意见,直接作用的对象是鉴定意见而非案件事实。"有专门知识的人"在诉讼中可以提高鉴定意见的质证效果,辅助法官采信鉴定意见,他们针对鉴定意见发表的意见,仅仅是从第三方专家的角度对鉴定意见的分析、阐释,弥补法官鉴定专业知识的短板,为法官采信鉴定意见提供更加充分的技术支持。它直接作用的对象是鉴定意见,而不是案件事实,可以用于判断鉴定意见的辅助材料,但不可以作为证明案件事实的证据。它是证据的质证途径、检验手段,而不是证据本身。犹如辩护人在庭审辩论中针对控方出具的书证、物证、证人证言等证据进行质问,为法官产生心证提供依据。但不能据此认为辩护意见就是证据。最高人民法院在答复公众提问时指出:"专家证人的说明,有利于法官理解相关证据,了解把握其中的技术问题,有的本身不属于案件的证据,但可以作为

---

① 最高人民法院《关于适用〈中华人民共和国刑事诉讼法〉的解释》第87条第1款规定:"对案件中的专门性问题需要鉴定,但没有法定司法鉴定机构,或者法律、司法解释规定可以进行检验的,可以指派、聘请有专门知识的人进行检验,检验报告可以作为定罪量刑的参考。"笔者认为,该条所称的"有专门知识的人",指的是鉴定人。因为从语境解释《刑事诉讼法》第144条规定"为了查明案情,需要解决案件中某些专门性问题的时候,应当指派、聘请有专门知识的人进行鉴定",很明显,这里"有专门知识的人"就是指鉴定人,不同于《刑事诉讼法》192条规定的"有专门知识的人"。

法院认定案件事实的参考。"①该答复虽然是针对民事诉讼中"有专门知识的人"在诉讼中出具意见的效力问题,但对地方各级人民法院在现行《刑事诉讼法》实施中如何对待"有专门知识的人"的意见效力,该文件会对刑事审判工作具有一定的参照作用。

虽然有专门知识的人与专家证人制度具有一些相似之处,但他们存有根本性的差异,这种差异就决定了我国"有专门知识的人"在庭审中发表的意见不同于专家证言,不具有证据法上的证据效力。

(五)启动程序如何完善

"有专门知识的人"参与庭审,可以让鉴定意见接受业内同行的评价,实现"加强鉴定人的责任意识,从而对其鉴定意见产生正面的促进作用"②,消除司法机关垄断鉴定启动权的不利影响,使法官采信鉴定意见的依据更加充分,也给当事人提供诉讼权利保障。因此,合理规制"有专门知识的人"出庭的启动程序确有必要。

"有专门知识的人"出庭的启动程序涉及两个方面的基本问题:一是法庭决定是否聘请专家的标准问题;二是一旦法庭决定聘请专家,应该聘请哪些专家的标准问题。依据《刑事诉讼法》的规定,"有专门知识的人"由公诉人、当事人和辩护人、诉讼代理人提出申请并由法庭决定,该启动程序保留了我国刑事诉讼职权主义的基本特征,由法官自由裁量是否有必要聘请专家出庭。但对于法院决定是否聘请专家参照哪些标准?应当聘请哪些专家?法律和司法解释未予明确。这实际上也造成法官决定是否同意专家出庭,缺乏切实有效的法律依据。如果一味同意控辩双方的申请专家,在鉴定人出庭率很低的现状下,对鉴定意见的质证可能沦为一场只有"有专门知识的人"上演的独角戏。如果一味拒绝控辩双方的申请,也会造成这一条款的预期功能在执行中无法实现。笔者认为,这项制度旨在通过"有专门知识的人"

---

① 边江:《最高人民法院对网民意见建议答复之一:关于审判工作》,载中国法院网(http://old.chinacourt.org/html/article/200912/23/387411.shtml),访问日期:2014年1月1日。

② 郎胜:《中华人民共和国刑事诉讼法释义》,法律出版社2012年版,第418页。

出庭辅助鉴定意见质证，可以促进鉴定意见质证，适用这一制度也必须围绕着这一核心目的而展开。是否聘请专家必须考虑以下因素：

（1）控辩双方（或一方）对鉴定意见存在争议并且理由合理。只要有一方对鉴定意见的真实性提出异议，并且理由合乎常理，法庭就应当认为申请符合条件。理由是：有专门知识的人出庭作证可以起到化解鉴定意见争议的积极作用，当事人对鉴定意见不满，只要提出的理由合乎常理，排除因为对鉴定结果不满的非理性因素，法官就应当允许，这才有利于及时有效地化解鉴定意见争议。

（2）启动程序必须体现程序性因素，而不应当片面取决于案件社会影响大小、罪名轻重等实体性因素。① 一旦控辩双方（或一方）提出鉴定意见的科学性存在疑问，并提出合理的理由，法庭就不应当以案件的实体性因素（例如，本案件是否备受社会关注、案件的被告人是否为落马的高级官员）为依据，也不能以聘请"有专门知识的人"能否提供正确的意见为判断依据。否则，如果取决于这些实体性因素，会给这一制度的启动程序造成瓶颈。公诉人、当事人和辩护人、诉讼代理人申请专家的权利就容易被架空，将与该制度辅助控辩双方对鉴定意见质证的目标背道而驰。

对于聘请哪些专家的问题，应当把握以下几点：

（1）尽可能保证专家选自特定领域的行家。例如，法医临床专家难以对法医病理专业问题提供准确的意见；从事动物遗传学研究的专家难以对人体遗传疾病的问题发表准确可靠的意见。②

（2）要保证专家选任程序的公正性，为专家的中立性提供制度保障。由控辩双方向法庭提出专家出庭的申请，法庭如果认为有必要通

---

① 参见郭华：《鉴定人与专家证人制度的冲突及其解决——评最高院有关专家证人的相关答复》，载《法学》2010年第5期，第11—17页。

② 在英美专家证人出庭时，法庭通常会考虑专家的具体研究领域与待证事实的关联度，依此判断他们的意见是否可靠。例如，在美国的多伯特梅里·道药品公司案中，法官认为，原告委托的专家所提供的报告主要是依据动物细胞研究、动物活体研究以及化学结构分析，并不是基于流行病学专业的研究，难以证实药物与先天缺陷之间存在因果关系。See Daubert v. Merrell Dow Pharmaceuticals, 509 U. S. 579 (1993).

知"有专门知识的人"出庭,可以聘请控辩一方提供的专家。等条件成熟后,各省高级人民法院可以设立"专家库",从中选择合适的专家供控辩双方协商确定,无法达成一致意见的,则由法庭依照职权或者随机产生"有专门知识的人"。这种专家选任的方式能够以"协商"取代"对抗",从而保证专家的中立性。

(六)救济程序该如何设置

现行《刑事诉讼法》仅赋予公诉人、当事人和辩护人、诉讼代理人申请"有专门知识的人"出庭的权利,但对于法庭不准许其申请的决定,并没有规定相关的救济程序。法谚有云:"无救济则无权利",立法既然赋予公诉人、当事人和辩护人、诉讼代理人申请专家出庭的权利,就必须为权利的行使设置救济途径,否则难以保证该项权利落到实处。因此有学者主张,应当规定公诉人、当事人和辩护人、诉讼代理人对法庭决定不通知"有专门知识的人"出庭的情况下可以提起复议。申请人既可重申过去曾提出的理由,也可增加新的理由。法庭对复议申请应当作出决定,并说明理由。① 笔者认为,这种设置救济程序的思路,可以随着今后司法解释的颁布逐步完善。

五、结论

"有专门知识的人"参与刑事诉讼制度在辅助法官作出是否采信鉴定意见的判断,为控辩双方阐释鉴定意见,及时有效地化解司法鉴定争议,提高重新鉴定申请和决定的正当性,增强鉴定意见的质证效果等方面值得首肯。它是对域外英美法系国家的专家证人制度、大陆法系国家的技术顾问制度的移植与扬弃,也是对国内民事诉讼司法实践经验的总结和借鉴,是一项独具中国特色的"专家辅助人"制度。"有专门知识的人"应当具有诉讼参与人的诉讼地位,虽然目前专家的产生方式难免使他们具有倾向性,但我们可以期待并通过程序规制提

---

① 参见郭华:《切实保障刑事诉讼法中司法鉴定条款的实施》,载《法学》2012年第6期,第131页。

高专家的中立性。今后制定司法解释,须进一步完善专家选任程序,专家出庭产生的费用宜纳入司法经费,以保障其中立性。可以由各省高级人民法院成立"专家库",由法庭根据控辩双方的意见确定专家名单。唯此,"有专门知识的人"参与刑事诉讼,才能实现立法期待的功能和价值。

第四节 鉴定意见的采信规则

一、问题的提出

"认定事实必须依据证据进行,是一种凭借诉讼中可资运用的证据资料,推求过去发生的事实的回溯性证明活动。"[1]科学证据是一个"舶来品",它在美国是指在诉讼过程中,仅仅凭借人的感官无法获知,而必须通过科学技术、科学原理、科学仪器等手段和方法才能判读的、对案件事实起到证明作用的证据。[2] 鉴定意见作为鉴定人依据专业知识,对诉讼中所涉及的专门性问题进行分析、判断得出的证据,属于科学证据中最为重要的种类。达玛斯卡在《漂移的证据法》中曾经断言:

---

[1] 刘金友:《证据法学》,中国政法大学出版社 2001 年版,第 337 页。
[2] 准确地说,科学证据是英美证据制度的一个"舶来品",其词源为"Scientific Evidence",根据布莱克法律词典的解释是:"Scientific Evidence (17c) Fact or opinion evidence that supports to draw on specialized knowledge of a science or to rely on scientific principles for its evidentiary value." See Daubert Test. 即科学证据是利用某门科学专业知识或者依靠科学原理形成的具有证明价值的事实或意见。See Bryan A. Garner, *Black's Law Dictionary* 639 (9th ed., Thomson West Publishing Co 2009). 我国学界对科学证据的内涵外延存在争议,形成不同的观点。例如,何家弘教授认为,科学证据就是物证以及相关的司法鉴定结论。参见何家弘:《法苑杂谈》,中国检察出版社 2000 年版,第 155 页。另有学者认为,科学证据是运用科学技术原理和方法发现、收集、保全以及揭示其证明价值的或本身就具有科学技术特征的一切具有查明案件事实真相的证据。参见陈学权:《科技证据论——以刑事诉讼为视角》,中国政法大学出版社 2007 年版,第 51 页。还有学者对科学证据的内涵外延作一番界定,认为科学证据是指存在于法律事务过程中的,具有科学技术含量、能够证明案件事实或者证实事实的各种信息。参见邱爱民:《科学证据的内涵与外延》,载《比较法研究》2010 年第 5 期,第 103 页。限于研究的主题,在此对科学证据的内涵外延不作具体展开。

"与应用技术手段密切联系的是,对技术性专家意见的依赖也在增加……在为法院判决提供事实认定结论方面,常识和传统的证明方法就遭遇到了科学数据的竞争。"①由于鉴定意见所依据的科学原理、操作方法、数据统计分析等方面需要通过鉴定技术人员进行分析,而作为法律人在知识结构上难免对此存在鸿沟,因此鉴定意见的采信问题一直以来都是司法裁判工作的难点。而美国是科学证据研究最为发达的国家之一,美国的法庭在长期的审判实践中,积累了一些科学证据可采性标准的规则,研究这些规则的嬗变过程,有助于我国鉴定意见采信制度的完善。

二、美国科学证据采信规则的嬗变和现状

(一) 科学证据可采性标准的嬗变

纵观美国科学证据的可采性标准的发展历程,大致经历了几个重要的阶段。推动科学证据制度发展的标志性判例、事件主要包括发生于 1923 年的弗赖伊诉合众国(Frye v. United States)案②、1975 年《联邦证据规则》(Federal Rules of Evidence)的颁布以及 1993 年多伯特诉梅里·道医药公司(Daubert v. Merrell Dow Pharmaceuticals)案③,等等。它们反映了美国联邦最高法院在科学证据可采性标准问题上认识的发展变化,考察这一嬗变历程,有助于研究科学证据的采信问题。

1. 先弗赖伊时代对科学证据的态度

在 19 世纪和 20 世纪初期,美国的法院在判断专家证言是否具有可采性时,只要求专家必须具备相应的资格条件,如果专家具有资格,其专家意见就能被采信为科学证据(当然也要考虑它与待证事实之间的关联性)。关于先弗赖伊案件时代法官采信科学证据标准的另一种更为谨慎的观点认为,首先是审查案件待证事实之争议焦点所涉及专

---

① 〔美〕米尔建·R. 达玛斯卡:《漂移的证据法》,李学军、刘晓丹、姚永吉等译,中国政法大学出版社 2003 年版,第 200—201 页。
② Frye v. United States, 293 F. D. C. Cir. 1013,1014 (1923).
③ Daubert v. Merrell Dow Pharmaceuticals, 509 U. S. 579 (1993).

门问题的自然属性,是否该问题的认识超出了绝大多数陪审员的专业知识领域。如果的确如此,专家证言便认为是有助于事实的发现。如果并非如此,就由陪审团直接判断案件的事实。[①] 因此在这个时期,法庭对科学证据的把关主要建立在对专家资格审查判断的基础上,专家证言科学性的保证主要取决于专家在该专业知识所涉领域所取得的职业成就。这种对科学证据审查仅仅停留在形式性审查的阶段,并不过问科学证据的生成过程。

2. 弗赖伊规则的由来

发生于1923年的弗赖伊诉合众国(Frye v. United States)一案,确立了美国法庭对科学证据可采性规则的第一块里程碑。该案件的被告提供了一份"心脏收缩血压测谎"报告,该报告证明案件的当事人弗赖伊涉嫌构成谋杀罪。这份报告当时对审理该案的法官来说是一种前所未闻的新证据,法官范·奥斯德(Van Orsdel)认为:"当一项科学原则或发现界于实验或可证实阶段时,其可靠性是难以界定的。采信这些由科学原理和实验推导出来的专家意见,摆在法官面前的还有很漫长的路。推导的过程必须充分建立在该专业领域普遍接受的基础上。"[②]法官进一步认为,测谎技术在心理学和生理学方面还没有达到专家同行们普遍接受、认可的程度,它的可靠性难以判断,因此不能在诉讼中作为证据使用。弗赖伊案件所确立的这一规则被称为"普遍接受"标准(General Acceptance),根据该规则,一项科学检验必须达到"其所属的特定领域获得普遍接受"的程度才能被法庭所采信。通常认为,"普遍接受"的标准包括两个方面的含义:一是该专家证言是否来自科技领域;二是专家证言所依据的科学原理以及鉴定技术方法是否已经得到本领域中的专家同行的普遍接受。在弗赖伊案件之后,法官在审判中认为,科学证据的可采性标准必须是该证据已经得到了领

[①] David L. Faigman, David H. Kaye, Michael J. Saks & Joseph Sanders. *Modern Scientific Evidence:The Law and Science of Expert Testimony* Vol. 1,3(Thomson/West 2006).

[②] *Frye v. United States*, 293 F. D. C. Cir. 1013,1014 (1923).

域内专家普遍接受的程度。①

弗赖伊规则既具有一定的时代进步性,它较之于先前的科学证据的可采性标准而言,使事实裁决者做到了对专家证言甄别和专家资格评判的区分。

3. 弗赖伊规则的衰落

在美国司法实践中,弗赖伊案件所确立的"普遍接受"标准,在法庭审判中的生命竟长达70年之久,随着时间推移,科学技术的日益发展,迫切要求一些诸如测谎技术、耳纹鉴定、光谱分析、声纹鉴定等技术在内的新型科学证据进入法庭,一些法官和学者发现"普遍接受"标准具有明显的局限性。② 尤其是"普遍接受"标准的模糊性,在司法实践中暴露出其操作过程容易受到其他因素的影响,以及困惑相关性询问的倾向。在美国学界,弗赖伊规则遭到批判的理由主要有以下几个方面:

(1) 弗赖伊规则常常被批评为过于保守,因为它要求科学证据和方法必须获得同行的普遍接受才能被法庭采信,这就给科学证据进入法庭强加了一段获得技术专家普遍认可、相对漫长的时间。而一些前沿科学的知识,往往需要一个相当长久的过程才能获得同行的普遍认可。例如,伽利略的日心说、爱因斯坦的相对论等,这些理论刚刚提出来的时候,遭到了许多人的非议,直到后来人们才认同它们的正确性。而采取普遍接受的标准意味着法庭将一些新型科学技术拒之于门外。③ 这样使得一些相对落后的科学技术成为发现案件事实的方法,落后的技术进入事实裁决者之视野,不利于发现案件的事实真相。从另一个角度看,一项技术获得了普遍接受的认同,也不一定就是科学可靠的。例如,占星术在人类愚昧的时代被视为真理,但事实上是因为人们对科学真理认识的局限造成的。

---

① 参见张泽涛:《刑事审判与证明制度研究》,中国检察出版社2005年版,第226页。

② 参见〔美〕约翰·W. 斯特龙:《麦考密克论证据》,汤维建等译,中国政法大学出版社2004年版,第871—877页。

③ David louisell & Christoper B. Mueller, *Federal Evidence: Civil and Criminal* 290 n. 8 (2d ed., 1974).

(2)弗赖伊规则要求在"有关领域"达到普遍接受,但是对于如何定义该相关领域、咨询哪方面的专家缺少对应的标准。该标准使法官失去了对科学证据可采性的看守职责,把法律决定权交给了科学家。因为科学证据涉足的常常不止于某一特定领域,法院对此判断存在困难。① 而且,各法院对所谓的"普遍接受"标准存在不一致的理解。有人认为科学界内的观点完全一致,有人认为被多数成员接受就可以,还有人认为没有争议就行。②

(3)在1975年制定的《联邦证据规则》制定之后,批评者认为弗赖伊判例中确立了"普遍接受"标准与《联邦证据规则》第702条之规定存在一定的冲突并被后者所替代。第702条对专家证言的采信作出如下规定:"如果科学、技术或者其他专业知识能够帮助事实裁决者理解证据或认定案件事实,基于这些知识、技能、经验、训练或教育而具备专家资格的证人,可以采用意见或其他的方式作证。"③对该条进行注释的学者们认为,弗赖伊规则与《联邦证据规则》第702条之间是存在冲突的,因为从立法意图来看,如果立法者仍然希望继续使用弗赖伊规则,他们会在该条中加入一些适当的文字进行限定。《联邦证据规则》第702条并没有要求科学证据必须达到"普遍接受"的程度,而是将是否采信的权力交给法官自由裁量。④

4. 多伯特规则的兴起

多伯特规则源于发生在1993年的多伯特诉梅里·道药品公司

---

① 例如,在 Cornett v. State 案件中,对于声音摄谱分析的技术是否可靠,法院认为应当由语言学、心理学、工程学以及声音摄谱学方面的专家组成的专业人士来判断,才不至于以偏概全。See Cornett v. State, N. E. 2d 450, 498 (ind. 1983).

② 参见季美君:《专家证据制度比较研究》,北京大学出版社2008年版,第94页。

③ 《联邦证据规则》(Federal Rules of Evidence)第702条规定:"If scientific, technical, or other specialized knowledge will assist the trier of fact to understand the evidence or to determine a fact in issue, a witness qualified as an expert by knowledge, skill, experience, training, or education, may testify thereto in the form of an opinion or otherwise."

④ Edward J Imwinkelried, The Daubert Decision on the Admissibility of Science Evidence: the Supreme Court Choose the Right Piece for All the Evidentiary Puzzles 9st john's legal comment 5,22(1933). 转引自张泽涛:《刑事审判与证明制度研究》,中国检察出版社2005年版,第227页。

案。在该案中,上诉人詹森·多伯特(Jason Daubert)和埃里克·舒勒(Eric Schuller)都是先天性畸形的患者,他们认为,身上的疾病是由于他们的母亲在怀孕时服用了一种叫做盐酸双环胺(Bendectin)的药物造成的,于是将这种药品的生产厂家梅里尔·道制药有限公司告到法庭。案件最终移交由联邦法院审理。①

梅里·道制药公司在法庭上声称:盐酸双环胺不会造成人体先天缺陷,指出上诉人没有提出任何确凿充分的证据,并向法庭出具了在研究人体接触化学物质危险性方面卓有建树的医师和流行病学家史蒂文·H.拉姆(Steven H. Lamm)的专家意见。在报告中,该专家表示,他经过研读所有关于盐酸双环胺与人体先天缺陷的文献,在已经公开发表的超过 30 种涉及 130 000 名患者的研究报告中,没有一例研究报告表明盐酸双环胺是导致畸形胎或人体畸形的药物。因此,该专家认为,母体怀孕的头 3 个月服用盐酸双环胺,并不存在造成胎儿先天缺陷的危险。上诉人多伯特当时没有针对药品公司这一专家报告中关于盐酸双环胺不会造成人体先天缺陷的结论直接提出反驳意见,而是聘请了 8 位来自不同领域、代表相关学科一定权威的专家对被上诉人的主张进行回应。该科学家通过对试管实验及活体动物进行试验发现,盐酸双环胺与胎儿畸形发育存在病理上的因果关系,并声称盐酸双环胺化学结构的药理学上的分析结果显示,它的化学结构和其他导致胎儿畸形的药物的化学结构具有一些类似的地方。同时,专家还对之前发表的流行病学研究成果进行再次分析,最后结论是盐酸双环胺存在导致胎儿患先天缺陷疾病的危险。

地区法院的法官认为,考虑到盐酸双环胺的流行病学数据资料较为丰富,对于盐酸双环胺是否会造成人体先天性缺陷,必须基于该药物对人体危害的流行病学研究实验,而 8 位专家所提供的报告,主要

---

① 参见〔美〕罗纳德·J.艾伦、理查德·B.库恩斯、埃莉诺·斯威夫特:《证据法:文本、问题和案例》(第三版),张保生、王进喜、赵滢译,高等教育出版社 2006 年版,第 740 页。

是依据动物细胞研究、动物活体研究以及化学结构分析,并不是基于流行病学专业的研究,难以证实药物与先天缺陷之间存在因果关系;同时,该研究成果尚未发表、未能得到同行审议,该证据不具有可采性。第九巡回上诉法院维持了原判。

美国联邦法院通过多伯特判例确立了"全面观察"标准。该标准要求法庭在面对科学证据时,必须从以下四个方面严加把关:

(1) 新的鉴定技术是否得到了检验;

(2) 科学证据所依据的原理是否已经公开发表,或者已经得到相关领域专家的认可;

(3) 新技术方法的错误率是否已经得到统计明确,并且该科技方法是否有规范的操作标准;

(4) 新科技理论达到所在领域"普遍接受"的程度,布莱克门法官(Blackmun J.)认为,普遍接受是一个决定专家证言可采性的重要方面,并且它也可以承受质询。该判例同时要求法官必须具备相关科技领域中的一些专门知识,做好科学证据守门人的角色。[1] "法官必须确信专家们以可靠方式获得的专业知识恰当地适用于手头的案件。"[2]

(二) 美国法院采信科学证据的现状

在美国联邦法院确立了上述有关科学证据的可采性标准之后,法官在实践中是如何审查判断科学证据的呢?法官对科学证据的采信主要建立在控辩双方对专家证人交叉询问的机制基础上。英美法系法律赋予当事人的对质权,对不利于己之专家证人的对质是甄别专家证言真伪正误的重要武器。法官在此过程中依据科学证据的采信规则,实现科学证据"守门人"的把关职责。

对专家证人的资格审查是法庭检视专家证言的第一道程序。美国对专家证人资格的审查,主要采取"庭上审查"的方式,这是因为,英

---

[1] *Daubert v. Merrell Dow Pharmaceuticals*, 509 U.S. 579 (1993).

[2] 〔美〕罗纳德·J.艾伦、理查德·B.库恩斯、埃莉诺·斯威夫特:《证据法:文本、问题和案例》(第三版),张保生、王进喜、赵滢译,高等教育出版社2006年版,第712页。

美法系国家的专家证人资格不采取大陆法系国家"庭前备案登记"管理的模式,而注重法庭庭上审查专家资格的方式,以实现审查鉴定主体资格的目的。美国的法律并不对专家证人的资格作过多限制,一个人不仅可以通过相关专业的教育成为专家,还可以通过接受培训、获得实践经验等方式成为专家,而不需要像大陆法系国家那样,通过考试获取鉴定人职业资格。另外,由于美国专家证人在很多情况下是"兼职",在平常的工作中,他们的身份可能是牙科医生、生物学教授、建筑工程师等,仅仅是因为案件中的事实认定问题牵涉到专业知识,他们才被当事人或司法官员聘请为专家证人。所以,为了实现对专家证人资格的严格把关,美国对专家证人资格采取"宽进严出"的方式,即通过法庭上控辩双方对专家是否具备从事特定专门问题鉴定的能力进行质问,实现专家证人的资格审查。

美国法庭上还注重对专家中立性的审查。由于专家是受当事人聘请而参与到诉讼活动中来的,他们会倾向于出具对聘请方当事人有利的专家证言,因此在法庭质证中,控辩双方会围绕专家接受委托鉴定的一般收费标准和在该案中提供鉴定服务的实际收费情况的差距、专家证人与一方当事人是否存在着长期委托关系、专家证人是否与一方当事人存在其他利害关系、专家对某一专业问题的看法是否存在门户之见等问题进行质问,从而让法官对专家是否客观中立形成心证。

美国法庭还注重对鉴定样本的来源是否可靠进行检视。如果辩方提出鉴定样本的取得可能存在调包、污染或蜕变的可能性,而控方无法作出合理解释的,这样的专家证言的效力将会大打折扣。例如,在美国辛普森(O.J. Simpson)案件当中,检控方呈交法庭的一份证据是杀人现场发现的被告人的血迹,由于温纳特警长身上携带的血样在凶杀案现场逗留了3个小时之久,导致证据不可靠,存在可能被人栽赃的嫌疑。另外,由于警方在案发现场发现纱布上提取了7份样本,按照操作规定,用纱布提取的血样应当阴干以后再放入袋中封存,而专家证人李昌钰发现,在盛装血纱布的纸袋里有4块沾血的印迹。因此他怀疑有人拿刚染上血的还没有干的血纱布换掉了在现场提取的血样。所以才会在纸袋里面发现沾血的印迹。① 可见,鉴定样本的来源符合鉴定标准和程序法规,是确保科学证据科学可靠的一项重要因素。

此外,美国法庭还注重审查专家证言在逻辑推导的有效性、科学实验方法的有效性、统计推理过程的有效性等方面的内容,从而对科学证据的客观性、真实性进行充分的审查。

三、美国科学证据采信规则的启示

通过上文对美国科学证据可采性标准嬗变过程的考察,我们可以从中抽象、归纳美国联邦最高法院对待科学证据采信规则积累的经验,这些经验也为完善我国的科学证据采信规则带来一些启示。

(一)重视对科学证据"科学"的实质性把关

从弗赖伊规则到多伯特规则的转变表明,美国联邦最高法院的法官们强调对科学证据的审查判断,探索如何把握其科学性。弗赖伊规则确立了同行"普遍接受"标准,弗赖伊规则由于无法使法官承担"科学性"把关的守门人职责,受到了法官的批判。多伯特规则确立了综合考量科学证据所依据的原理、实验方法的错误率、技术的科研成果发表情况等"全面观察"标准,它强调事实裁判者对科学证据的"科学性"特征的评估和实质性把关,要求法官承担科学证据"守门人"(Gatekeeper)的角色。这种现象的成因主要有以下方面:

1. 与英美专家证人制度有关

在美国,专家证人是由当事人聘请的,当事人根据有利于自己诉讼结果之目的聘请专家证人,在诉讼中提出对己方有利的科学证据,这种专家证人的产生方式使法官对专家证言一直保持着谨慎、怀疑的态度。这种产生的方式,使法官认为专家证言天生带有偏见,因此,法

---

① 参见刘晓丹:《论科学证据》,中国检察出版社 2010 年版,第 127 页。

官必须在双方专家证人庭审对抗中理解专业问题并了解事实的真相。①

2. 与英美庭审"对抗制"的诉讼模式密切相关②

在这种对抗制之下,科学证据的采信规则要求双方专家证人必须就科学实验的数据、科学原理进一步展开辩论(对抗制下允许就专家证言对未披露的信息进一步展开),从而达到推翻对方专家证言可信度的目的。在这个过程中,法官可谓"坐山观虎斗",通过庭审听取双方法庭质证,强化了对科学证据科学问题的实质性把关。

3. 与英美"二元化"法庭结构密不可分

在实行陪审团与职业法官两分模式的"二元化"结构之下,陪审团由许多非专业人士组成,为了防止专家证人用伪科学混淆陪审团的判断,英美法庭质证中强调对科学证据"科学"的实质性判断。

(二) 通过长期的判例实践,不断调整可采性标准

从美国科学证据可采性标准的嬗变过程,我们可以发现,诸如弗赖伊案件、多伯特案件和后来发生的锦湖轮胎案(*Kumho Tire Co. v. Carmichael*)③等大量的经典案件以及《联邦证据规则》,都对科学证据的可采性标准进行过调整,美国联邦最高法院积累了审查判断科学证据的丰富经验,不断调整法官采信科学证据必须综合考虑的因素。这与美国判例制度不断应对层出不穷的司法实践,以及证据规则重经验、开放式、零散性的特征有关。通过这种方式,可以将新型的科学技术及时应用到诉讼证明中,从而提高法庭对日益发展的科学技术的吸纳能力。当代西方著名的哲学家、社会学家卡尔·波普尔(Karl R.

---

① 参见汪建成:《专家证人模式与司法鉴定模式之比较》,载《证据科学》2010年第1期,第17—28页。

② 在美国采取对抗式的庭审结构中,专家证人受聘于控辩双方,法官对专家证言常常秉持怀疑的态度,对专家意见的审查也是通过交叉询问的方式得到认知。参见〔英〕詹妮·麦克埃文:《现代证据法与对抗式程序》,蔡巍译,法律出版社2006年版,第206页。

③ 该案件发生于1999年,焦点在于多伯特规则是否能扩张适用到"技术或其他专业知识"领域的专家证言的可采性判断。See *Kumho Tire Co. v. Carmichael*, 119 S. Ct 1167,1175(1999).

Popper)认为,科学知识是一种猜想,它们是不可证实的,不能得到充分的支持。"衡量一种理论科学地位的标准,是它的可证伪性或可反驳性或可检验性。"①科学活动是一个不断提出假设、不断证伪的追求真理过程,可证伪性是区分科学和非科学的实证标准。当法官发现某种科学证据所依据的假设存在错误时,就会否定这种科学方法的有效性,从而促使科学家修正这种假设或者提出新的假设。只有经受得住反复推敲的理论,才能最终成为颠扑不破的真理。2000 年,美国在总结了多伯特案件的基础上,还对《联邦证据规则》第 702 条进行了修改,增加了判定专家证言可信性的标准。② 英国学者 K. S. 肯尼曾经指出:"英美法系国家的证据规则大都是在多年经验的基础上建立起来的,其宗旨只有一条,就是保障求得案件的实质真实,防止发生冤枉无辜的现象。"③美国法学家罗斯科·庞德(R. Pound)也解释道:"在普通法法律家富有特性的学说、思想和技术的背后,有一种重要的心态。这种心态是:习惯于具体而不是抽象地观察事物,相信的是经验而不是抽象的概念;宁可在经验的基础上按照每个案件中似乎正义的要求……"④新型科学证据的面相如同普罗米修斯的脸变化无穷,它为事实裁决者提供认识案件辅助手段的同时,也挑战着法官扮演"科学证据守门人"角色的能力。美国正是通过大量案例不断总结科学证据的可采性标准,从而对应用科技运用于诉讼证明始终保持了开放的姿态。

---

① 〔英〕卡尔·波普尔:《猜测与反驳——科学知识的增长》,傅季重、纪树立、周昌忠等译,上海译文出版社 2005 年版,第 162 页。

② 2000 年美国对《联邦证据规则》第 702 条的修改中增加了判定专家证词可采性的三点标准:(1)证词建立在充分的事实或者资料的基础上;(2)证词来源于可信的原理和方法;(3)证人以可靠的方式将原理和方法应用到案件事实上。

③ 〔英〕K. S. 肯尼、J. W. 塞西尔·特纳:《肯尼刑法原理》,华夏出版社 1989 年版,第 484 页。

④ R. Pound. *What is the Common Law*, The Future of Common Law 3,18(1937). 转引自高鸿钧:《英国法的主要特征——一个比较观察》,载《比较法研究》1991 年第 4 期,第 27 页。

(三) 以证据规则弥合法官判断科学证据的知识鸿沟

达玛斯卡认为,科学技术的发展,造成人类感官与科学证据之间的鸿沟不断加大。随着科学证明方法在司法裁判领域的应用不断加强,该方法与现行司法制度之间的紧张关系也会进一步加剧。① 科学家与法律人之间的鸿沟是客观存在的,即使由熟悉该科学证据专业知识的人充当事实裁判者,他对专家证词所涉及的所有专门知识也无法全部胜任。而从法律事实与客观真实的关系来思考这一问题,事实裁判者通过科学证据认定案件事实始终只会得到一种相对的真理、一种法律意义上的事实,而不可能回溯到案发时候的原生状态。事实裁判者对事实的认定享有自由心证,但自由心证并不等于他们对科学证据是否具有证明资格认定权力的恣意。相反,采信必须通过程序的约束,必须遵循证据规则的规制。美国正是通过可采性标准的不断调整,弥补法官理解、把握科学技术知识的鸿沟,而不是简单地将法官审判裁决权让位于陪审团中具备鉴定专业背景的专家或者专家证人。面对科学证据,法官先从证据法角度对其可采性予以判读,然后由陪审团对科学证据所证明的事实予以判断。为防止"伪科学"(junk science)混淆裁判者的视听,误导陪审团的决议,法官在长期的司法实践中,形成了一套科学证据采信规则。通过采信规则,将法官与陪审团对专门性问题、对何者为科学的标准进行量化和系统化,从而为法官采纳科学证据提供更为充分的依据。例如,在多伯特案中,联邦最高法院认为,原告提出的证据所依赖的科学原理不充分,不是建立在流行病学研究的基础上。我们从美国几个经典案例的判决书中可以看到,法官对如何取舍该类科学证据基本上都做到了判决说理。因此,只要科学证据符合这些程序条件,法官采信科学证据便建立在程序正当的基础上。

(四) 强化对抗制,为法官采信科学证据提供依据

在美国科学证据采信规则的背后,揭示了证据采信规则与诉讼构

---

① 参见〔美〕米尔吉安·R.达玛斯卡:《比较法视野中的证据制度》,吴宏耀、魏晓娜译,中国人民公安大学出版社2006年版,第229页。

造,尤其是对抗制诉讼相适应的特征。诉讼构造抽象、概括地反映了主要诉讼参与人的法律地位和相互关系。李心鉴博士认为,刑事诉讼构造既存在于诉讼程序之中,也存在于证据规则之中。① 诉讼构造对证据法则的形成具有重要的作用。相应的,证据法则也能反映控、辩、审在诉讼中的法律地位与相互关系。不同的诉讼构造观决定着不同证据规则的取舍。美国科学证据的采信规则在一种程度上受诉讼构造的影响。就刑事诉讼构造而言,帕卡提出的"犯罪控制模式"和"正当程序模式"②、达玛斯卡提出的"科层理想型"和"协作理想型"③模式,都是宏观上刑事诉讼构造的抽象概括。从中观、微观上看,"对抗制"对美国证据法则、尤其科学证据采信规则的孕育和发展产生了重大影响。当事人主义之下的对抗制,使法庭对科学证据的采信建立在控辩双方针锋相对、专家证人唇枪舌剑的基础上。对抗制下的法庭审理,科学证据的提出、专家的聘请,均可由当事人自主决定。允许控辩双方延请观点于己有利的专家当庭对质,满足控辩平等武装之目的。此外,在对抗制之下,当事人及其辩护律师可以通过证据开示程序,了解控方收集的科学证据,从而为充分的质证做好准备。控辩双方针对科学证据的真实、合法、有效展开的激烈对质,也为法官采信科学证据提供了更全面、更充分的依据,避免了法庭对科学证据的审查仅仅走过场的弊端。

当然,"对抗制"在为法官采信科学证据提供依据和帮助的同时,也不可避免地存在一定的负面因素。具体表现为诉讼不经济、专家中

---

① 李心鉴博士认为,帕卡探讨证据规则的模式问题,是其模式学说兼具构造论性质的方面,证据规则中确实存在构造问题。在我国,从刑事诉讼构造上完善我国证据规则的问题,大有文章可做。参见李心鉴:《刑事诉讼构造论》,中国政法大学出版社1992年版,第9—10页。
② 〔美〕哈伯特 L.帕克:《刑事制裁的界限》,梁根林等译,法律出版社2008年版,第292页。
③ 〔美〕米尔伊安·R.达玛什卡:《司法和国家权力的多种面孔——比较法中的法律程序》,郑戈译,中国政法大学出版社2004年版,第24—35页。

立性缺失、引发鉴定大战等问题。① 伍尔夫大法官(Lord Woolf MR)的报告就曾指出:"如果科学证据的技术性非常强,是否允许法官在两个冲突的观点中作出选择,还远没有搞清楚……将对抗式程序变成提供和分析科学证据的论坛是不适当的,应当改革。"②对抗制造成专家证人的中立性、权威性遭受一些质疑。在对抗制之下,专家证人好比当事人的"雇佣枪手",他们常常忠诚于重金聘请自己的雇主。这些弊病值得引以为鉴。

四、我国科学证据采信的现状

(一)科学证据可采性的标准尚不完备

我国《刑事诉讼法》虽然没有"科学证据"的提法,但如果按照科学证据这一舶来品的内涵外延,DNA鉴定、骨龄鉴定、足迹痕迹鉴定等在内的鉴定意见都可以归类为科学证据的范畴。《刑事诉讼法》对鉴定意见的可采性标准问题,只作了简单的规定,如"鉴定意见只有经过查证属实才能作为认定案件事实的依据",等等。有关司法解释对几类鉴定报告是否具备证明力、如何采信等问题也有零散的规定。例如,1999年四川省检察院就多道心理测试能否作为证据使用的问题请示最高人民检察院,最高人民检察院的批复指出:多道心理测试鉴定结论与《刑事诉讼法》规定的鉴定结论不同,不属于《刑事诉讼法》规定的证据种类,因此人民检察院办案只能用于帮助审查、判断证据,不能作为证据使用。③ 此外,2000年最高人民检察院《关于"骨龄"鉴定能否作为确定刑事责任年龄证据使用的批复》中指出,骨龄鉴定如果

---

① 相关的论证可以参见徐继军、谢文哲:《英美法系专家证人制度弊端评析》,载《北京科技大学学报》2004年第3期,第37—42页;邓晓霞:《论英美法系专家证人制度的基础与缺陷——兼论我国引入专家证人制度的障碍》,载《中国刑事法杂志》2009年第11期,第61—63页。
② 〔英〕詹妮·麦克埃文:《现代证据法与对抗式程序》,蔡巍译,法律出版社2006年版,第213—214页。
③ 最高人民检察院《关于CPS多道心理测试鉴定结论能否作为诉讼证据使用问题的批复》(高检发研字〔1999〕12号)。

能够准确确定犯罪嫌疑人实施犯罪行为时的年龄的,可以作为判断犯罪嫌疑人年龄的证据使用。如果无法准确确定而且认为犯罪嫌疑人的年龄在刑事责任年龄边缘的,对该鉴定意见应当慎重对待。① 近年来,随着刑事诉讼中司法鉴定问题比较突出,相关的司法解释对鉴定意见如何审查判断的标准作出了一定的回应。例如《关于办理死刑案件审查判断证据若干问题的规定》规定,鉴定人是否回避,鉴定机构及鉴定人是否具备合法的资质,鉴定程序是否符合法律及有关规定,检材的来源、取得、保管、送检是否符合法律的有关规定,与相关提取笔录、扣押物品清单等记载的内容是否相符? 等等。② 通过司法解释的方式,可以弥补《刑事诉讼法》规定的不足,及时总结实践中遇到新类型的科学证据是否具备鉴定意见资格问题的经验。但总体上,我国立法对鉴定意见可采性标准的规定仍然不能满足实践的需求,从实践中暴露的错案来看,很多案件是由于司法人员对鉴定意见的可采性标准认识不够充分造成的。

(二) 依据鉴定机构等级评估科学证据的做法欠妥

在诉讼中,法官面对不同的鉴定主体针对同一事项出具的不同鉴定意见,如何取舍? 有些地方采取根据鉴定机构等级判断鉴定意见孰优孰劣的做法。③ 有的法官认为,国家级鉴定机构出具的鉴定意见更加准确④,这实质上误解了鉴定机构等级设置的目的。从国家级司法鉴定机构的设立看,鉴定机构的权威性是为了提高鉴定意见的准确

---

① 最高人民检察院《关于"骨龄"鉴定能否作为确定刑事责任年龄证据使用的批复》(高检发研字〔2000〕6号)。

② 参见《关于办理死刑案件审查判断证据若干问题的规定》第23、24条规定的内容。

③ 例如,湖南黄某案,被害人家属委托的鉴定机构出具的鉴定意见与法院委托的最高人民法院司法鉴定中心的鉴定意见存在矛盾。最终合议庭认为,最高人民法院司法鉴定中心已排除了被害人家属委托的鉴定机构出具的意见。这显然是以"级别论高低"的方式确定鉴定意见的真伪。参见湖南省湘潭市雨湖区人民法院刑事附带民事判决书(2004)雨刑初字第65号。

④ 2010年,中央政法委召开司法鉴定改革工作会议,研究了国家级司法鉴定机构遴选以及名单公布的事项,目前,包括最高人民检察院司法鉴定中心、司法鉴定科学技术研究所司法鉴定中心等在内的10家鉴定机构,首获国家级司法鉴定机构的资格。

性,旨在解决长期以来存在的同一鉴定事项出现不同鉴定意见的问题,减少实践中重复鉴定、多头鉴定的问题。国家级司法鉴定机构在研究员、工程师等专业技术人员队伍,实验室设备配置,国家重点实验室资质等方面具有一定的优势。所以,权威鉴定机构中专家出具的鉴定意见相对于一般鉴定机构鉴定人出具的鉴定意见而言,其可靠性具有更为扎实的基础。但不能简单、直接地认为这样的鉴定机构出具的鉴定意见便是科学可靠的,而法官理解中常常犯了这个错误,以至于认为"鉴定意见、勘验检查笔录具有当然效力,产生争议时往往以鉴定主体的级别高低作为标准"。[①] 况且,在法院内部有鉴定机构的名册,许多法院对长期委托的鉴定机构也形成了相对信任的态度,他们对鉴定意见具有先入为主的信赖心理,这将不利于法官对鉴定意见作出客观、理性的判断。

(三) 法官对科学证据的采信存有难点,但说理少

法官对一般证据的采信往往是根据经验法则对证据的真伪性进行甄别。相对于书证、口供、证人证言等传统证据而言,鉴定意见具有很强的专业性,它需要经过专门知识的人进行解读、分析,才能将证据隐含的信息以及它与待证事实之间的关联性予以揭示,而法官对传统证据的审查,主要通过经验法则、各种证据之间的印证情况判断。而鉴定意见涉及法律人所难以掌握的专业知识,即使法官在长期审理涉及运用到司法鉴定的案件中积累了一定的经验,也只能熟悉某些领域的科技知识,而难以对法庭上纷繁复杂的司法鉴定做到样样熟悉和精通。科学鉴定的推导过程依赖于科学原理的运用、数据的统计分析,缺乏相关专业背景的法官,只能尽力去理解和接受鉴定人法庭上解释的科学技术原理,无法对其真伪作出确凿的判断。[②] 有的法官通过科

[①] 房保国:《刑事证据规则实证研究》,中国人民公安大学出版社2010年版,第60页。

[②] 例如,曾经有一位法官告诉我:在重庆,有一宗刑事案件需要对一具面目全非的无名尸体进行辨认,该案件由辽宁省铁岭市的一家司法鉴定机构进行鉴定。鉴定人根据颅骨成像技术恢复死者生前的容貌,并和另一名女子的照片进行同一性认定,结果鉴定意见表示二者为同一人。法官对该技术是否可靠难以判断,不得不求助于相关的专家。

学实验的可重复性进行检验,看专家能否在同样的条件下作出同一结果的判断①,但重复试验也可能会出现同样的错误。由此可见,我国法官对鉴定意见如何采信是存在困惑的。然而从法官的判决书中却发现——法官对为何采信鉴定意见基本上不说明理由。②

(四) 忽视对科学证据"科学"的实质性审查

"当自然科学的知识可以确定一事实时,此时法官的心证即无适用之余地。"③如果说司法人员因为知识结构无法判断鉴定意见是一种客观知识局限的结果,这种受制于客观局限的行为尚且无可厚非,然而忽视对科学证据"科学"的实质性审查,则是迷信科学证据的愚昧表现,是一种难以推辞的责任。司法人员在诉讼中运用经验法则、攻心战略、审判智慧实现对事实的认定,是传统意义上的审判技艺。④ 的确,随着科学技术的发展,人类依赖的感官认识正在逐步退化,但是科学鉴定技术运用于案件事实的认定,其本身也存在一定的风险,我国法官过分相信科学证据,不重视科学证据的实质性审查,主要有几个方面的原因:

---

① 例如对朱墨时序的鉴定,法官为了检验鉴定人是否判断准确,让其对一份法官事先做好区分的样本进行鉴定,如果鉴定结果正确,法官就对鉴定意见予以采信,否则就认为鉴定结果不可靠。法官这种检验办法,就是根据科学实验是否具有可重复性判断鉴定意见是否可靠。但这并不能排除鉴定人有误打误撞的可能。

② 有学者通过对 DNA 证据在我国刑事诉讼中的运用进行实证研究,发现 288 起涉及 DNA 鉴定的刑事裁判文书中,对 DNA 鉴定意见的表达方式极不规范,我们也可以看到法官对如何采信该类鉴定基本上不予说明。参见陈学权:《刑事诉讼中 DNA 证据运用的实证分析——以北大法意数据库中的刑事裁判文书为对象》,载《中国刑事法杂志》2009 年第 4 期,第 105—111 页。笔者在"北大法宝"检索了 2006—2010 年我国法院的刑事判决书 37 476 篇,其中含有 DNA 鉴定的 925 篇、指纹鉴定的 219 篇、血型鉴定的 70 篇,发现这些判决书中对法官为何采信鉴定意见鲜有说理。

③ 〔德〕克劳斯·罗科信:《刑事诉讼法》(第 24 版),吴丽琪译,法律出版社 2003 年版,第 121 页。

④ 《圣经旧约》记载了这样一个故事:古代所罗门王面对两个争当婴儿生母的妇女,受制于当时的科学技术水平尚未发明亲子鉴定方法,所罗门王最终虚张声势,命令手下"将婴儿切成两半",话音刚落,两位妇女其中一位拍手同意,另一位赶紧松手并请求所罗门王收回成命。所罗门王巧妙地将孩子的生母辨别出来。在现在看来,这种办法存在很大的争议。但是在法庭科学技术并没有像今天这样发达的特定历史条件下,这种方法展示了一种审判的智慧。

（1）我国的鉴定制度与大陆法系国家的鉴定制度具有更多的相似性，而在大陆法系国家，鉴定人被看做是"法庭的助手"，法官对鉴定人持相对肯定的态度。

（2）受传统认识观念的影响，认为鉴定结论就是可靠的，可以直接拿来作为认定案件事实的依据。所以，现行《刑事诉讼法》将"鉴定结论"修改为"鉴定意见"，主要目的就是为了扭转这种对鉴定意见性质的错误认识。

（3）司法人员为了规避错误裁判的风险，一旦鉴定意见出错造成事实认定错误，便把事实认定错误的风险转嫁给鉴定机构。[①]

实际上，事实裁判者对科学证据必须尽到守门人的作用和职责，而不是盲目迷信科学证据。这种盲目迷信的弊端表现为许多方面，最突出的表现即是法官在庭审中对鉴定意见的审查判断仅仅停留于形式审查，而对鉴定所使用的方法、标准、原理是否科学、可靠，基本不作深入考究。加上侦查人员在办案过程中忽视对一些关键证据的收集，轻视它们与鉴定意见之间的相互印证，忽略一些必须通过缜密观察才能发现的、能印证鉴定意见的细节，使法官对科学证据的实质性审查更是难上加难。在刑事诉讼中，既要加大司法鉴定的运用力度，减少对口供的依赖[②]，同时也要加大司法人员对科学证据实质性审查的力度。忽视对科学证据"科学"的实质性审查，势必造成一旦鉴定意见出错，法院的事实裁判也建立在错误的心证基础上。

（五）科学证据审查对抗性不足，难以为法官采信提供依据

为了加深对我国鉴定意见庭审质证效果的认识，笔者对鉴定人出庭作证进行了实证考察，发现当下我国刑事诉讼中鉴定人出庭质证的

[①] 从目前司法鉴定机构不断受到当事人的信访、投诉，甚至是闹访的现象，我们可以看到司法鉴定机构已经不堪重负地被置于社会舆论的风口浪尖。这与司法裁判中将事实认定的风险转嫁给鉴定意见的不当做法不无关系。

[②] 当然，加大司法鉴定的运用力度，减少对口供的依赖，还必须防止矫枉过正，绝不能忽视口供等其他证据的价值。参见陈学权：《科学技术在刑事诉讼中的价值》，载《法学研究》2007年第1期，第114页。

功能呈一定的虚化现象。① 对鉴定人进行质证的主体——法官、公诉人、当事人、辩护人和诉讼代理人,他们都不是鉴定技术专家,缺乏司法鉴定的学养。他们对鉴定意见的质证也是围绕着一般证据的"三性",即客观性、合法性和关联性进行提问,但很少命中要害。鉴定人出庭就科学原理和实验数据的准确性、鉴定仪器的精确性、技术方法的可靠性、鉴定标准的统一性等问题进行阐释、论证,并在庭审中回答法官及控辩双方的提问,进而帮助法官采信鉴定意见。然而,实践中鉴定人出庭的效果如何?通过抽样调查 S 省 A 市某家鉴定机构鉴定人出庭的 10 件案例,并对相关人员进行访谈,将其中当事人、律师对鉴定人询问的主要问题进行了梳理和归类(见表 4-4-1)。

表 4-4-1　庭审中询问鉴定人的主要问题　　（N = 10 个）

类型	鉴定主体的资格		鉴定程序合法性			鉴定方法科学性				其他		
内容	鉴定机构有资格	鉴定人资格、受教育情况、工作年限等是否合法	鉴定机构、鉴定人是否回避	鉴定委托程序是否合法	检材调包、污染、来源如何	死亡多久进行法医鉴定才有效	鉴定花费的时间是否过短	鉴定器材是否可靠	鉴定标准是否合格	鉴定内容是否存在矛盾	专业知识相关的问题	鉴定人的工作态度	鉴定人的品德
频次	6	8	4	3	2	1	2	3	2	1	5	4	4

调查发现,庭审中对鉴定人的询问集中在以下几方面:

(1)否定鉴定人资质的问题,即主张不具备鉴定主体资格的,其鉴定意见不得作为证据使用。但问题在于实践中许多鉴定机构多有主体资质,当事人的质疑可谓"多此一问"。

(2)司法鉴定的具体程序问题。鉴定意见的形成程序合法是鉴

---

① 鉴定人出庭现象的实证考察表明:鉴定人出庭作证的功能呈一定的虚化现象。可参见陈邦达:《鉴定人出庭作证新论——兼论新刑事诉讼法的相关条款》,载《中国司法鉴定》2012 年第 3 期,第 23 页。2012 年《刑事诉讼法》增加了有专门知识的人参与鉴定意见质证的规定,该规定的实施效果有待今后实证考察。

定意见科学可靠的重要方面,但由于当事人无法临检鉴定的过程,无法监督检样的提取,无法知悉检样来源,因此无法提出有效的质疑。

(3) 鉴定技术是否可靠的问题。

(4) 与案件的实体或程序关联较小的其他问题。

案件的当事人对鉴定意见不认可,但又不知如何提出质疑,在鉴定人解释了鉴定意见如何得出的过程之后,法官仍然一头雾水。总之,由于我国《刑事诉讼法》缺乏鉴定意见质证的具体规则,通过质证挑出鉴定意见毛病的情况并不多见。鉴定人出庭的功能在整体上存在虚化现象,仅仅起到彰显程序正义、减轻法官的裁判风险、避免重复鉴定等作用,但相较于美国法庭审理中对专家证人提供的鉴定报告展开富有成效的唇枪舌剑,我国在这方面的做法还存在差距。

五、我国科学证据采信的前瞻性思考

刑事诉讼的未来应该如何面对司法鉴定带来的全新挑战？在这个问题上,学者达玛斯卡曾经预测:两大法系国家面对科学证据的态度将可能出现"渐进式""突变式"的转变,而且越来越多的证据规则将规定,对特定案件事实必须依靠科学证据加以认定。[1] 可以预期,随着科学技术的日益发展,以及侦查手段科技化含量的提高,以司法鉴定为主体的科学证据将在未来诉讼中发挥日趋显要的作用。科学证据的发展在帮助法官认定案件事实的同时,也对法官如何审查判断科学证据、甄别科学证据的真伪提出了更高的要求。诚如有的学者所言:"科学证据的采信重在科学证据的生成,包括科学证据生成的知识环境和法律环境,法官所需要的,只不过是一个采信科学证据的方法的技术与法律指南。"[2]虽然我国的诉讼构造与美国的当事人主义存在根本区别,但放在两大法系国家相互借鉴融合的大浪潮中,以及中

---

[1] 参见〔美〕米尔吉安·R.达马斯卡:《比较法视野中的证据制度》,吴宏耀、魏晓娜译,中国人民公安大学出版社2006年版,第230页。

[2] 张斌:《科学证据采信基本原理研究》,中国政法大学出版社2012年版,第374页。

国刑事诉讼制度改革逐渐吸纳当事人主义合理因子的大背景下,科学证据采信规则的完善可以学习、借鉴美国的经验,既要吸收美国庭审对抗制之下对科学证据质证的合理元素,又要摒弃对抗制下专家证人中立性缺失、诉讼不经济等弊端。必须使法官对科学证据的采信做到有理有据。中国的科学证据采信规则可从以下几个方面健全和完善:

(一) 强化对鉴定主体的庭上审查

美国主要是通过交叉询问的方式对科学证据生成主体——专家证人进行审查判断的。借鉴美国庭审对抗制的合理因子,我国对鉴定意见的制作主体——鉴定人及鉴定机构的合法性审查必须遵循"庭前登记为主,庭上审查为辅"的原则。

(1) 庭前登记主要由司法行政管理部门的备案登记完成,庭上审查除了考虑鉴定人是否取得鉴定人职业资格以外,还要对他们的专业知识背景进行判断,看是否具备从事特定领域的鉴定主体资格。例如,从事法医伤残等级鉴定的专家就不一定能胜任法医病理方面的鉴定。

(2) 对鉴定人的工作态度进行审查。看所鉴定事项是否鉴定人亲力亲为,还是委托其他鉴定人代为鉴定,抑或交由助手单独完成。这些因素都会影响鉴定人对鉴定结果是否真实的把握。

(3) 鉴定人的中立性审查。在美国是通过对专家证人进行交叉询问,看专家证人在该案由于提供服务而获得的报酬,包括作证进行准备所花费的补偿、不断被同一当事人雇佣的情况等方面的问题来审视鉴定人的中立性。[①] 因此,存在"五颗银子弹"的说法。[②] 我国刑事诉讼中增强庭审对抗性改造,可以借鉴这种方式,强化法官对鉴定人资格的审查。当然,也必须辩证地看待对抗制,摒弃对抗制的负面因素,做到在鉴定人选任环节上不受当事人诉讼利益的左右,保证鉴定

---

① 参见〔美〕约翰·W.斯特龙:《麦考密克论证据》,汤维建等译,中国政法大学出版社2004年版,第33—35页。

② 美国一位资深律师接受美国律师协会采访时谈道,他对专家证人进行交叉询问时通常会问五个问题,这五个问题如同五颗"银子弹",能准确击中对方专家证人的要害。其中第一个"银子弹"就是有关质疑对方专家证人中立性的问题。参见徐继军:《专家证人研究》,中国人民公安大学出版社2004年版,第149页。

人的中立性。为了防止提出与案件无关的问题,也要注意审查质问内容的相关性和质问方式的适宜性。

除了对鉴定人资格提出审查以外,还必须对鉴定机构进行审查。如审查鉴定机构的实验室是否通过能力验证,质量能力验证是保证司法鉴定质量的制度保障。它通过由权威机构认证,建立一套严格的标准和行业要求,规范司法鉴定活动的环节,鉴定质量控制最大限度地保证司法鉴定的准确性。对鉴定机构的水平的检验,还要考虑鉴定机构是否已经获得实验室认可。目前,实施的 CNAS 能力验证对评价鉴定机构的技术能力,确保鉴定机构具有技术检测能力有重要意义。[①] 另外,ISO/IEC 指南 43《利用实验室间对比的能力验证》为鉴定验证工作提供了依据,ISO/IEC17043《合格评定能力验证通用要求》的国际标准,也为司法鉴定机构的认证认可提供了基础性文件。[②] 根据 ISO 指南 2-1986《标准化、认可与实验室认可的一般术语及其定义》,实验室认可指正式承认一个检测实验室具备从事特定检验或特定类型检验的能力。实验室认可是一种国际公认的检测、校准能力的评价手段。[③]

在我国,鉴定机构在实行司法行政机关统一管理之外,还有隶属于侦查机关的鉴定机构。在我国侦查机关内设鉴定机构的问题上,有学者认为其天生具有倾向性,难以实现客观公正。[④] 徐静村教授也认为,侦查机关的技术部门对物证的检验结果只能为侦查人员确定侦查方向、锁定犯罪嫌疑人服务,不是诉讼意义上的鉴定意见。侦查机关应当委托合法登记的鉴定机构中具有鉴定主体资格的人进行鉴定,其

[①] CNAS 发布了《实验室认可指南》(CNAS-GL01)和《检查机构认可指南》(CNAS-GI01)两个规范性文件。从证据法的角度如何对该类认定进行定位?有学者认为,刑事鉴定结论的 CNAS 认可,应当定位在证据能力方面,不能定位在证明力方面。参见同注 47 引书,第 391 页。

[②] 参见国家认可委宋桂兰副秘书长在"2010 中国司法鉴定论坛会议"上的报告。朱淳良、陈邦达:《能力验证:司法鉴定质量的保障——2010 中国司法鉴定论坛会议综述》,载《中国司法鉴定》2010 年第 4 期,第 S12 页。

[③] 参见刘晓丹:《论科学证据》,中国检察出版社 2010 年版,第 150 页。

[④] 参见郭华:《侦查机关内设鉴定机构鉴定问题的透视与分析——13 起错案涉及鉴定问题的展开》,载《证据科学》2008 年第 4 期,第 440 页。

鉴定意见才能作为证据使用。① 在笔者看来,侦查机关内设鉴定机构,能够满足侦查工作及时性的要求,虽然在理论上存在"自侦自鉴"有违鉴定中立的问题,但可通过鉴定意见的审查判断来加以严格把关。即对侦查机关内设鉴定机构鉴定方法、标准进行判断,防止错误的鉴定意见作为认定案件事实的依据。

(二)审查检材、样本的提取程序

精确、可靠的科学证据的形成,依赖于微量物证、生物样本等检材、样本的规范、合法的提取程序,鉴定样本必须满足诉讼证据最基本的价值②:一是样本的特定价值,防止样本遗失或者被替换;二是样本的证明价值,防止其变质或者被破坏;三是样本的法律价值,防止保管手段不健全而失去法律效力。样本的规范化收集、保管对实现上述三大价值十分重要。如果检材、样本在收集过程中存在可能被污染、调包的可疑现象,又无法作出合理解释的,其得出的鉴定意见证明力必须受到质疑。例如,上文提及的美国辛普森案件中,由于警方在案发现场提取的血样没有严格按照操作守则进行,造成了该份鉴定证据最终得不到法庭的认可。可见,科学可靠的鉴定意见必须做到检材的提取程序符合标准,防止出现瑕疵遗漏之处,否则可能会对鉴定意见的客观公正造成不良影响。

我国现行《刑事诉讼法》规定了强制采集生物样本的程序③,最高人民法院《关于适用〈中华人民共和国刑事诉讼法〉的解释》也对检材的来源、保管等问题要求程序合法作出了规定。今后,司法解释还应尽可能细化采样行为的实施细则和监督规范,防止采样行为的不规范造成样本的污染、蜕变及调包等现象。在采集鉴定样本时,也必须对其样本的来源是否可靠进行必要监督和审查判断。

---

① 参见徐静村:《论鉴定在刑事诉讼法中的定位》,载《中国司法鉴定》2005 年第 4 期,第 3 页。
② 参见何家弘:《证据调查实用教程》,中国人民大学出版社 2000 年版,第 182 页。
③ 2012 年修订的《刑事诉讼法》第 130 条第 1 款规定:"为了确定被害人、犯罪嫌疑人的某些特征、伤害情况或者生理状态,可以对人身进行检查,可以提取指纹信息,采集血液、尿液等生物样本。"

（三）审查科学证据所依据的原理是否可靠

法官只是将法律适用于事实裁决的行家，但不是科学家。法官在科学知识存在鸿沟，因此对科学原理的审查存在外行现象。所以，法官要审查鉴定意见所依据的原理是否可靠，还必须求助于有关领域的专家，这里可以借鉴美国的一些做法。

1. 科学原理必须得到同行复核

同行复核要求司法鉴定所依赖的某种理论必须经过同行专家的严格审查，尤其是公开发表的论文、学术团体的专门性报告，以及各种控制技术运作的标准当中所主张的理论和技术，都要经过一定的权威专家审查，得到同行的认可和接受。① 由于鉴定意见涉及的原理和技术很专业，不是一般人通过短期的学习就可以掌握，或者根据生活经验就可以判断是非。所以法官必须求助于特定的专业群体才能知道这种方法可不可靠。这又会引发新的问题：一是如何判断该专门性问题所涉及的专业领域；二是同行的认可需要达到怎样的程度才能据此判断原理的可靠。对于前者，可以通过咨询相关专家，顺藤摸瓜、小心求证地确定问题之所在。对于后者，虽然没有必要达到像多伯特规则所确立的同行普遍认可的程度，但法官必须通过专家判断其原理技术是否可行。对于存在门户之见的技术，则必须广泛地求助于相关领域的专家，以达到对鉴定问题更加充分、客观的认识。

2. 分析科学实验的适用标准是否符合统一的技术标准规范

目前我国司法鉴定行业标准化存在的主要问题是相关的鉴定缺乏统一、权威的技术标准规范，导致一些鉴定机构和鉴定人对同一问题的鉴定适用不同的标准。问题的成因既有宏观因素，也有微观因素。例如，我国鉴定管理体制存在司法行政管理部门备案登记、侦查机关内设鉴定机构的备案登记并存的模式，各自的鉴定标准存在一定的差异。即便在同一管理体制内部，某些鉴定方法的统一标准也尚未

---

① 参见〔美〕肯尼斯·R.福斯特、彼得·W.休伯：《对科学证据的认定——科学知识与联邦法院》，王增森译，法律出版社2001年版，第87页。

形成。最高人民法院《关于适用〈中华人民共和国刑事诉讼法〉的解释》规定了"鉴定的过程和方法是否符合相关专业的规范要求"。亦即,法官既要审查鉴定意见的形式要件是否完备,还要分析鉴定过程和方法是否规范,这给法官采信科学证据提出了实质性审查判断的要求。法官在采信科学证据时必须关注有关的标准。例如,在侦查阶段为了排查侦查对象,可以使用 ABO 血型鉴定,但由于血型鉴定相对不够精确,在审判中不能作为同一性认定的依据。又如,在侦查中为了实现高效的目的,可能会对 DNA 鉴定只采取 14 个位点以下的检测方法进行检查,因此通过这种低位点的检查方式得出结果的精确性是存在一定质疑的,需要在审判中加以斟酌。

3. 分析鉴定方法的错误率

诚如学者所指出的,科学的过程就是提出假设,检验假设的过程。科学家往往倾向于用归纳的方法来证实这些假设。而归纳方法的最大缺陷就在于永远无法穷尽列举,所以假设无法从肯定得到证实,但如果假设存在错误,却能够被证明。[①] 所以必须认真对待司法鉴定所依据的理论的错误可证实性。另外,由于实验过程中受到大量因素的影响,并且鉴定意见的分析建立在大量数据统计的基础上,因此这种概率性认定必然存在某种程度的错误可能。如果忽视这些错误的概率,就是一种不科学的态度。在多伯特规则中要求新技术的错误率是否已经知晓,就是一种科学态度的体现。长期以来,由于司法办案人员中对鉴定意见的认识存在一定的误区,认为司法鉴定就像以温度计测温度,最终会有一个确切的数字,鉴定意见的准确性应当采取非此即彼、非真即伪的二分法,要求鉴定意见必须准确,不能有或然性的鉴定结果。这种态度是有悖科学的。在统计学上,错误率包括假阳性(错误肯定)和假阴性(错误否定),每一种错误率都有潜在的危害。例如,对于测谎检验,如果假阳性太高,就意味着诚实者被错误地当做

---

① 参见朱广友:《论司法鉴定意见的基本属性》,载《中国司法鉴定》2008 年第 4 期,第 2 页。

说谎者,无辜者被当做有罪者的风险较大。在试验中出现的错误率,常常表现为以下四种情况:真阳性、假阴性、假阳性、真阴性,错误率就是根据这些因素进行统计分析得来的。它对衡量一项鉴定技术的可靠性具有直观的判断标准作用。① 在鉴定意见书中写明鉴定方法的潜在错误率,才可以帮助法官判断鉴定意见的可靠性。

---

① 参见张南宁:《科学证据可采性标准的认识论反思与重构》,载《法学研究》2010年第1期,第30页。

结　语

随着科学技术的进步,新的事实认定方式已经开始在司法领域挑战着传统的事实认定方式。愈来愈多的对案件事实认定至关重要的证据,只能通过司法鉴定手段获及。我们可以毫不夸大地断言,人类21世纪的刑事司法证明活动将是以司法鉴定为领军者的科学证据的天下。但是正如达玛斯卡所言:"科学将作为优势资源继续发展,精密复杂的科技方法和技术将越来越多应用到社会生活的不同领域。由于法律追随了这一历史时期占统治地位的认识论倾向——尽管有时会滞后——因而证据的科学化可能会加剧在传统程序设置之间出现的、目前规模还较小的冲突。"[①]司法鉴定在刑事诉讼证明中发挥积极作用的同时,也不可避免地存在一些负面影响。例如,司法鉴定一旦出错,将致无辜者含冤入罪,一旦被不当运用,将造成当事人的合法权益遭受侵害,一旦操作不妥,将导致司法公信力、鉴定意见正当性丧失殆尽,等等。因此,司法鉴定对传统诉讼程序的设置提出新的挑战,对长期从事司法实践和理论研究的人们提出合理铸造"双刃剑"的严峻考验。

有鉴于此,本项研究基于科学构建刑事司法鉴定制度,发挥鉴定意见的积极作用,不断提高刑事司法鉴定正当性的意旨,以刑事诉讼

[①] 〔美〕米尔建·R.达玛斯卡:《漂移的证据法》,李学军、刘晓丹、姚永吉等译,中国政法大学出版社2003年版,第205页。

中备受关注的司法鉴定问题为研究对象,对如何提高刑事司法鉴定程序的正当性进行系统研究。相信它的研究成果对推动我国刑事诉讼法制建设、完善司法鉴定制度、实现司法鉴定在兼顾打击犯罪与保障人权方面的积极作用具有一定的意义。现梳理各章论述提出研究的结论如下:

一、如何提高鉴定启动程序的正当性

鉴定启动程序主要是解决刑事诉讼中有无必要、是否必须通过司法鉴定手段证明案件事实这一问题。我国目前的鉴定启动权在配置方面存在一些弊端,突出地表现为鉴定启动权控辩不平衡;当事人不能参与选择鉴定机构和鉴定人,对鉴定结果不信任;立法规定对司法机关鉴定启动权的约束不足,造成权力存有滥用之嫌;导致多头鉴定、重复鉴定、诉讼效率低下。对于我国刑事鉴定启动权的改造,已经有学者提出一些对策,有学者主张应当由法院决定启动鉴定;也有学者主张控辩双方应当享有平等的鉴定启动权。笔者在分析两大法系国家鉴定制度、专家证人制度的基础上,认为我国的刑事鉴定启动权配置不能完全照搬西方国家,尤其是英美法系国家采取的控辩双方各自聘请专家证人的方式,而应当在我国刑事诉讼模式基本特征的基础上,吸纳域外制度的合理成分,方能减少制度移植带来的阻力。具体言之,在未来《刑事诉讼法》进一步完善及制定司法解释时,立法者有必要参考以下几点建言:

(1) 在保留公、检、法各自享有鉴定启动权的基础上,应当赋予当事人初次鉴定申请受到拒绝时寻求救济的权利。当事人对初次鉴定申请权受到拒绝的,可以向上一级法院寻求救济。

(2) 进一步明确哪些事项必须通过司法鉴定加以认定。对此,可以参照德国、俄罗斯刑事诉讼法有关"必须延请鉴定人加以鉴定的事项"之规定。

(3) 赋予被害人或其家属对鉴定机构的选择权、参与权。司法机关在决定委托哪些鉴定机构、哪些鉴定人进行鉴定之前，必要的时候应当征求被害人或其家属的意见，通过增强鉴定启动程序的民主性，提高当事人对鉴定意见的信任度。

（4）还应当规定当事人可以聘请专家担任技术顾问的制度。对于此点建议，我们欣慰地看到，我国现行《刑事诉讼法》确立了"有专门知识的人"参与刑事诉讼制度，相信这项制度在今后将有助于鉴定启动程序的完善。

二、如何提高侦查中运用司法鉴定的正当性

在侦查中运用司法鉴定，必须权衡打击犯罪与保障人权的价值取向，才能使刑事司法鉴定更加具有正当性。

1. 必须实现侦查中运用司法鉴定准确打击犯罪，增强其正当性

司法鉴定在侦查中的运用呈逐步上升的趋势，实践中虽然有很多案件是借助鉴定手段使事实真相水落石出，然而引发民众舆论非议的，却是有瑕疵的鉴定意见造成冤假错案的现象。在追问这些错案的成因之后，我们发现，往往在侦查阶段收集鉴定样本、运用鉴定意见的环节就存在纰漏，这种错误若一错到底，进而就会在审判阶段影响法官对案件事实的正确认定。笔者通过选取四川省成都市青羊区公安分局为调研对象，并以近年来最高人民法院公布的刑事判决书、媒体报道较多的刑事错案为补充对象，经过实证研究发现，侦查中运用鉴定意见存在一些问题：

（1）尖端的鉴定技术运用得不够充分。一方面，鉴定意见在侦查所获得的证据中的比重还很低；另一方面，现有的高端鉴定技术仍然没有得到全面充分的运用。

（2）鉴定样本的收集、保管程序不够规范。在行业技术化标准方面，侦查人员收集样本的做法存在未严格依照鉴定操作守则的现象；在对样本的收集和固定过程中，对提取程序合法性的重视程度还不够。怎么办？笔者认为：首先，要进一步提高侦查中的鉴定技术含量，

增加鉴定技术、人力和设备方面的司法经费投入,推广鉴定技术侦查手段在基层公安机关的运用。其次,要规范鉴定样本的收集程序。从立法上细化提取样本的技术标准、行业操作规则,从执法上严格加强对技术人员收集证据的培训,增强他们的取证意识。

2. 提高侦查中运用司法鉴定的正当性,还必须强化人权保障的价值取向,体现程序正当性的要求

笔者通过对实践中较为突出的问题进行分析,即从强制采样程序、鉴定留置程序、DNA 鉴定数据库的法律规制几个方面展开论证。

"强制采样"制度虽然在 1996 年《刑事诉讼法》中并无明确规定,旧法只确立了"人身检查"制度,但笔者通过选取上海市闵行区、徐汇区和金山区公安分局为调研对象进行实证分析,发现强制采样在实践中的存在较为普遍,并且通过强制采样获得的证据在确定侦查方向、获取指控犯罪的证据、帮助法官认定案件事实等方面均有一定的作用。经过比较考察美国、我国台湾地区的相关制度之后,笔者认为,将"强制采样"从人身检查制度中独立出来加以规制是有必要的。我国《刑事诉讼法》在对强制采样的规制和侦查权力控制方面还相对薄弱,对提取人身检材的情形分类和适用程序有待于进一步健全。法治发达国家和地区的立法和司法经验值得借鉴。从目前看,有必要对侵犯人身健康和隐私较为严重的部分采样行为,通过由上级官员审批的程序进一步推进对侦查权的合理控制。而从长远看来,进一步实现强制采样的程序法治化,通过由第三方实现权力控制,也是达致侦查法治化的必由之路。

"鉴定留置",即为了确定犯罪嫌疑人、被告人的精神状态而进行司法鉴定,在此过程中,必须对当事人的人身自由进行限制,以配合鉴定人完成鉴定观察活动。从法治的理念出发,必须对该程序的决定、实施、期限、救济等问题进行规范。但由于我国立法中没有将鉴定留置视为一种限制公民人身自由的手段,造成实践中被告人做精神病鉴定的活动更多地表现为当事人一种配合、容忍的过程。通过对实践中精神病鉴定周期的考察,发现精神病鉴定所需要的时间因人而异,因

案而异,短则几天,长则半年。究其问题产生的根源,在于鉴定立法思想上对当事人主体地位上的旁落,亦即存在当事人"鉴定客体化"的问题。从应然的角度看,鉴定留置是一种类似于羁押的措施。从长远改造的角度看,对鉴定留置的决定程序采取司法令状主义才能符合法治的要求,可以考虑在条件成熟的情况下借鉴德国、我国台湾地区的做法,规定鉴定留置的决定必须由司法官员在听取鉴定人和律师意见的基础上作出是否同意的决定。从近期改良的角度看,有必要对精神病鉴定的期限进行规制。首先,控制启动精神病鉴定的决定权。其次,必须将精神病鉴定从侦查机关决定到鉴定机构受理之间的时间纳入侦查办案期限。最后,对因鉴定时间过长而超出侦查羁押期限的,应当考虑在作出有罪判决时将鉴定留置的时间折抵刑期。

DNA 鉴定数据库的法律规制。DNA 数据库建设实践虽然发展较快,但 DNA 数据库存在以下法律困境:

(1) DNA 数据库的立法规范不健全。由于缺乏全国性的统一规范,造成各地对 DNA 数据库的样本提取程序、入库范围、信息销毁期限、管理方式等方面存在不统一现象,不利于 DNA 数据库的规范化运作。

(2) DNA 样本的采集与正当程序之间存在一定张力。

(3) 信息保存与隐私权保护存在的冲突。我国立法上还没有对 DNA 数据库不得用于执法、司法以外的其他用途作出限制,并且在防范 DNA 数据信息被外界获取、被不法利用等方面的配套制度还不够健全。

(4) 数据库的推广和司法资源有限之间的矛盾需要寻求到平衡点。将 DNA 数据库在刑事侦查中进一步推广,必须将经济性作为一个重要标准。如何摆脱这些困境?笔者认为,在立法模式上,可以对既有规范进行整合,由国务院制定行政法规,条件成熟后再进入人大立法。

具体的立法建议包括:

1. 细化采样程序

可在现行《刑事诉讼法》第 130 条规定的基础上进一步明确用于

DNA 信息检测的情形,并对样本提取、样本交接、样本保管程序进行规制。例如,可以规定"为了进行人身识别,查明案件事实,可以由专业技术人员按照相关的卫生管理规定,在不严重伤害犯罪嫌疑人身体健康的前提下,对犯罪嫌疑人的口腔拭子或血液进行 DNA 检测。如果犯罪嫌疑人不同意,经过侦查部门负责人批准,可以采取强制的方式进行检样提取"。"从被害人或者与案件无关的第三人身体上提取 DNA 样本进行检测,必须经过被害人、第三人的同意。""提取的 DNA 检测样本应当及时送交技术人员分析检测,样本应当一式两份进行封存和固定,并由当事人和办案人员签字或捺印。""样本的保管应当符合 DNA 鉴定技术的行业规范,防止样本蜕变、污染。""检测结果应当由所属单位技术室负责搜集,汇总到刑侦部门的 DNA 数据库。"等等。

2. 明确数据库的入库范围

可综合案件性质、犯罪危害程度和有利于犯罪分子改造等因素,规定具体的录入条件。

3. 健全信息保密和救济机制

具体包括:

(1) 立法应当明确 DNA 数据库的用途。

(2) 应当规定 DNA 数据库信息保存和销毁期限。

(3) 应当规定违法使用 DNA 信息的制裁措施。

(4) 强化质量控制及监督机制。

在质量控制方面:

(1) 建立、健全严格防止污染措施和相应的污染检测体系,以防止 DNA 检材污染蜕变。

(2) 加强 DNA 鉴定机构的质量认证认可,保证鉴定机构具备 DNA 检测的资质。

在强化监督机制方面:

(1) 加强对技术人员收集生物样本的监督,重点监督采样过程的合法性。

(2) 加强对 DNA 检测的监督,监督检测的标准是否符合行业规范、检测的过程有无疏漏等环节。

三、如何提高鉴定意见质证与采信的正当性

鉴定意见的开示程序是强化鉴定意见庭审质证效果的先决途径。笔者提出鉴定意见开示制度的初步构想包括以下四个方面：

1. 鉴定意见开示的主体

鉴定意见开示的主体应为控辩双方还是控辩单方？笔者认为，在公诉案件中鉴定意见的开示主体仅限于检察院，当事人及其辩护律师没有委托鉴定、掌握司法鉴定意见的前提条件，自然毋庸谈及鉴定意见的开示义务。但对于犯罪嫌疑人未达到刑事责任年龄、属于依法不负刑事责任的精神病人的情形，通常可以经过委托鉴定机构进行骨龄鉴定、司法精神病鉴定等方式获得相关的鉴定意见，在这种情况下，辩护人负有一定的开示鉴定意见义务。

2. 鉴定意见的开示方式

鉴定意见的开示方式可以采取和其他种类的证据一并开示的方式。

3. 鉴定意见开示的内容

鉴定意见开示的内容至少应当包括以下两个方面：首先是鉴定机构和鉴定人的资质、专业背景信息；其次是鉴定意见所依据的鉴定原理、推理过程、鉴定材料的获取方式等有关鉴定意见形成过程的资料。

4. 鉴定意见开示的时间

经分析，笔者认为，鉴定意见安排在检察院向法院移送起诉书之后，法院开庭审理之前的阶段开示比较合理。

鉴定意见的庭审质证是法庭采信鉴定意见的主要途径。通过抽样调查鉴定人出庭的若干样本，对鉴定人出庭的效果和功能进行考察，笔者发现，鉴定人出庭可以起到一定的程序性作用，它使刑事诉讼程序正义的理念进一步彰显；有助于减轻法官的裁判责任风险；有利于避免随意的重新鉴定。但鉴定人出庭功能存在虚化的现象。究其

原因,从宏观方面分析,主要在于两大法系固有的制度差异;鉴定制度移植引发的张力。从微观方面分析,主要在于当下庭审中存在"案卷笔录中心主义"的弊端,法官对鉴定意见的采信主要建立在鉴定意见书面审查的基础上,而轻视鉴定意见庭审质证;鉴定人出庭作证的专业术语难以为法律人所理解;审查判断鉴定意见的相关规则尚未健全。在今后司法实践中,提高鉴定人出庭比例,应当防止片面将出庭率高低作为机制优劣的判断标准,在鉴定意见的审查判断方面,应当进一步增强质证的实质效果,而非一味追求鉴定人出庭,否则鉴定人出庭作证将流于形式,非但无助于法官采信鉴定意见,反而会降低庭审效率,浪费诉讼资源。

值得一提的是,现行《刑事诉讼法》确立了"有专门知识的人"参与刑事庭审就鉴定意见发表意见的制度。该项制度有助于当事人对鉴定意见质证权利的充分保障;有利于法官根据控辩双方的庭审质证,使鉴定意见的采信建立在更加充分的基础上,防止有瑕疵的鉴定意见被作为定案的依据;有利于减少重复鉴定的现象;有利于鉴定人出庭作证配套制度的完善。在分析的基础上,笔者认为,"有专门知识的人"是一种新的诉讼参与人,可在一定限度内赋予专家获得鉴定样本、临检鉴定的权利,规范其职业道德义务,确保专家客观、有效地提出意见。其选任资格可由各省高级人民法院牵头成立"专家库",由法官根据控辩双方的要求从中聘请。专家出庭产生的费用可由司法经费买单,以确保其立场中立。专家提出的意见不属于证据。其救济程序有待今后条件成熟之后再加以规范。

我国应当建立怎样的鉴定意见的采信规则?笔者通过对美国科技证据采信规则如何嬗变的评介,认为美国联邦最高法院对科学证据采信规则呈现以下几点特征:

(1)重视科学证据的"科学性"把关;

(2)通过长期的判例不断调整可采性标准;

(3)以程序规则弥合法官判断科学证据的知识鸿沟。

反观我国目前对鉴定意见采信的现状,发现我国在立法上对鉴定意见可采性标准的规定尚不完备,导致实践中法官常常依据鉴定机构等级评估鉴定意见是否可以采信,法官对鉴定意见的采信存有难点,但在判决书中对为何采信鉴定意见的说理甚少。部分司法人员甚至还存在迷信鉴定意见的现象,加之鉴定意见的庭审对抗性不足、质证效果不佳,造成法官面对数份鉴定意见无所适从。该怎么办?笔者认为,我国鉴定意见采信制度可从以下几个方面健全:

(1)审查鉴定意见的制作主体。必须遵循"庭前登记为主,庭上审查为辅"的原则,庭前登记主要由司法行政机关的备案登记完成,庭上审查除了考虑鉴定人是否取得鉴定主体资格以外,还要对他们的专业知识背景、工作态度、中立性加以综合审查。

(2)审查检材、样本的提取程序。我国现行《刑事诉讼法》规定了强制采集生物样本的程序,今后制定司法解释时应尽可能细化采样行为的实施细则和监督规范,防止采样行为的不规范造成样本污染、蜕变、调包等现象。在采信鉴定意见时,必须对其样本的来源是否可靠进行审查判断。

(3)审查鉴定意见所依据的原理是否可靠。具体包括:鉴定所依据的科学原理必须得到同行专家的复核;分析科学实验的适用标准是否符合统一的行业标准;分析鉴定方法的错误率。

参考文献

一、外文译著

1. 《德国刑事诉讼法典》,李昌珂译,中国政法大学出版社1995年版。
2. 〔德〕K. 茨威格特、H. 克茨:《比较法总论》,潘汉典、米健、高鸿钧等译,法律出版社2003年版。
3. 〔德〕奥托·迈耶:《德国行政法》,刘飞译,商务印书馆2002年版。
4. 〔德〕克劳思·罗科信:《刑事诉讼法》,吴丽琪译,法律出版社2003年版。
5. 〔德〕马克斯·韦伯:《经济与社会》(第二卷),林荣远译,商务印书馆1997年版。
6. 〔俄〕《俄罗斯刑事诉讼法典》,苏方遒译,中国政法大学出版社1999年版。
7. 〔俄〕《俄罗斯联邦刑事诉讼法典》(新版),黄道秀译,中国人民大学出版社2006年版。
8. 〔法〕《法国刑事诉讼法典》,罗结珍译,中国法制出版社2006年版。
9. 〔美〕爱德华·希尔斯:《论传统》,傅铿、吕乐译,上海世纪出版集团2009年版。
10. 〔美〕哈伯特·L.帕克:《刑事制裁的界限》,梁根林等译,法律出版社2008年版。
11. 〔美〕加里·S.贝克尔:《人类行为的经济分析》,王业宇、陈琪译,上海三联书店、上海人民出版社 1995 年版。

12. 〔美〕肯尼斯·R. 福斯特、彼得·W. 休伯:《对科学证据的认定——科学知识与联邦法院》,王增森译,法律出版社 2001 年版。

13. 〔美〕理查德·A. 波斯纳:《法律的经济分析》(下),蒋兆康译,中国大百科全书出版社 2004 年版。

14. 〔美〕罗纳德·J. 艾伦、理查德·B. 库恩斯、埃莉诺·斯威夫特:《证据法:文本、问题和案例》(第三版),张保生、王进喜、赵滢译,高等教育出版社 2006 年版。

15. 〔美〕米尔吉安·R. 达马斯卡:《比较法视野中的证据制度》,吴宏耀、魏晓娜等译,中国人民公安大学出版社 2006 年版。

16. 〔美〕米尔建·R. 达玛斯卡:《漂移的证据法》,李学军、刘晓丹、姚永吉等译,中国政法大学出版社 2003 年版。

17. 〔美〕米尔伊安·R. 达玛什卡:《司法和国家权力的多种面孔——比较视野中的法律程序》,郑戈译,中国政法大学出版社 2004 年版。

18. 〔美〕约翰·W. 斯特龙:《麦考密克论证据》,汤维建等译,中国政法大学出版社 2004 年版。

19. 〔美〕约翰·亨利·梅利曼:《大陆法系》,顾培东、禄正平译,法律出版社 2004 年版。

20. 〔美〕约书亚·德雷斯勒、艾伦·C. 迈克尔斯:《美国刑事诉讼法精解》(第一卷·刑事侦查),吴宏耀译,北京大学出版社 2009 年版。

21. 〔美〕约书亚·德雷斯勒、艾伦·C. 迈克尔斯:《美国刑事诉讼法精解》(第二卷·刑事审判),魏晓娜译,北京大学出版社 2009 年版。

22. 《日本刑事诉讼法》,宋英辉译,中国人民大学出版社 2000 年版。

23. 〔日〕平野龙一:《侦查与人权》,有斐阁 1981 年版。

24. 〔日〕松尾浩也:《日本刑事诉讼法》(上卷新版),丁相顺译,中国人民大学出版社 2005 年版。

25. 《意大利刑事诉讼法典》,黄风译,中国政法大学出版社 1994 年版。

26. 〔英〕K. S. 肯尼、J. W. 塞西尔·特纳:《肯尼刑法原理》,华夏出版社 1989 年版。

27. 〔英〕卡尔·波普尔:《猜测与反驳——科学知识的增长》,傅季重、纪树立、周昌忠等译,上海译文出版社 2005 年版。

28.〔英〕詹妮·麦克埃文:《现代证据法与对抗式程序》,蔡巍译,法律出版社 2006 年版。

二、中文著作

1. 蔡墩铭:《刑事诉讼法概要》,三民书局股份有限公司 2012 年版。

2. 陈光中、陈泽宪主编:《比较与借鉴:从各国经验看中国刑事诉讼法改革路径——比较刑事诉讼国际研讨会论文集》,中国政法大学出版社 2007 年版。

3. 陈光中、徐静村:《刑事诉讼法学》,中国政法大学出版社 1999 年版。

4. 陈光中主编:《21 世纪域外刑事诉讼立法最新发展》,中国政法大学出版社 2004 年版。

5. 陈恒宽:《证据开示制度之研究》,台湾"司法院"2011 年印制。

6. 陈瑞华:《刑事诉讼的前沿问题》,中国人民大学出版社 2000 年版。

7. 陈卫东:《刑事诉讼基础理论十四讲》,中国法制出版社 2011 年版。

8. 陈学权:《DNA 证据研究》,中国政法大学出版社 2011 年版。

9. 陈学权:《科技证据论——以刑事诉讼为视角》,中国政法大学出版社 2007 年版。

10. 杜志淳等:《司法鉴定法立法研究》,法律出版社 2011 年版。

11. 杜志淳主编:《中国司法鉴定制度研究》,法律出版社 2004 年版。

12. 樊崇义:《刑事诉讼法修改专题研究报告》,中国人民大学出版社 2004 年版。

13. 樊崇义主编:《刑事诉讼法实施问题与对策研究》,中国人民公安大学出版社 2002 年版。

14. 房保国:《刑事证据规则实证研究》,中国人民公安大学出版社 2010 年版。

15. 费孝通:《江村经济》,上海世纪出版集团、上海人民出版社 2007 年版。

16. 高保林:《精神疾病司法鉴定理论与实践典型案例分析》,中国检察出版社 2001 年版。

17. 顾永忠主编:《中国疑难刑事名案程序与证据问题研究》,北京大学出版社2008年版。

18. 郭华:《鉴定结论论》,中国人民公安大学出版社2007年版。

19. 郭金霞:《鉴定结论适用中的问题与对策研究》,中国政法大学出版社2009年版。

20. 何家弘、张卫平:《外国证据法选译》(下卷),人民法院出版社2000年版。

21. 何家弘:《法苑杂谈》,中国检察出版社2000年版。

22. 何家弘:《神证·人证·物证》,大众文艺出版社2003年版。

23. 何家弘:《证据调查实用教程》,中国人民大学出版社2000年版。

24. 何家弘主编:《司法鉴定导论》,法律出版社2003年版。

25. 黄松有主编:《民事诉讼证据司法解释的理解与适用》,中国法制出版社2002年版。

26. 黄维智:《鉴定证据制度研究》,中国检察出版社2006年版。

27. 季美君:《专家证据制度比较研究》,北京大学出版社2008年版。

28. 江必新:《国家赔偿法原理》,中国人民公安大学出版社1994年版。

29. 李心鉴:《刑事诉讼构造论》,中国政法大学出版社1998年版。

30. 李学军:《物证论——从物证技术学层面及诉讼法学的视角》,中国人民大学出版社2010年版。

31. 李玉华、杨军生:《司法鉴定的诉讼化》,中国人民公安大学出版社2006年版。

32. 林俊益:《刑事诉讼法概论》(上),新学林出版股份有限公司2012年版。

33. 林山田:《刑事诉讼法》(增订五版),台北五南图书出版股份有限公司2004年版。

34. 林钰雄:《干预处分与刑事证据》,北京大学出版社2010年版。

35. 林钰雄:《刑事诉讼法》(上册总论篇),中国人民大学出版社2005年版。

36. 林钰雄:《刑事法理论与实践》,中国人民大学出版社2008年版。

37. 刘金友:《证据法学》,中国政法大学出版社2001年版。

38. 刘晓丹:《论科学证据》,中国检察出版社 2010 年版。

39. 龙宗智:《上帝怎样审判》(增补本),法律出版社 2006 年版。

40. 吕泽华:《DNA 鉴定技术在刑事司法中的运用与规制》,中国人民公安大学出版社 2011 年版。

41. 宋英辉:《外国刑事诉讼法》,法律出版社 2006 年版。

42. 宋英辉主编:《中华人民共和国刑事诉讼法精解》,中国政法大学出版社 2012 年版。

43. 宋英辉:《刑事诉讼原理》,法律出版社 2007 年版。

44. 苏力:《送法下乡——中国基层司法制度研究》,北京大学出版社 2011 年版。

45. 孙业群:《司法鉴定制度改革研究》,法律出版社 2002 年版。

46. 台湾"最高法院"学术研究会编印:《"刑事诉讼起诉状一本主义及配套制度"法条化研究报告》(上),载《"最高法院"学术研究会丛书》(六)。

47. 汤德宗、王鹏翔主编:《"两岸四地"法律发展》(下册)(民事诉讼与刑事诉讼),"中央研究院"法律学研究所筹备处 2007 年版。

48. 王广俊、刘国庆主编:《司法精神病鉴定实用指南》,中国人民公安大学出版社 2010 年版。

49. 王立民主编:《中国传统侦查和审判文化研究》,法律出版社 2009 年版。

50. 王兆鹏:《搜索扣押与刑事被告的宪法权利》,台北元照出版公司 2003 年版。

51. 吴梅筠:《法庭生物学》,四川大学出版社 2006 年版。

52. 吴巡龙:《新刑事诉讼制度与证据法则》,学林文化事业有限公司 2003 年版。

53. 武延平、刘根菊:《刑事诉讼法学参考资料汇编》(中册),北京大学出版社 2005 年版。

54. 杨宇冠:《人权法:〈公民权利和政治权利国际公约〉研究》,中国人民公安大学出版社 2003 年版。

55. 姚建龙:《权利的细微关怀——"合适成年人"参与未成年人刑事诉讼制度的移植与本土化》,北京大学出版社 2010 年版。

56. 叶青主编:《刑事诉讼法学专题研究》,北京大学出版社2007年版。

57. 易延友:《中国刑诉与中国社会》,北京大学出版社2010年版。

58. 于绍元:《实用诉讼法学新词典》,吉林人民出版社2004年版。

59. 张斌:《科学证据采信基本原理研究》,中国政法大学出版社2012年版。

60. 张军:《刑事证据规则理解与适用》,法律出版社2010年版。

61. 张军主编:《中国司法鉴定制度改革与完善研究》,中国政法大学出版社2008年版。

62. 张永宏:《刑事证据开示之研究——兼论日本新证据开示制度》,台北文瑞印刷文具股份有限公司2009年版。

63. 张泽涛:《刑事审判与证明制度研究》,中国检察出版社2005年版。

64. 章礼明:《论刑事鉴定权》,中国检察出版社2008年版。

65. 周湘雄:《英美专家证人制度研究》,中国检察出版社2006年版。

66. 朱富美:《科学鉴定与刑事侦查》,中国民主法制出版社2006年版。

67. 邹明理主编:《司法鉴定教程》,法律出版社1995年版。

68. 邹明理主编:《我国现行司法鉴定制度研究/法学研究文集》,法律出版社2001年版。

69. 左卫民:《刑事诉讼的中国图景》,三联书店2010年版。

70. 左卫民:《中国刑事诉讼运行机制实证研究(二)——以审前程序为重心》,法律出版社2009年版。

三、中文论文

1. 沃野:《论实证主义及其方法论的变化和发展》,载《学术研究》1998年第7期。

2. 艾庆平、施芳群:《半斤毒品藏体内带回国》,载《重庆日报》2011年3月3日,第6版。

3. 曹文安:《论留置及其与强制到案措施之整合》,载《中国人民公安大学学报》(社会科学版)2006年第3期。

4. 柴会群:《他不知道自己做了什么》,载《南方周末》2006年11月30日,第1190期。

5. 陈邦达、刘强:《规范构建生物样本采集程序》,载《检察日报》2012 年 12 月 31 日,第 3 版。

6. 陈邦达:《鉴定人出庭作证新论——兼论新〈刑事诉讼法〉的相关条款》,载《中国司法鉴定》2012 年第 3 期。

7. 陈邦达:《实证和比较法视野下的强制采样研究》,载《中国刑事法杂志》2011 年第 9 期。

8. 陈飞翔、叶树理:《完善鉴定人出庭制度的若干思考》,载《南京社会科学》2007 年第 3 期。

9. 陈光中、陈学权:《强制采样与人权保障之冲突与平衡》,载《现代法学》2005 年第 5 期。

10. 陈光中、吕泽华:《我国刑事司法鉴定制度的新发展与新展望》,载《中国司法鉴定》2012 年第 2 期。

11. 陈光中:《鉴定机构的中立性与制度改革》,载《中国司法鉴定》2002 年第 1 期。

12. 陈丽平:《司法鉴定机构应当由主管部门指定》,载《法制日报》2011 年 9 月 29 日,第 3 版。

13. 陈卫东、程雷、孙皓等:《刑事案件精神病鉴定实施情况调研报告》,载《证据科学》2011 年第 2 期。

14. 陈卫东、程雷:《司法精神病鉴定基本问题研究》,载《法学研究》2012 年第 1 期。

15. 陈卫东、郝银钟:《我国公诉方式的结构性缺陷及其矫正》,载《法学研究》2000 年第 4 期。

16. 陈学权:《科学技术在刑事诉讼中的价值》,载《法学研究》2007 年第 1 期。

17. 陈学权:《刑事诉讼中 DNA 证据运用的实证分析——以北大法意数据库中的刑事裁判文书为对象》,载《中国刑事法杂志》2009 年第 4 期。

18. 戴玉忠:《刑事鉴定制度修改完善的几个关键问题》,载《中国司法鉴定》2011 年第 6 期。

19. 东方顾然:《男子被错判入狱 19 年后杀妻冤情终得昭雪》,载《新文化报》2005 年 7 月 30 日。

20. 杜志淳、廖根为:《论我国司法鉴定人出庭质证制度的完善》,载《法学》2011年第7期。

21. 杜志淳、沈敏:《试论我国司法鉴定机构制度》(上),载《中国司法鉴定》2001年第2期。

22. 樊崇义、郭华:《鉴定结论质证问题研究》(上),载《中国司法鉴定》2005年第1期。

23. 樊崇义、郭华:《鉴定结论质证问题研究》(下),载《中国司法鉴定》2005年第3期。

24. 樊崇义、郭华:《论刑事鉴定启动权制度》,载《中国司法鉴定》2010年第1期。

25. 樊崇义、郭金霞:《司法鉴定实施过程诉讼化》,载《中国司法鉴定》2008年第5期。

26. 范思力:《刑事审判中专家辅助人出庭若干问题研究——以修改后的〈刑事诉讼法〉相关规定为切入点》,载《西南政法大学学报》2012年第5期。

27. 高鸿钧:《英国法的主要特征——一个比较观察》,载《比较法研究》1991年第4期。

28. 高一飞、林国强:《论〈刑事诉讼法修正案(草案)〉证据部分》,载《重庆理工大学学报》(社会科学)2012年第1期。

29. 葛百川、王海鸥、陈连康等:《赴美国考察DNA数据库及DNA实验室的情况介绍》,载《刑事技术》2010年第3期。

30. 顾莉君、唐开明:《精神病司法鉴定期限规范执行之思考》,载《人民检察》2010年第1期。

31. 郭超:《北京明日起查醉驾一律抽血化验》,载《新京报》2011年4月30日,第A01版。

32. 郭华:《鉴定人与专家证人制度的冲突及其解决——评最高院有关专家证人的相关答复》,载《法学》2010年第5期。

33. 郭华:《切实保障刑事诉讼法中司法鉴定条款的实施》,载《法学》2012年第6期。

34. 郭华:《侦查机关内设鉴定机构鉴定问题的透视与分析——13起错案涉及鉴定问题的展开》,载《证据科学》2008年第4期。

35. 何春中:《"清网行动"半年抓获1.2万名杀人逃犯》,载《中国青年报》2011年12月18日,第01版。

36. 何家弘、刘昊阳:《完善司法鉴定制度是科学证据时代的呼唤》,载《中国司法鉴定》2001年第1期。

37. 胡国忠、冯辉:《论鉴定人出庭质证的积极意义》,载《求实》2004年第4期。

38. 胡铭:《留置与拘传之研究——对公安办案实务中运用留置与拘传的考察与反思》,载《吉林公安高等专科学校学报》2001年第4期。

39. 胡铭:《我国台湾地区"刑事诉讼法"近期修正要点及其理念基础检视》,载陈光中主编:《21世纪域外刑事诉讼立法最新发展》,中国政法大学出版社2004年版。

40. 胡锡庆、蒋琦:《完善我国刑事鉴定启动权新探》,载《政治与法律》2003年第6期。

41. 胡锡庆、肖妤、陈邦达:《略论提高司法鉴定意见权威性——以刑事诉讼为视野》,载《中国司法鉴定》2009年第1期。

42. 胡锡庆:《略论我国刑事诉讼主体》,载《法学研究》1986年第1期。

43. 黄东熊:《当事人主义的神话与美国刑事诉讼程序的改革》,载《台大法学论丛》2003年第52期。

44. 黄庆畅、彭波:《刑诉法修正案草案进入二审》,载《人民日报》2011年12月27日。

45. 黄秀丽:《与邓玉娇案相关:巴东37天》,载《南方周末》2009年6月18日。

46. 霍宪丹:《中国司法鉴定体制改革的实践探索与系统思考》,载《法学》2010年第3期。

47. 姜先华:《中国法庭科学DNA数据库》,载《中国法医学杂志》2006年第5期。

48. 李斌、杨维汉:《法律的尊严不容践踏——薄谷开来、张晓军涉嫌故意杀人案庭审纪实》,载《人民日报》2012年8月11日,第4版。

49. 李光灿、王水:《批判人民法律工作中的旧法观点》,载武延平、刘根菊:《刑事诉讼法学参考资料汇编》(中册),北京大学出版社2005年版。

50. 李海明:《警方 DNA 数据库助 44 名被拐宝贝回家》,载《江苏法制报》2011 年 5 月 31 日,第 1 版。

51. 李琳:《利用 DNA 数据库串并系列抢劫强奸案》,载《中国人民大学学报》(自然科学版)2009 年第 4 期。

52. 李晓斌、赖跃、王传海等:《深圳地区法庭科学 DNA 数据库在侦查破案中的应用》,载《中国法医学杂志》2006 年第 5 期。

53. 李晓斌:《醉驾入刑首日全国各地刑拘多名涉嫌醉酒司机》,载《山东商报》2011 年 5 月 1 日,第 A03 版。

54. 李禹:《2008 年度全国法医类、物证类、声像资料类司法鉴定情况统计分析》,载《中国司法鉴定》2009 年第 4 期。

55. 李喆:《DNA 检验新技术应用学术交流会在广州举行 去年 DNA 数据库直接认定案件 5.8 万起》,载《人民公安报》2011 年 4 月 9 日,第 4 版。

56. 林邦梁:《台湾地区刑事诉讼中之强制处分》,载陈光中、陈泽宪主编:《比较与借鉴:从各国经验看中国刑事诉讼法改革路径——比较刑事诉讼国际研讨会论文集》,中国政法大学出版社 2007 年版。

57. 林钰雄:《论鉴定留置制度》,载《月旦法学杂志》2004 年第 10 期。

58. 刘新魁:《法国司法鉴定制度及启示》,载陈光中、江伟主编:《诉讼法论丛》(第 7 卷),法律出版社 2002 年版。

59. 刘雅诚、唐晖、高俊薇等:《法医 DNA 数据库初见成效》,载《刑事技术》2003 年第 1 期。

60. 刘长、周楠:《中国式专家证人出庭 公家不再垄断司法鉴定话语权》,载《南方周末》2013 年 7 月 4 日。

61. 龙宗智、苏云:《刑事诉讼法修改如何调整证据制度》,载《现代法学》2011 年第 6 期。

62. 龙宗智、孙末非:《非鉴定专家制度在我国刑事诉讼中的完善》,载《吉林大学社会科学学报》2014 年第 1 期。

63. 龙宗智:《刑事诉讼中的证据开示制度研究》(上),载《政法论坛》1998 年第 1 期。

64. 龙宗智:《证据开示与诉讼公正》,载《法商研究》1999 年第 5 期。

65. 卢荻:《涉嫌酒后驾车与别人追尾 男子被强制抽血酒精测试》,载《当代生活报》2010 年 6 月 7 日,第 014 版。

66. 罗干:《关于国务院机构改革方案的说明》,载《人民日报》1998 年 3 月 6 日,第 2 版。

67. 闵凌欣:《厦门法院首推知识产权审判专家证人》,载《福建日报》2009 年 6 月 17 日。

68. 宁红:《刑事鉴定人出庭率为何低》,载《江苏法制报》2008 年 3 月 20 日,第 7 版。

69. 欧蔓莉:《澳门刑事诉讼制度的结构及其基本原则》,1995 年北京澳门过渡期法律问题研讨会会议论文。

70. 秦剑:《司法鉴定管理立法势在必行》,载《中国司法鉴定》2003 年第 4 期。

71. 邱爱民:《科学证据的内涵与外延》,载《比较法研究》2010 年第 5 期。

72. 沈彬:《不能让邓玉娇一直被"鉴定"下去》,载《新京报》2009 年 5 月 20 日。

73. 施晓玲:《鉴定人出庭质证的相关法律问题》,载《中国司法鉴定》2010 年第 3 期。

74. 孙长永:《当事人主义刑事诉讼与证据开示》,载《法律科学》2000 年第 4 期。

75. 覃江、侯碧海、陈红娟:《论广西公安机关 DNA 数据库建设》,载《江西警官高等专科学校学报》2006 年第 2 期。

76. 谭世贵、陈晓彤:《优化司法鉴定启动权的构想——以刑事诉讼为视角》,载《中国司法鉴定》2009 年第 5 期。

77. 谭向阳、迟松剑:《公安机关基层技术革新的理论与实践探讨》,载《中国人民公安大学学报》(自然科学版)2008 年第 2 期。

78. 田圣斌、陈佳、祁勇:《关于留置盘问的法理思考》,载《探索与争鸣》2009 年第 8 期。

79. 田文昌:《司法鉴定与当事人诉讼权利保障》,载《中国司法鉴定》2003 年第 4 期。

80. 万群:《贵州省委书记:死者第三次尸检结果系溺水死亡》,载《贵州日报》2008 年 7 月 4 日。

81. 万毅、陈大鹏:《论鉴定留置的若干法律问题》,载《中国司法鉴定》2008 年第 1 期。

82. 汪建成、孙远:《刑事鉴定结论研究》,载《中国刑事法杂志》2001 年第 2 期。

83. 汪建成:《中国刑事司法鉴定制度实证调研报告》,载《中外法学》2010 年第 2 期。

84. 汪建成:《专家证人模式与司法鉴定模式之比较》,载《证据科学》2010 年第 1 期。

85. 王鹤:《广州一男子醉驾拒抽血 其弟疯砸血液样本》,载《广州日报》2010 年 7 月 12 日,第 A15 版。

86. 王戬:《"专家"参与刑事诉讼问题》,载《华东政法大学学报》2012 年第 5 期。

87. 王戬:《略论"鉴定留置"——由邓玉娇案说起》,载《中国司法鉴定》2009 年第 6 期。

88. 王进:《轿车司机耍"聪明",买来毒品藏体内》,载《兰州晚报》2009 年 9 月 10 日,第 A19 版。

89. 王美娟、杨幼敏:《留置权初探》,载《中国法学》1992 年第 1 期。

90. 王素芳:《论司法鉴定结论的认证》,载《西南农业大学学报》(社会科学版)2011 年第 3 期。

91. 王兆鹏:《台湾刑事诉讼法的重大变革》,载汤德宗、王鹏翔主编:《"两岸四地"法律发展》(下册)(民事诉讼与刑事诉讼),"中央研究院"法律学研究所筹备处 2007 年版。

92. 吴爱英:《统一思想,明确任务,推进司法鉴定管理工作的顺利发展》,载《中国司法鉴定》2005 年第 5 期。

93. 吴常青:《论鉴定留置》,载《江西公安专科学校学报》2007 年第 1 期。

94. 吴高庆、吴培君:《论"有专门知识的人"制度的完善——关于新〈刑事诉讼法〉第 192 条的思考》,载《中国司法鉴定》2012 年第 3 期。

95. 徐继军:《英美法系专家证人制度弊端评析》,载《北京科技大学学报》(社会科学版)2004 年第 3 期。

96. 徐静村:《论鉴定在刑事诉讼法中的定位》,载《中国司法鉴定》2005

年第 4 期。

97. 徐静村:《论刑事诉讼中鉴定权配置模式的选择》,载《中国司法鉴定》2006 年第 5 期。

98. 徐昕:《专家证据的扩张与限制》,载《法律科学》2001 年第 6 期。

99. 许江:《论刑事诉讼参与人范围的完善》,载《南京大学学报》(哲学、人文科学、社会科学版)2008 年第 5 期。

100. 杨开湘、余蓝:《人身检查概念之检讨》,载《时代法学》2010 年第 2 期。

101. 叶青:《论刑事司法正义之实现——证人、鉴定人出庭作证保障问题研究》,载《太平洋学报》2011 年第 4 期。

102. 义丽、张慧娟:《市公安局投入一百二十余万元建成 DNA 实验室》,载《晋中日报》2011 年 6 月 15 日,第 3 版。

103. 佚名:《"辽宁佘祥林"获国家赔偿》,载《时代商报》2005 年 4 月 16 日。

104. 尤莉、周斌伟、何琳:《苏州 DNA 破案数全省第一》,载《江苏法制报》2010 年 9 月 8 日,第 A05 版。

105. 余汉春:《影响鉴定人出庭质证的因素与对策》,载《中国司法鉴定》2006 年第 4 期。

106. 张斌、俞卫东:《南京地区法庭科学 DNA 数据库建设现状、问题及对策》,载《中国法医学杂志》2006 年第 5 期。

107. 张丽卿:《鉴定留置与鉴定证据》,载《司法周刊》2004 年第 1170 期。

108. 张南宁:《科学证据可采性标准的认识论反思与重构》,载《法学研究》2010 年第 1 期。

109. 张艺鸣:《兰州中院尝试审判制度改革 庭前证据展示创先河》,载《鑫报》2007 年 9 月 12 日。

110. 张玉镶:《对司法鉴定学几个概念的再思考》,载《中外法学》1997 年第 3 期。

111. 张玉镶:《司法鉴定人制度若干问题的法律思考》,载《中国司法鉴定》2002 年第 4 期。

112. 章少青:《欧美国家 DNA 数据库的应用现状及前景》,载《中国司法鉴定》2006 年第 6 期。

113. 赵杰:《论民事诉讼中专家辅助人的法律定位》,载《中国司法鉴定》2011 年第 6 期。

114. 赵长江:《论我国司法鉴定质证程序的困境与出路》,载《中国司法鉴定》2011 年第 3 期。

115. 钟朝阳:《程序公正与刑事诉讼中的鉴定启动权》,载《西南政法大学学报》2009 年第 1 期。

116. 周湘雄:《鉴定结论开示程序研究》,载《社会科学研究》2007 年第 5 期。

117. 朱淳良、陈邦达:《能力验证:司法鉴定质量的保障——2010 中国司法鉴定论坛会议综述》,载《中国司法鉴定》2010 年第 4 期。

118. 朱广友:《论司法鉴定意见的基本属性》,载《中国司法鉴定》2008 年第 4 期。

119. 邹积超:《浅论鉴定人的法庭位置》,载《中国司法鉴定》2010 年第 1 期。

120. 左卫民:《刑事诉讼的经济分析》,载《法学研究》2005 年第 4 期。

121. 左卫民:《中国道路与全球价值——刑事诉讼制度三十年》,载《法学》2009 年第 4 期。

四、外文论文

1. Bonnie L Taylor. *Storing DNA samples of non-convinced persons & the debate over DNA database expansion*. Thomas M. Cooley Law Review, Michaelmas Term, 2003, 20 T. M. Cooley L. Rev. 509.

2. Brenman. *The criminal prosecution: sperting event or quest for turth?* 1963 Wash. U. L. Q. 279(163).

3. Bryan A. Gamer *Black's Law Dictionary*(9th edition). Thomson West Publishing Co 2009. 639.

4. *Cornett v. State*, 450 N. E. 2d 498(ind. 1983).

5. Craig Nydick. *Comment: The British Invasion (of privacy): DNA databases in the UnitedKingdom and United States in the wake of the marper case*. Emory In-

ternational Law Review, 2009, 23 Emory Intl L. Rev. 609.

6. *Daubert v. Merrell Dow Pharmaceuticals*, 509 U. S. 579 (1993).

7. David H. Kaye. *DNA database trawls and the definition of a search in Boroian v. Mueller*. Virginia law review in brief. August 4, 2011.

8. David L. Faigman, David H. Kaye, Michael J. Saks, Joseph Sanders. *Modern Scientific Evidence——The Law and Science of Expert Testimony* (Volume 1).

9. David louisell &Christoper B. Mueller, *Federal Evidence: Civil and Criminal* 290 n. 8 (2d ed, 1974).

10. Derek Regensburger. *DNA databases and the fourth amendment: the time has come to reexamine the special needs exception to the warrant requirement and the primary purpose test*. Albany Law Journal of Science & Technology, 2009. 19 Alb. L. J. Sci. & Tech. 319.

11. Edward J Imwinkelried, *the Daubert decision on the admissibility of science evidence: the supreme court choose the right piece for all the evidentiary puzzles*, 9st john's legal comment 5, 22 (1933).

12. Emanuel Gross. *The struggle of a democracy against terrorism—protection of human rights: the right to privacy versus the national interest—the proper balance*. Cornell International Law Journal. 2004.

13. Fed. R. Crim. P. 12.2(a)(b)(d).

14. Federal Rules of Criminal Procedure, Rule 16 (G).

15. *Frye v. United States*, 293 F. 1013 (D. C. Cir. 1923).

16. J. Langbein. *The German advantage in civil procedure*, (1985) 52(4) University of Chicago Law Review 835.

17. Kimberly A. Polanco. *Constitutional Law—The fourth amendment challenge to DNA sampling of arrestees pursuant to the justice for all act of 2004: appoposed modification to the traditional fourth amendment test of reasonableness*, University of Arkansas at Little Rock Law Review, Spring 2005.

18. *Kumho Tire Co. v. Carmichael*, 119 S. Ct.

19. Marika R. Athens, Alyssa A. Rower. *Practicum: Alaska's DNA database: the statute, its problems, and proposed solutions*. Alaska Law Review, Decem-

ber, 2003, 20 Alaska L. Rev. 389.

20. Michael A. Correll. *Is there a doctor in the (station) house?: reassessing the constitutionality of compelled dwi blood draws forty-five years after Schmerber.* West Virginia Law ReviewWinter, 2011.

21. Michael E. Kleinert. *Improving the quality of justice: the Innocent Protection Act of 2004 ensures post-convention DNA testing, better legal representation, and increased compensation for the wrongfully imprisoned.* The University of Louisville Brandeis Law Journal, winter, 2006. 44 Brandeis L. J. 491.

22. Michael G. Rogers. *Bodly intrusion in search of evidence: a study in fourth amendmentdecision making.* Indiana Law Journal Fall, 1987.

23. Michael P. Jewkes. *Just scratching the surface: DNA sampling prior to arrest and the fourth amendment.* Suffolk University Law Review, 2001.

24. Nancy Beatty Gregoire. *Federal Probation Joins the World of DNA Collection*, 66 Fed. Probation 30, 32 (Jun. 2002).

25. R · Pound. *What is the Common Law*, The Future of Common Law, 1937, 3. pp18f.

26. William Bradford Middlekauff, *What practitioners say about broad criminal discovery practice: more just-or just more dangerous?* 9 A. B. A. SEC. CRIM. JUST. 14(Spring 1994).

27. 石井一正:《证据开示の在ク方》,特集·公判前整理手続、刑事法ジャーナル、2号,2006年版,第15页。

五、网络资料

1.《今日说法》:《DNA 检验出错 山西一教师被冤枉强奸两学生》,载法律教育网(http://www. chinalawedu. com/news/1000/1/2004/7/he0352243834-1574002119544_122243. htm)。

2.《刑事诉讼法修正案(草案)条文及草案说明》,载中国人大网(http://www. npc. gov. cn)。

3.《刑诉法修正案草案二审 删去鉴定人强制出庭规定》,载新华网(http://news. xinhuanet. com/legal/2011-12/26/c_122484372. htm)。

4. 边江:《最高人民法院对网民意见建议答复之一:关于审判工作》,载中国法院网(http://old.chinacourt.org/html/article/200912/23/387411.shtml)。

5. 戴红兵、涂莉、金思柳:《武汉一市民蒙冤入狱8年获国家赔偿13万》,载河南法院网(http://hnfy.chinacourt.org/public/detail.php?id=1598)。

6. 贾慧平:《实证分析中国刑事诉讼中有专门知识的人的出庭问题》,载 http://blog.sina.com.cn/u/2414132347。

7. 吕卫红:《专家称哈尔滨警察打死人案可能促鉴定制度变革》,载正义网(http://www.jcrb.com/zhuanti/shzt/jcdsxs/zxbd/200811/t20081118_100252.html)。

8. 王辉:《辽宁特大强奸杀人碎尸案凶手被释放前后》,载新浪网(http://news.sina.com.cn/s/2003-05-22/08461084525.shtml)。

9. 吴少军、李永良:《黄某裸死案鉴定之谜》,载法律教育网(http://www.chinalawedu.com/news/21601/21714/21620/2006/9/zh3520171514960023090-0.htm)。

10. 夏德辉:《错抓错判"杀人案"无辜者蒙冤7年索赔130万》,载中国新闻网(http://www.chinanews.com/n/2003-08-24/26/338747.html)。

11. 佚名:《最高法核准阿克毛死刑判决 拒绝精神病鉴定申请》,载新华网(http://news.xinhuanet.com/legal/2009-12/29/content_12721404.htm)。

12. 张先国、傅君清:《流窜作案的"杀人淫魔"张光旗在湖北被抓捕归案》,载新华网(http://news.sina.com.cn/c/2004-07-21/01033145732s.shtml)。

13. 郑静、朱敏:《公安部要求建打拐数据库 抱养收养孩子今后要测DNA》,载凤凰网(http://news.ifeng.com/gundong/detail_2011_04/17/5793430_3.shtml)。

14. United States Dep't of Justice. Fed. Bureau of Investigation, Combined DNA Index System Program—CODIS (Apr. 2000), http://www.fbi.gov/hq/lab/codis/brochure.pdf.

致 谢

　　这本专著是在我的博士论文基础上修改而成的。博士论文是我读博期间完成的主要科研成果，也是工作以来接触司法鉴定后的学习体会。考上四川大学法学院博士后不久，我在恩师左卫民教授的指导下，选取了刑事司法鉴定作为博士论文的选题。当初选取这一题目，主要考虑到我在硕士毕业之后，安排在司法部司法鉴定科学技术研究所工作，较多地接触到司法鉴定问题，对鉴定实践有一定的了解。另外也考虑到，司法鉴定制度在我国未来刑事诉讼法学研究中具有一定的科研前景。选题确定之后，我便开始尝试着运用左老师倡导的实证、比较和交叉学科等研究方法，对刑事司法鉴定问题展开系统的研究。如今书稿已进入杀青阶段，此时的心情可谓百感交集，谨以此后记抒发感想，并致谢意！

　　犹忆19岁那年，我考取上海华东政法学院法律系，从此开始了阔别家乡的求学生涯。掐指一算，至今已有14个年头了。从南方的海滨邹鲁一路北上，投入到改革开放的都市热土，又转移到西部大开发的中心城市，一路走来，确实曾感到求学之路和工作生活的辛苦劳累，也常常以"守得住清贫，耐得住寂寞"来激励自己。但一想起读书生活有兴致、有精彩、有收获，便对学习的时光加倍珍惜。为竭尽全力考博，那时早出晚归、披星戴月对我来说是寻常不过的事儿，三伏天骄阳似火，寒冬夜雨雪纷飞，前行的脚步终不停歇。有志者事竟成，当接到四川大学博士录取通知的时候,我顿时热泪盈眶……进入博士阶段学习的我已近而立之年,如同其他工作以后重返校园的博士生那样,虽然没有"指点江山,激扬文字"的意气风发,却有"雄关漫道真如铁,而今迈步从头越"的激昂壮志,在美丽的川大校园里惜时攻读,成为我一种怡然自得的生活方式。

特别要感谢我的恩师左卫民教授对我一直的关心和指导。左老师长期从事诉讼法学科研及研究生培养管理工作,造诣深厚,能够拜在他的门下攻读博士,实乃吾生一大幸运的转折点。长期以来,左老师倡导研究团队的成员运用实证研究在内的交叉学科研究方法,对刑事诉讼及司法制度的问题展开多维度的研究。左老师思路宽广,视阈开阔,在他的指导下,我也尝试着运用实证研究的方法对刑事诉讼、司法鉴定制度进行研究。而且,每当我遇到科研难题,或者对自己的人生规划感到迷茫时,我常常请教恩师。因为恩师有着丰富的阅历和长远的眼光,他的指导对我产生了深远的影响。在左老师的教诲和帮助下,我也取得了点滴的学术成果,读博期间,曾于2012年夏秋受中华发展基金会资助赴台湾中正大学法律系研习交流,先后参加四川大学"天平杯"论文竞赛、图书馆征文竞赛屡获嘉奖,参加全国博士研究生"证据科学"论坛获优秀论文奖,还荣获了博士研究生国家奖学金。这些荣誉,都激励着我今后应当以更加饱满的斗志投入到工作中,绝不辜负恩师、社会对我的期望。

感谢四川大学法学院马静华教授、郭松副教授,他们竭力为我的学习和生活提供帮助,同时他们做学问一丝不苟的态度、谦和的为人、深厚的科研功底都值得我学习。感谢我的学长、学友刘海蓉、罗文禄、张洪松、蒋志如、王育林、冯露、孙晓玉、史溢帆、艾明、苏镜祥、王禄生、贺小军、龚学德、赵琦、杜豫苏、袁继红、杨青春、段陆平、付琴、程龙、吕国凡等人。和诸君共同学习、讨论,常使我感到轻松愉快并富有收获。

感谢我的母校华东政法大学,感谢我的硕士导师孙剑明恩师,孙老师分析问题鞭辟入里,注重运用理论研究与司法实践相结合的科研教学方式,他使我对诉讼法专业产生浓厚的兴趣,孙老师对我的指导、关心，使我永远铭记于心。感谢胡锡庆教授、叶青教授，没有你们倾注栽培的心血，我难以有能力继续读博深造。感谢我的博士后合作导师杜志淳教授，杜教授对司法鉴定有着深厚的造诣，日常生活中平易近人、关心我们青年教师成长，作为他的门生，我着实心存感激。感谢我的"娘家"——司法部司法鉴定科学技术研究所，在博士论文的撰写过程中，我依旧得到原单位领导、同事提供的帮助，他们是沈敏所长、陈鹏生教授、朱淳良教授、蔡莉萍编辑等师长。

在论文选题过程中，陈刚教授、周友苏教授、吴越教授、侯水平教授、唐稷尧教授作为开题报告会的专家，对论文的选题和写作提出了中肯而宝贵的意见。在论文答辩过程中，陈光中先生、胡云腾法官、王允武教授、夏成福法官、侯水平教授对论文的写作提出了指正。论文的部分调研，还得到了四川省公安厅刑侦技术处张海军博士，四川省人民检察院王彩萍检察官，成都市青羊区公安分局法制科罗刚科长、张凌文副科长，司法部司法鉴定科学技术研究所李莉研究员、黄富银主任、法医师张钦廷，上海市金山区公安分局周永康同志，上海市闵行区检察院叶萍同志提供实践调查机会的帮助。在此一并致谢！

最后，还要感谢我的家人，感谢我的父母双亲，他们给我提供了一个良好的学习环境，节衣缩食供我远游求学，使我没有衣食方面的后顾之忧，让我得以远离喧闹，潜心为学。读书之路千里迢迢，每一步都承载着父母对儿子满满的牵挂。羊有跪乳之恩，鸦有反哺之义，物犹如此，人何以堪！感谢我的妻子梁闽，对我学习和工作的支持！

陈邦达

2013 年 6 月 2 日于四川大学博士论文答辩

2014 年 6 月 6 日于华东政法大学完成书稿